Roman Parkhomenko

Cassirers politische Philosophie
Zwischen allgemeiner Kulturtheorie und Totalitarismus-Debatte

Cassirers politische Philosophie

Zwischen allgemeiner Kulturtheorie und Totalitarismus-Debatte

von
Roman Parkhomenko

universitätsverlag karlsruhe

Dissertation, Universität Karlsruhe (TH)
Fakultät für Geistes- und Sozialwissenschaften, 2005

Impressum

Universitätsverlag Karlsruhe
c/o Universitätsbibliothek
Straße am Forum 2
D-76131 Karlsruhe
www.uvka.de

Universitätsverlag Karlsruhe 2007
Print on Demand

ISBN: 978-3-86644-186-6

Inhalt

Danksagung

Für mannigfache mir zuteil gewordene Unterstützung während der Arbeit an diesem Buch bin ich vielen Institutionen und Personen zu Dank verpflichtet.

Zuvörderst danke ich der HERBERT UND ELSBETH WEICHMANN-STIFTUNG (Hamburg) für das mir gewährte großzügige Stipendium, ohne das ich diese Arbeit gar nicht hätte ausführen können. Ebenso danke ich der THYSSEN STIFTUNG (Köln) für ein mir vorher gewährtes Kurzstipendium, das ich genutzt habe, um den Antrag an die WEICHMANN-STIFTUNG vorzubereiten.

In der schwierigen Zeit, bevor ich diese Stipendien erhielt, hat mir die moralische Unterstützung von Frau Gisela SPECHT-SIGWART, Karlsruhe, Rückhalt gegeben. Für eine während dieser Zeit großherzig gewährte finanzielle Beihilfe stehe ich in der Schuld von Professor Dr. LUDWIG KRÖNER, Nürnberg, der leider verstorben ist, bevor ich dieses Buch vollenden konnte.

Dankbar bin ich auch der Universität Karlsruhe (TH), deren Deutsch-Russisches Kolleg mir einst einen längeren Aufenthalt in Deutschland ermöglicht hat, ihrem Institut für Philosophie und meinem Karlsruher »Doktorvater« Professor Dr. HANS-PETER SCHÜTT.

Roman Parkhomenko   Karlsruhe, im Sommer 2006

MEINER MUTTER

I. Teil
Die Totalitarismus-Debatte in der politischen Philosophie und Politologie des 20. Jahrhunderts

1. Kapitel
Zur Genese des Begriffs *Totalitarismus*

1.1 EINLEITUNG

Die Rolle des Einzelnen in der menschlichen Gesellschaft ist in der Geschichte immer wieder und zu verschiedenen Zeiten sehr unterschiedlich thematisiert worden. Von den Staatsformen der Antike über die durch die christliche Religion geprägten mittelalterlichen Staaten, den Anthropozentrismus der Renaissance, das Zeitalter der Aufklärung, das 19. Jahrhundert, die Verwerfungen des 1. und 2. Weltkriegs sowie die faschistischen und kommunistischen Diktaturen bis zur heutigen Situation in der globalisierten Welt überblicken wir eine breite Palette möglicher Strukturen der menschlichen Gesellschaft. In jeder Epoche suchte man passende Begründungen für die jeweils existierenden Weltordnungen; und in den Geisteswissenschaften wurden mehr oder weniger interessante und auch relevante Theorien entwickelt, die uns in ihrer Gesamtheit heute erlauben sollten, das Verhältnis zwischen dem einzelnen Menschen und den Kollektiven, denen er angehört besser zu verstehen und zu bestimmen.

In dieser Arbeit versuche ich, den Beitrag des deutschen Philosophen Ernst CASSIRER (1874-1945) zu einem solchen Verständnis des politischen Grundverhältnisses zu ermitteln und zu analysieren, wobei ich mich vor allem auf die Totalitarismusdebatte und deren Bedeutung für die politische Philosophie beziehen werde.

In seinem letzten Buch — *Der Mythus des Staate*, 1946 *postum* zuerst in englischer Sprache unter dem Titel *The Myth of the State* erschienen — schreibt Cassirer:

»In den letzten dreißig Jahren, in der Periode zwischen dem ersten und dem zweiten Weltkrieg, sind wir nicht nur durch eine Krise unseres politischen und sozialen Lebens gegangen, sondern wir wurden auch vor neue theoretische Probleme gestellt. Wir erlebten einen radikalen Wechsel in den Formen politischen Denkens. Neue Fragen wurden aufgeworfen und neue Antworten wurden gegeben. Probleme, die den politischen Denkern des achtzehnten und neunzehnten Jahrhunderts unbekannt gewesen waren, traten plötzlich hervor.«[1]

So beschreibt Cassirer eine der gravierendsten Erscheinungen des 20. Jahrhunderts: die noch nie da gewesene Verbreitung totalitärer Regimes in Europa.

Heute, nach dem Zusammenbruch des Kommunismus in der Sowjetunion und in den osteuropäischen Ländern, ist eine neue Entwicklung der Totalitarismusdebatten zu konstatieren. Die politisch-historischen Rahmenbedingungen für Kontroversen über den Begriff des Totalitarismus haben sich vollständig geändert: Die fundamentale Opposition »Kapitalismus *vs.* Kommunismus« ist als Politikum obsolet geworden, außerdem werden die seinerzeit totalitären Systeme nicht mehr nur sozusagen »von außen« analysiert und kritisiert, sondern auch »von innen«. Ich beziehe mich dabei auf die zahlreichen Publikationen in Russland und anderen früher sozialistischen Ländern zu den Themen *Totalitarismus, Faschismus, Stalinismus* und dergleichen.

Auf den ersten Blick kann der Eindruck entstehen, alle diese Diskussionen und Untersuchungen hätten lediglich eine rein theoretische Bedeutung und seien allein für Historiker interessant, weil die »kommunistische Ära« eben schon Geschichte geworden sei. Meiner Meinung nach ist es aber nicht so. Einerseits existieren noch starke autoritäre Regime im Osten, andererseits kann die wachsende Macht der USA als dem einzigen führenden Staat in der ganzen Welt in der Zukunft noch verschiedene unerwartete Probleme hervorrufen. Die USA haben wohl die weltweite Geltung ihrer eigenen demokratischen Prinzipien deklariert, doch der harte ökonomische Konkurrenzkampf in der globalisierten Welt verlangt oftmals rein

---

[1] Cassirer 1994, 7.

egoistische Entscheidungen, denen ein eigener »totalitärer« Zug anhaftet. Aus dieser Perspektive scheint mir, dass Forschungen, die dem als »Totalitarismus« gekennzeichneten Phänomen konsequent nachgehen, heute besonders zur Stabilisierung der internationalen Beziehungen beitragen können.

Zunächst werde ich den allgemeinen Kontext der Totalitarismusdebatten und das Aufkommen des Totalitarismusbegriffs skizzieren. Die meisten Forscher[2] sehen die Genese dieses Begriffs durchaus ähnlich: Im italienischen Faschismus erstmals erschienen, soll er die pro-faschistische deutsche Staatslehre, die Besonderheiten des spanischen Faschismus und schließlich des Stalinismus erfassen. Dass dabei nichtsdestoweniger jeder Autor seine eigenen Akzente setzt und auch eigene Kommentare abgibt, versteht sich von selbst.

1.2 ENTWICKLUNG DER TOTALITARISMUSTHEORIEN IN ITALIEN, DEUTSCHLAND UND SPANIEN

Bekanntlich wurde der Begriff des Totalitären von MUSSOLINI in einer Rede am 22. Juni 1925 erstmals verwendet, um die revolutionäre Dynamik des Faschismus in Italien hervorzuheben:

> »Wir wollen, dass die Italiener eine Wahl treffen [...]. Wir haben den Kampf auf ein so deutlich sichtbares Feld getragen, dass es jetzt nur noch ein klares Für oder Wider gibt. Und weiter: Jenes Ziel, das man als unseren unerbittlichen totalitären Willen bezeichnet [*la nostra feroce volontá totalitaria*], wird mit noch größerer Unerbittlichkeit weiterverfolgt werden [...]. Wir wollen die Nation faschistisieren, so dass morgen Italiener und Faschisten [...] die gleiche Sache sind.«[3]

Zur selben Zeit proklamiert der Parteisekretär Roberto FARINACCI (1927, 276) das *programma totalitario della nostra rivoluzione*. Beiden dient das Adjektiv ›totalitario‹ zur Betonung des Radikalismus einer Partei, der es um »das Ganze« geht, wie es die Parole von MUSSOLINI:

---

[2] Vgl. z.B. JÄNICKE 1971, SCHLANGEN 1976, WIPPERMANN 1997, MÖLL 1998.
[3] MUSSOLINI 1956, XXI 362.

»Alles im Staate, nichts außerhalb des Staates, nichts gegen den Staat«,[4] eindrucksvoll zum Ausdruck bringt. Dabei ist dieser Staat natürlich der faschistische Staat:

> »Für den Faschisten befindet sich alles innerhalb des Staates und nichts Menschliches oder Geistiges existiert — oder besitzt irgendeinen Wert — außerhalb des Staates. In diesem Sinn ist der Faschismus totalitär.«[5]

Mussolini und seiner Bewegung ging es »in diesen Jahren« darum, wie Schlangen notiert hat, die bereits »errungene Vormacht zu konsolidieren«, d.h. sie »auch institutionell« dadurch auszubauen, dass politische »Gegenkräfte«, soweit sie noch bestanden und wirksam waren, entweder ausgeschaltet, oder aber durch die proklamierte Identifikation der Bewegung mit dem »ganzen« Staat in diese einbezogen wurden:

> »Der Begriff des Totalitären, wie ihn Mussolini zuvor zur Charakterisierung des politischen Aktivismus seiner faschistischen Bewegung verwandte, ließ sich für die Totalitäts-Ideologie des neuen Staats gleichermaßen einsetzen.«[6]

Zunächst diente Mussolini der Terminus ›totalitaro‹ also nur zur Kennzeichnung eines politischen Stils der gesteigerten Radikalität und der revolutionären Unduldsamkeit; und es ging überhaupt nicht um so etwas wie eine neue Staatsform. Dementsprechend ist in der Forschung im Hinblick auf den italienischen Faschismus gelegentlich vom »dynamischen Aspekt« des Totalitarismus-Begriffs die Rede, und Jänicke hat betont, dass

> »[...] der Begriff des Totalitären [...] bereits bei Mussolini nicht nur auf die Machtstruktur eines dezisionistischen Führerstaates, sondern auch auf dessen spezifische Machtdynamik hinweist.«[7]

Für Mussolini hatte der so gebrauchte Terminus ›totalitaro‹ selbstverständlich keinerlei negative Konnotationen. Zwar setzte er seine Doktrin den demokratischen und liberalen Ideologien ausdrücklich

---

4   Ebd. 425.
5   Mussolini 1956, xxxiv 119.
6   Schlangen 1976, 12.
7   Jänicke 1971, 22.

entgegen, machte aber für den Faschismus vor allem national-ge-
schichtliche Gründe geltend und beanspruchte eine revolutionäre
Dimension für seine Partei. Hauptmerkmal des Faschismus war
Mussolini zufolge sein vitaler »Wille zur Macht, sein Daseinswille,
seine Stellung zur ›Gewalt‹ und ihrem Wert« und den faschistischen
Staat betrachtete er als »Wille zur Macht und Herrschaft«.[8] Die Expansion eines bestimmten Volkes musste die Vitalität der Nation
zeigen, was aber nicht unbedingt als negative Aggression zu verstehen sein sollte.

Darüber hinaus hat Mussolini als der so genannte *duce* freilich
auch einen persönlichen Absolutheitsanspruch erhoben. Schon im
Jahr 1929 bezeichnete der ehemalige Liberale Giovanni Gentile
den von Mussolini geführten Staat als *totalitär*, weil

> »er alle Kräfte der Nation in einer Idee, die Person ist, konzentriert und
> eint und deshalb Bewusstsein seiner selbst und Willen hat. Er kann we-
> der geistige noch materielle Kräfte außerhalb seines Kreises belassen;
> und wie er sich bemüht, die intellektuellen Elemente (Kunst, Wis-
> senschaft, Religion) aufzunehmen und zu disziplinieren, so musste er
> sich auch vornehmen, in sich die wirtschaftliche Aktivität zu enthalten
> und zu lösen.«[9]

Dieser Staat hatte für Gentile »einen absoluten moralischen Wert.«[10]
Nicht zuletzt mit dieser These wurde Gentile zu einem wichtigen
Theoretiker (bzw. Ideologen) der faschistischen Bewegung in Italien
und überhaupt. Schon damals allerdings wurde die affirmative In-
anspruchnahme des »Totalitären« von den politischen Gegnern der
Faschisten scharf kritisiert. Mitte der zwanziger Jahre beschwor der
Sozialist Lelio Basso *alias* Prometeo Filodermo (1925) die Ge-
fahren des totalitären Staatsverständnisses der Faschisten:

> »Der faschistische Staat begnügt sich nicht damit, die etablierte Ord-
> nung […] aufrechtzuerhalten, innerhalb derer die oppositionellen
> Kräfte die Möglichkeit hätten, eine neue Form des gesellschaftlichen
> Zusammenlebens vorzubereiten; er repräsentiert das gesamte Volk, er

---

[8] Schlangen 1976, 14.
[9] Gentile 1936, 81.
[10] Ebd. 35.

verneint die Existenz von unabhängigen oder gegnerischen Bewegungen, und wenn sich eine solche auch nur vorsichtig zeigt, so versucht er, sie unerbittlich zu zerstören. [...]

Der Faschismus hat so alle seine Prinzipien offenbart: Unterdrückung aller Gegensätze zum höheren Wohl der Nation. Diese wird mit dem Staat gleichgesetzt und dieser soll identisch sein mit den Inhabern der Macht (faschistischer Staat). Dieser Staat ist das Wort, und sein Führer erscheint von Gott gesandt, um Italien zu retten. Er erscheint als absolut und unfehlbar [...]. Diese Grundsätze vorausgesetzt, ist dem Staat alles erlaubt; jede Opposition gegen den Faschismus ist in der Tat Verrat an der Nation, jedes faschistische Verbrechen rechtfertigt sich durch seine nationalen Zwecke.«

Für uns besonders wichtig ist, dass der Begriff des Totalitären bei Basso zum ersten Mal in der uns vertrauten substantivischen Form eines »–ismus« erscheint:

»Alle Staatsorgane, die Krone, das Parlament, die Rechtsprechung, [...] die bewaffneten Streitkräfte [...] werden Instrumente einer einzigen Partei, die sich zum Interpreten des Volkswillens, des unterschiedslosen Totalitarismus macht.«[11]

Mit Amendola hob ein anderer Kritiker des Faschismus aus dieser Zeit, und zwar in einer Rede am 15. Juni 1925, die wilde Radikalität und den »besessenen totalitären Willen« dieser Bewegung hervor:

»Der Faschismus hat niemals eine politische Zusammenarbeit zugelassen, hat sich niemals bereitgefunden, [...] die Verantwortung für die Leitung des Staates (mit anderen) zu teilen und seine integralen Vorstellungen über die italienische Politik abzuschwächen.«[12]

Amendola verglich den Faschismus mit einem »großen Heer«, das

»Italien erobert und den ganzen Staat unterworfen hat und sich aller Machtquellen des Staates und außerdem der privaten Gewalt bedient, um die Italiener in Unterwerfung und Sklaverei zu halten.«[13]

---

[11] Prometeo Filodermo (d.i. Lelio Basso) 1925: »[...] *divertano strumenti di un solo partito che si fa interprete dell'unanime volere, del totalitarismo indistinto*«.

[12] Amendola 1951, 225.

[13] Ebd. 225.

Später spricht er von dem »großangelegten« Versuch, »die Grundlagen, auf denen seit über einem Jahrhundert das Leben der europäischen Nationen beruht, vollständig umzuwälzen«, und schließlich erwähnt er ausdrücklich den Faschismus und den Kommunismus als

> »zwei Gedankengruppierungen, zwei einander entgegengesetzte politische Inspirationen, die jedoch beide den liberaldemokratischen Staat verneinen und die übereinstimmend die mehr als hundertjährigen Grundlagen des modernen politischen Lebens umzustürzen drohen.«[14]

Auf die einen wie die anderen traf zu, was er eine »totalitäre Reaktion auf Liberalismus und Demokratie« genannt hatte. So findet man schon in 1920er Jahren innerhalb der Kritik am »real existierenden« Faschismus in Italien einen Versuch, Faschismus und Kommunismus unter Inanspruchnahme des Wortes ›totalitär‹ einer gemeinsamen Analyse zu unterziehen. Der Rückgriff auf eine prominente politische Theorie vom Beginn der Neuzeit bei AMENDOLA zeigt den weiten Rahmen dieses analytischen Ansatzes:

> »Der Faschismus folgt trotz seines reaktionären Charakters dem mit dem Jakobinertum entstandenen Dogma des Leviathan-Staates [...] Der Faschismus repräsentiert vor allem die bis zum Exzess fortgesetzte Übertreibung des Eingreifens der Exekutivgewalt in das staatliche und gesellschaftliche Leben, die atemberaubende Umkehr der normalen Beziehungen zwischen Staat und Gesellschaft, so dass die Gesellschaft für den Staat, der Staat für die Regierung und die Regierung für die Partie existiert.«[15]

Ein wichtiges Moment im italienischen Faschismus (wie später im Sozialismus der Sowjetunion) war die Forderung, nicht nur die äußere politische Staatsformen zu ändern, sondern auch das Bewusstsein der Menschen. Ein markantes Zeugnis für den Anspruch auf das »Innenleben« der Bürger ist die am 28. Februar 1926 in Florenz gehaltene Rede eines Mitglieds des Parteidirektoriums. Der Redner war Roberto Forges DAVANZATI:

---

[14]　Ebd. 237 ff.
[15]　Ebd. 246.

»Wenn die Gegner uns sagen, wir seien totalitär, Dominikaner, un-versöhnlich, tyranisch, dann erschreckt vor diesen Adjektiven nicht. Akzeptiert sie mit Ehre und Stolz [...]. Weiset keines zurück! Ja-wohl, wir sind totalitär! Wir wollen es sein vom Morgen bis zum Abend, ohne abweichende Gedanken [...]. Wir wollen Dominikaner sein [...]. Wir wollen tyranisch sein«.[16]

Der Totalitarismusbegriff entstand also nicht nur als rein politische Doktrin, die erst ein politisches System neu bilden sollte, sondern seine Grundideen sollten für alle Leuten im faschistischen Staat neue Werte und Weltanschauung schaffen. Einige neuere Autoren, z.B. Petersen, meinen, dass der Totalitarismusbegriff

»den letzten Akt in einem Prozess der Bewusstseinbildung bildete, mit der die antifaschistisch-demokratische Opposition sich über die her-ausbildende neue Realität und das Telos der entstehenden faschisti-schen Diktatur Rechenschaft ablegte. Der Begriff entstand als *quasi* technische Bezeichnung für den vom Faschismus praktizierten Wahl-rechtsmissbrauch in den Kommunal- und Provinzialwahlen 1923«.[17]

Aber der Totalitarismusbegriff bekam Ende 1923 auch eine theore-tische Begründung, als Politiker wie Amendola und Sturzo »das bedeutsamste Charakteristikum der faschistische Bewegung« defi-nierten. Für uns heute ist es wichtig zu konstatieren, dass die neue politische Doktrin ziemlich schnell in fast ganzen Europa verbreitet wurde — mit Jänicke gesprochen:

»Nachdem Mussolini auch das nationalsozialistische Regime als einen unitarischen, autoritären, totalitären, d.h. faschistischen Staat bezeich-net hatte, war der Terminus ›totalitär‹ zu einem Allgemeinbegriff ge-worden«.[18]

Das heißt für uns, dass man den Totalitarismus-Begriff jetzt zur Charakterisierung anderer politischer Systeme verwenden konnte. So wurde Deutschland 1931 von Carl Schmitt erstmals »totaler Staat« genannt. Und wenn im italienischen Faschismus der Begriff des Totalen durch eine »real existierende« Gesellschaftsordnung

---

[16] Davanzati 1926, 39 f.
[17] Petersen 1996, 109.
[18] Jänicke 1971, 29.

definiert war, so nutzte SCHMITT diesen Begriff um die Verfalls-
phase der Weimarer Republik zu beschreiben.
Zuerst stand der Totalitarismusbegriff für die Krise des liberalen
Systems in Deutschland. Schmitt erklärt, wie der totale Staat entsteht: Er spricht über die gesellschaftliche Eigendynamik, mit der
sich der Staat »in drei Stadien« entwickelt. Die Entwicklung beginnt
mit dem absoluten Staat, führt durch ein zweites, liberales Stadium,
den Staat des 19. Jahrhunderts, und durch die um sich greifenden
Demokratisierungs- und Kollektivierungsprozesse in der Gesellschaft endlich zu einer konsequenten Herrschaftsordnung.[19] Dabei
geht es zuerst um den totalen Zuständigkeitsstaat, der als Wirt-
schafts- und Kulturstaat nur auf die »quantitative Ausdehnung der
Herrschaftsbefugnis, nicht etwa primär auf Stärkung der Macht,
Unabhängigkeit oder Autorität der Herrschaft« ausgerichtet ist.[20]
Schmitt meinte, die »Herrschaftskollektivierung und Totalisie-
rung« trage letztlich zu einer »Medialisierung der Regierung« bei.[21]
1931 schreibt er dazu:

> »Dadurch, dass […] ein pluralistischer Parteistaat vorhanden ist, wird
> es verhindert, dass der totale Staat sich als solcher mit derselben Wucht
> zur Geltung bringt, wie er es in den so genannten Einparteistaaten,
> Sowjetrussland und Italien, bereits getan hat«.[22]

Bei der Entstehung des totalen Staates ist aber nicht nur dessen unbegrenzte Machtsteigerung wichtig, sondern auch die Steigerung
der Technik, wie SCHMITT ebenfalls bemerkt:

> »Hinter der Formel vom totalen Staat steckt also die richtige Erkennt-
> nis, dass der heutige Staat neue Machtmittel und Möglichkeiten von
> ungeheurer Intensität hat […]. Der totale Staat in diesem Sinne ist […]
> total im Sinne der Qualität und der Energie, so, wie sich der faschisti-
> sche Staat einen ›stato totalitario‹ nennt […] Ein solcher Staat lässt in

---

[19] Vgl. SCHMITT 1931b, 152.
[20] ZIEGLER 1932, 7.
[21] Ebd. 26.
[22] SCHMITT 1931, 84.

seinem Innern keinerlei staatsfeindliche, staatshemmende oder staatszerspaltende Kräfte aufkommen«.[23]

Schmitt will hier offenbar sagen, während die Weimarer Republik ein »quantitativ totaler Staat« war, der »sich unterschiedslos in alle Sachgebiete [...] hineinbegibt« und »überhaupt keine staatsfreie Sphäre mehr kennt«, werde das neue Herrschaftssystem in Deutschland »qualitativ« total sein — das sei der wesentliche Unterschied.

Früher standen die »unpolitischen Seiten« des Staates — Wirtschaft, Wissenschaft, Kultur — im »Schutz und Schatten der politischen Entscheidungen« des Systems,[24] doch die »qualitativ« totale Staatsordnung verlangt vor allem, dass auch hier immer »Freund und Feind« unterschieden werden. Jänicke sieht in der »später hergestellte[n] Verbindung zwischen dem Begriff des »totalen Staates« und dem des ›totalen Krieges‹« eine »Externalisierung der innenpolitischen Freund-Feind-Polarisierung« und damit eine »Konsequenz« des Ansatzes bei der Schmitt so überaus wichtigen Freund-Feind-Unterscheidung;[25] die Möglichkeit dieser Externalisierung ist nach seinem Urteil vorbereitet in der »Verknüpfung des Totalstaatsbegriffes« mit Ernst Jüngers Parole von der »totalen Mobilmachung«.

In der Tat hatte Jünger versucht, die industrielle Gesellschaft im Zeichen des modernen Krieges zu beschreiben:

> »So sehen wir, wie in vielen Staaten der Nachkriegszeit die neuen Methoden der Rüstung bereits auf die totale Mobilmachung zugeschnitten sind. Hier können Erscheinungen angeführt werden wie die radikale Vernichtung des freilich von jener freiwürdigen Begriffes der ›individuellen Freiheit‹ in Staaten wie Russland und Italien, deren Tendenz dahin zielt, dass es nichts geben soll, was nicht als eine Funktion des Staates zu begreifen ist.«[26]

Die weitere Entwicklung der Idee des Totalstaates in Deutschland ging in die Richtung der Vertiefung der Freund-Feind-Konstella-

---

[23] Schmitt 1933a, 67.
[24] Ebd. 70 u. 67.
[25] Jänicke 1971, 40 f.
[26] Jünger 1930, 15.

tion: FORSTHOFF sprach über die »totale Inpflichtnahme jedes einzelnen für die Nation«, die den »privaten Charakter der Einzel-
existenz« aufhebe[27] und in einer Rede des Reichsministers für
Volksaufklärung und Propaganda GOEBBELS am 7. November 1933
hieß es, ausdrückliches Ziel der national-sozialistischen Revolution
sei als »der totale Staat, die Übernahme des gesamten öffentlichen
Lebens und die Indienstnahme aller privaten und öffentlichen Beziehungen«.[28]
Im deutschen Faschismus hatte der Staat also eine instrumentelle
Funktion für die Realisierung umfassender Ideen — und das nicht
nach der Ansicht seiner Gegner, sondern nach eigenem Bekunden.
So erläuterte der nationalsozialistische »Theoretiker« ROSENBERG
das Ziel des deutschen Faschismus: Die Hauptsache sei »nicht die so
genannte Totalität des Staates, sondern die Totalität der national-
sozialistischen Bewegung«, deshalb sei »nicht mehr vom totalen
Staat zu sprechen, sondern von der Ganzheit (Totalität) der natio-
nalsozialistischen Weltanschauung, der NSDAP als Körper dieser
Weltanschauung und vom nationalsozialistischen Staat als dem
Werkzeug«.[29] Und für den Führer selbst war der Staat ohnehin ein
»Mittel zum Zweck« der »Erhaltung des rassischen Daseins«.[30]
HITLER sprach meistens vom »völkischen Staat«, aber der Ausdruck der ›totaler Staat‹ erscheint beispielsweise in der Rede vor
Juristen im Jahre der Machtergreifung.[31] In einer gewissen Weise
begann damals die erste »Totalitarismus-Debatte«. Der öffentlich
gegen SCHMITTsund FORSTHOFFs Ideen des Totalen Staates auftretende nationalsozialistische Staatsrechtslehrer KOELLREUTTER
etwa betonte, der »deutsche Führerstaat« sei kein faschistischer,
sondern ein deutscher Staat«, was auf die Priorität der Rassenfrage
hinweisen sollte.[32] Nach JÄNICKE besteht der Unterschied zwischen

[27] FORSTHOFF 1933, 42.
[28] GOEBBELS 1937, 285 f.
[29] ROSENBERG 1934.
[30] HITLER 1934, 421 ff.
[31] DOMARUS 1962, 305.
[32] KOELLREUTTER 1934, 7.

der Staatslehre der italienischen Faschisten und der der deutschen Nationalsozialisten in folgendem:

> »die italienisch-faschistische Staatslehre erhielt durch [den] Sieg der Partei-Ideologien einen realistisch-empirischen Zug, während man in Deutschland anschließend einer zunehmend belanglosen und sophistischen Phraseologie verfiel. Während in Italien die Anti-Gentilisten den Weg für eine vergleichende Betrachtung der neuen Parteidiktaturen freigaben, wurde er durch die Gegner der Schmitt-Schule gerade erst verstellt.«[33]

In diesem Kontext ist der in Nazi-Deutschland oft gebrauchte Begriff des »totalen Krieg« zu sehen, der auf LUDENDORFF (1935) zurückgeht. Er sollte für das »Recht des Stärkeren« stehen, alle menschlichen Werten und die Weltanschauung zu bestimmen, und so auch die expansionistischen Ziele des Dritten Reiches »begründen«, die auf die »Endlösung der Judenfrage« zulaufende rassistisch motivierte Ausrottungspolitik eingeschlossen. Wie heißt es bei SCHMITT unter der in der Tat alles verheißenden Überschrift »Totaler Feind, totaler Krieg, totaler Staat«?

> »Im Krieg steckt der Kern der Dinge. Von der Art des totalen Krieges her bestimmt sich Art und Gestalt der Totalität des Staates.«[34]

Das bedeutet doch wohl, dass die Ideologie des »totalen Krieges« dem »totalen Staat« seinen eigentlichen »Sinn« gibt und sein spezifisches Entwicklungspotenzial vorzeichnet?

Die Freund-Feind-Opposition steht also im Zentrum der deutschen Version der propagierten Totalität bzw. eines affirmativ vertretenen Totalitarismus, und dadurch unterscheidet sich von dem italienischen Konzept des *stato totalitario*. Für GENTILE war der »totale Staat« vor allem der antipluralistische Staat: Alle pluralistischen Institutionen mussten zerstört werden, damit die Nation in ihrer reinen Form als Einheit entstehen konnte. Für den deutschen Nationalsozialismus war die Idee des politischen Volkes, der »Volksgemeinschaft« zwar auch nicht unwichtig, aber die Freund-

---

[33] JÄNICKE 1971, 43 f.
[34] SCHMITT 1940, 236.

Feind-Gegenüberstellung als Sinn und innere »Kraft«, als Antrieb der Bewegung spielte im deutschen Faschismus eine größere Rolle, was die angestrebte »qualitative« Totalität betrifft. Mit JÄNICKE ist festzuhalten:

> »Dieser antipluralistische und dezisionistische Macht- und Führerstaat erhält durch das bellizistische Kriterium der Freund-Feind-Unterscheidung alle Eigenschaften zugesprochen, die ihn zum Instrument des ›totalen Krieges‹ machen.«[35]

Statt vom »totalitären Regime« der revolutionären Partei wie in Italien sprach man in Deutschland vom »totalen Krieg«. Das war einer der wesentlichen Unterschiede zwischen der deutschen und der italienischen faschistischen Weltanschauung.

Der Totalitarismusbegriff wurde in Europa nicht nur in Italien und Deutschland positiv genutzt und entwickelt, sondern auch in Spanien. Mitte 1939 nach dem für den General FRANCO und seine *Falange* siegreichen Ende des spanischen Bürgerkriegs und kurz vor dem deutschen Angriff auf Polen, mit dem der Zweite Weltkrieg begann, standen diese drei Staaten wie ein mächtiger faschistischer Block da, zumal Italien und Deutschland Franco in seiner Kriegführung gegen die spanische Republik massiv unterstützt hatten. Angesichts der ideologischen Differenzen zwischen der deutschen und der italienischen Variante, scheint es sinnvoll, auch einen Blick auf die spanische Version zu werfen.

Obwohl das spanische Konzept des *estado totalitario* mit der italienischen Version des Faschismus vieles gemeinsam hat, gibt es auch spezifische Züge des spanischen Falangismus. Im Programm der *Falange* vom November 1934 heißt es:

> »Unser Staat soll ein totalitäres Instrument im Dienste der Unversehrtheit des Vaterlandes sein. Alle Spanier sollen an ihm durch Familie, Gemeinde und Berufsstand teilhaben [...]. Das Parteisystem mit all seinen Konsequenzen — dem unorganischen Wahlrecht, der Vertretung durch sich bekämpfende Gruppen in dem Parlament des bekannten Typs — wird unerbittlich abgeschafft.«[36]

[35] JÄNICKE 1971, 48.
[36] NELLESSEN 1963, 164.

Diese Doktrin hatte José Antonio Primo de Rivera, der Gründer der *Falange*, entwickelt. Das instrumentelle Spezifikum seiner Lehre stellte Primo de Rivera so heraus:

»Vergöttlichung des Staates (ist) genau das Gegenteil dessen [...] was wir wollen«.[37]

Seiner Meinung nach sollten Individuum und Staat solidarisch in »totaler Harmonie vereint« sein.

Der spanische Parteiführer Franco sprach auch vom »sendungsbewussten und totalitären Staat« (*estado misional y totalitario*) und sein Schwiegersohn Serrano Suñer apostrophierte während des Bürgerkrieges die faschistische Lehre in Spanien als »*concepto de Estado totalitario*«.[38] Die wichtigsten Werke des internationalen Faschismus zum Thema »totalitärer Staat« im Sinne Francos wurden in Spanien veröffentlicht. Außerdem spielte in Spanien die politische Propaganda auf der Grundlage der Ideologie eine wichtige Rolle. Dadurch stand theoretischen Untersuchungen über die Idee des *estado totalitario* reiches Material zur Verfügung.

Die *Falange*-Ideologie ist eine Reaktion auf das *regimen demoliberal*. Ihr geht es um drei Grundprinzipien: Einheit, Totalität und Autorität, die durch die Tätigkeit der »revolutionären Partei« realisiert werden sollten. Im spanischen Faschismus ist einerseits ein Beispiel für einen Typ totalitärer Herrschaft zu erkennen, dem ein ganz abstraktes und »statische[s] Antimodell« zum liberalen System zugrunde liegt. Denn es gilt ja »der ›totalitäre Staat‹ als Überwinder aller politischen, sozialen, ökonomischen und regionalen Antagonismen«.[39] Wenn es andererseits heißt, die »Neue Revolution« offenbare sich durch ihren »totalitären Charakter«,[40] muss man allerdings fragen, ob dann das Wort ›totalitär‹ noch im selben Sinn gebraucht wird. Denn die harte Diktatur einer einzigen Partei, die sich auf »reale Herrschaftsstrukturen und spezifisch

---

[37] Primo de Rivera 1965, 45.
[38] Pérez 1939, 221.
[39] Jänicke 1971, 51.
[40] Pérez / Serrano 1939, 72.

›revolutionäre‹ Prozesse« stützt,[41] muss gar nicht statisch, sondern sie kann sehr dynamisch« sein. Es kommt nun darauf an, was man primär als totalitär bezeichnen möchte: entweder einen bestimmtem Typ von Staatsordnung oder die Weise der Realisierung dieser Ordnung. Wenn dies nicht unterschieden wird und der Ausdruck ›totalitär‹ manchmal auf eine neue Staatsordnung zu beziehen ist, die insofern etwas Statisches ist, weil eine Partei das Herrschaftsmonopol hat, manchmal aber auf deren »revolutionäre Diktatur« in einer Übergangsphase zur Verwirklichung der angestrebten stabilen Ordnung, dann kann der widersprüchliche Eindruck entstehen, dass für das Totalitäre einerseits Statik und Stabilität, andererseits aber Dynamik und Variabilität kennzeichnend sind. Tatsächlich sind hier aber mit JÄNICKE einfach zwei unterschiedliche Aspekte im Begriff des Totalitarismus auseinanderzuhalten:[42]

1. Wenn dieser Begriff eine bestimmte Staatsordnung charakterisiert, geht es vornehmlich darum, die Herrschaftsstruktur in einer Gesellschaft zu erfassen. Jänicke nennt das die *statische* Komponente des Begriffes.
2. Wenn dieser Begriff aber einen spezifischen Machtprozess charakterisiert, geht es weniger um Strukturen als vielmehr wie in jedem Prozess um mehrere auf- und vielleicht auch auseinander folgende Phasen. Jänicke nennt das die *dynamische* Komponente des Begriffs.

Diese Unterscheidung scheint mir besonders interessant. Denn Jänicke versucht hier eine theoretisch-systematische Analyse in die Totalitarismus-Debatte einzuführen, während viele Totalitarismus-Forscher meistens erst eine historische und empirische Betrachtung des Problems bieten.

Folgt man Jänickes Logik der Analyse des Totalitarismusbegriffs, kann man PÉREZ' und SERRANOs Totalitarismus-Doktrin als dynamische Version des Totalitarismus bezeichnen. Für sie ist die Partei ein Hauptteil der neuen Gesellschaft, der »durch den Zwang der

---

[41] Ebd.
[42] JÄNICKE 1971, 54.

Verhältnisse« zumindest in einer Übergangsperiode notwendig »totalitär und diktatorisch« ist[43]. Hier ist unklar, ob solche Partei-Diktatur nur für die Übergansphase entscheidend ist oder ob man dieses Modell braucht, um damit eine »permanente Revolution«[44] zu verwirklichen. Wichtig ist, dass in spanischen Faschismus die instrumentelle Rolle der Partei immer eine große Bedeutung hatte. Manoilescu bemerkt dazu:

> »Die Lebensdauer der einzigen Partei [hängt] von der Lebensdauer ihrer Aufgaben ab«.[45]

Damit betont er die Wichtigkeit des Einparteienregimes. Pérez und Serrano behandeln *Machtergreifung* und *Gleichschaltung* als Aufgaben der »Revolutionären Partei«, die als ihre »permanenten« Funktionen genannt wurden.[46] Nicht der Staat, sondern die Partei sollte dabei die »Totalität« der neuen Ordnung schaffen und sie erhalten.

Dies war aber nur in der Theorie geschrieben. In Spanien war die *Falange* »eher eine Karikatur des von Pérez und Serrano analysierten Parteityps«.[47] Sie konnte nicht besonders viel auf die Francos politische Linie beeinflussen und in der spanischen Totalitarismus-Theorie wurden meistens italienische und deutsche Faschismus-Lehren beschrieben. Aber schon seit 1942 entsteht in Spanien die Kritik des Faschismus und Nationalsozialismus: 1943 publiziert ein Artikel von Martinez de Bedoya ein Artikel über »Bolschewismus, italienischer Faschismus, deutscher rassischer Sozialismus«, wo er versucht die im Titel genannten Regime von Francos Spanien abzugrenzen. Und weiter wurde der Totalitarismus-Begriff in Spanien als ein negativer Begriff analysiert, der zur Distanzierung von faschistischen und nationalsozialistischen Vorstellungen diente. So bemerkt Jänicke diesbezüglich:

---

[43]   Pérez / Serrano 1939, 68.
[44]   Pérez / Serrano 1939, 169.
[45]   Manoilescu 1941, 14.
[46]   Pérez / Costa Serrano 1939, 131 ff.
[47]   Jänicke 1971, 56.

»Der politische Charakter des Totalitarismusbegriffes, seine ideologische Funktion im Rahmen außenpolitischer Konzeptionen, ist nirgends anschaulicher demonstriert worden als im Spanien Francos«.[48]

1.3 FASCHISTISCHE UND KOMMUNISTISCHE REGIME: EIN VERGLEICH

Während in Westeuropa Anfang der 20. Jahrhundert öffentlich entwickelte man faschistische Doktrin, in Russland damals herrschte andere Ideologie bzw. anders genannte Lehre — kommunistische Ideologie, zwar mit ähnlichem Inhalt wie in westeuropäischen Faschismus.

So schrieb beispielsweise ZIBONDI schon am Anfang der Totalitarismusdebatte über den antisozialistischen Charakter der faschistischen Bewegung in Europa.[49] Er versteht den Faschismus als eine »chaotische Bewegung«, die keine irgendwelche positive Idee in sich erhält und »eher ein Geisteszustand ist als eine Tatsache«.[50] Damit wollte Zibondi vor allem eine emotionale und psychische Grundlage des Faschismus zeigen.

Der kommunistisch orientierte Denker RADEK sprach auf dem IV. Weltkongress der Kommunistischen Internationale (1922) auch über sozusagen »idealistische« Fundament der faschistischen Lehre, für die das Streben nach unbegrenzter Herrschaft wesentlich ist:

> »Mussolini, die nationalistischen kleinbürgerlichen Intellektuellen, sie stellen einen neuen Willen zur Macht dar. Die Faschisten kommen mit einem neuen Glauben«.[51]

Und ein solcher Glaube in den Faschismus verbreitet »kleinbürgerliche Illusionen« und reaktionäre Ideen, die für die (kommunistische) Entwicklung der Menschheit gefährlich sind.

Für ZETKIN war der Faschismus nicht nur bourgeoise Reaktion auf eine allgemeine Krise des Kapitalismus, sondern auch eine »mas-

---

[48] Ebd. 59.
[49] ZIBONDI 1922.
[50] Ebd. 79.
[51] RADEK 1923, 313.

senwirksame« und dynamische »ideologische Kraft«, die ein neues und gefährliches Gesellschaftssystem schafft. Aber Zetkins Meinung nach erfüllt die faschistische Bewegung auch eine positive Rolle. Sie erhöht die revolutionäre Aktivität der bürgerlichen Gesellschaft:

>»Ein scheinrevolutionäres Programm, das außerordentlich geschickt an die Stimmungen, Interessen und Forderungen breitester sozialer Massen anknüpft, dazu die Anwendung des brutalsten, gewalttätigsten Terrors«.[52]

Sie nennt zwei wesentlichen Züge des Faschismus nämlich *Ideologie* und *Terror*, die später die Theoretiker des Faschismus genau so als wichtige Charakteristiken des Faschismus betrachteten.

Solche »sozialistischen« Deutungen des Faschismus und des Totalitarismus haben »bis Mitte der zwanziger Jahre einen ganzen Teil des späteren totalitarismustheoretischen Merkmalskataloges vorbereitet«.[53] Marxistische Interpretation des Totalitarismus wiesen oft auf die Krise der spätkapitalistischen Gesellschaft als Hauptursache der Entstehung des Faschismus:

>»Der total-autoritäre Staat bringt die dem monopolischen Stadium des Kapitalismus entsprechende Organisation und Theorie der Gesellschaft«.[54]

Im Marxismus betrachtete man die totalitäre Herrschaftsordnung als ein Versuch des Kapitalismus seine Lebenswesen zu bewahren:

>»[Der Faschismus hat] gerade als totaler Staat [...] die Möglichkeiten, gewisse kapitalistische Schichten zu benachteiligen, um die Lebensdauer des gesamten kapitalistischen Systems zu verlängern«.[55]

Aber später begannen »rechte« Marxisten — sogenannte »rechte« Marxisten, die in der Sowjetunion als »kleinbourgeoise Sozialisten« und »Opportunisten« genannt wurden, weil sie die damalige marxistisch-leninistische Ideologie und Staatssystem kritisiert hatten —

---

[52] ZETKIN 1924, 204-32.
[53] MÖLL 1998, 75.
[54] MARCUSE 1934, 161-95.
[55] STERNBERG 1935, 123.

stalinistische Staatsordnung als totalitäre Herrschaft zu bezeichnen.
1936 bezeichnete der berühmte russische Stalinismus-Kritiker
TROTZKI die uneingeschränkte »bürokratische« Verselbständigung
der Diktatur Stalins als »totalitär«.[56]

BAUER, der immer deutsche und italienische Totalitarismus als
»unbeschränkte Klassenherrschaft, die Diktatur [...] der Groß-
kapitalisten und der Großgrundbesitzer« charakterisierte, betrachtet auch die Sowjetunion als »totalitäre« Gesellschaft.[57] HILFER-
DING schrieb dazu:

> »The mechanism of the totalitarian state surpasses all is predecessors,
> first by the range of is coercive instrumentalities, the military, the po-
> lice, the courts, and the administration [...]. Second, it surpasses them
> in the scope of is activities. The hitherto autonomous operation of the
> economy is subjected to regulation by the state for is own political
> ends. Third, independent social organizations, particularly economic
> organizations, are broken up or replaced by units sponsored by the
> State. Fourth, a host of persons, drawn from the most divergent origins,
> are fused together into a socalled ›party‹ with a stake in the preservation
> of the power of the state«.[58]

Ab 1940 bezeichnete er das sowjetische Regime als rein totalitäres
Staatssystem:

> »Die Verabsolutierung und Verselbständigung der Staatsmacht mo-
> difiziert oder beseitigt die bisher wirksamen kausalen Zusammen-
> hänge [...] das Verhältnis der Ökonomie [...] zur Politik, ihre gegen-
> seitige Bedingtheit und ihr Aufeinanderwirken. Die Staatsmacht hat
> sich die Ökonomie unterworfen«.[59]

Und noch mehr:

> »In dem Maße, in dem diese Unterwerfung sich vollzieht, wird der
> Staat zum totalitären Staat, und das Ausmaß dieser Unterwerfung
> wird zum Gradmesser der Totalität«.[60]

---

[56] TROTZKI 1957, 100.
[57] BAUER 1936, 132.
[58] HILFERDING 1947, 597-605.
[59] HILFERDING 1954, 295-324.
[60] Ebd. 296.

Solche Veränderung der Position in der Frage der Einschätzung der faschistischen und kommunistischen Staatssysteme kann man bei vielen Politikwissenschaftlern in der dreißiger und vierziger Jahren des 20. Jahrhundert finden. Je weiter sich die sowjetische Staatsordnung entwickelte, desto schärfer wurde die Kritik an der stalinistische Diktatur.

Borkenau in seiner *Soziologie des Faschismus* von 1933 schrieb, dass der Faschismus als »exklusive Diktatur einer totalitären Partei« unter den Bedingungen des verschärften Klassenkampfes in den liberalen Demokratien entsteht wurde. Nach dem Hitler-Stalin-Pakt sollte Borkenau seine Meinung radikal ändern:

> »This European war is an ›ideological war‹. It is a fight of the liberal powers [...] against the biggest ›totalitarian‹ power, Germany. And Germany, in this war, is cooperating, though in an ambiguous manner, with Russia, the other big totalitarian power of the world [...] the main devision could not be more clear-cut; liberal powers here, totalitarian powers there«.[61]

Borkenau hebt *die Gleichartigkeit* der faschistischen und der kommunistischen Totalitarismus-Versionen hervor:

> »In the fight against one and the same enemy, the totalitarian State, which suppresses with equal ruthlessness the Liberal bourgeoisie and the individual capitalist, the trade-union worker and the Socialist movement, the true Christian and the true Freethinker«.[62]

Während man in Westeuropa in den dreißiger und vierziger Jahren des 20. Jahrhundert den Kommunismus wie den Faschismus kritisierte, ließ die offizielle Ideologie in der Sowjetunion nur die einseitige Kritik des Faschismus als radikalste Form des Kapitalismus zu:

> »Der Faschismus an der Macht [...] ist [...] die offene, terroristische Diktatur der reaktionärsten, chauvinistischsten, am meisten imperialistischen Elemente des Finanzkapitals«.[63]

---

[61] Borkenau 1940, 11.
[62] Ebd. 13.
[63] Dimitroff 1983, 58.

Und wenn die westliche sozial-politische und ökonomische Rahmenbedingungen — ich meine liberal-demokratische Traditionen, schnelle und starke Industrialisierung der Ökonomik, bestimmte weltanschauliche Pluralismus wie z.b. protestantische und Katholische Ethik etc. — ganz unterschiedliche Deutungen des Phänomens des Faschismus ermöglicht haben, russische traditionelle patriarchaisch-konservative Gesellschaft und Eine-Partei Diktatur konnte in dieser Zeit nur spezifische pseudo-kommunistische Staats-Doktrin entwickeln. Dabei spielte nicht zuletzt eine Rolle die besondere russische Mentalität.

Beispielsweise charakterisierte der berühmten russischen religiösen Philosoph BERDYAJEV den Dualismus und manchmal auch die Irrationalität und Widersprüchlichkeit der russischen »Seele« als eindrucksvolle Symbiose bestimmter Eigenschaftspaare: Anarchismus und Planwirtschaft, Bereitschaft zum Einsatz des Lebens für die Freiheit und außerordentliche Servilität, Chauvinismus und Internationalismus, Humanismus und Grausamkeit, Askese und Hedonismus. Ich denke, dass das totalitäre Regime in Russland solche komplizierte Konstellation der typisch russischen Eigenschaften als Grundlage des russischen politischen Selbstbewusstseins oft noch verschärfte und vertiefte[64].

Für kommunistischen und faschistischen Elite typisch war ein Versuch, ein neues Typ der Menschen zu »züchten«: Nämlich den, der keine eigene Meinung haben sollte und ein einzelnes Teilchen des totalen bürokratischen Staatsmechanismus sein sollte.

Russische Totalitarismus-Version hatte aber ihre eigene spezifische Züge. In dem russischen patriarchalen Gesellschaft wurden alle widersprüchliche und irrationalen Momente der menschlichen Mentalität auf eine bestimmte Weise ausgenutzt: Sie wurden einer kommunistische Idee untergeordnet, was ermöglichte extrem tiefe und dauernde Existenz des kommunistischen Regimes in der Sowjetunion.

---

[64] Vgl. GADSCHIJEW 1996, 77.

Einige Totalitarismus-Forscher unterscheiden verschiedene Typen des Totalitarismus; dabei geht es um die Unterschiede zwischen den Staatssystemen. So betrachtet bekannter französischer Historiker Aron portugiesische Salazar-Regime; spanische, nationalsozialistische und russische Totalitarismus-Regime als drei Varianten einer gemeinsamen Idee:

> »Der erste ist eher gegen den Parteien*pluralismus* als gegen die *Konstitutionalität*. Der zweite Typ ist gegen den Parteienpluralismus, aber für eine *revolutionäre Partei*, die mit dem Staat identisch wäre; so war es unter Hitler. Der dritte Typ schließlich ist [...] gegen den Parteienpluralismus und für eine revolutionäre Partei, wobei das Ziel dieser revolutionären Einheitspartei jedoch - der Theorie nach - die Vereinheitlichung der Gesellschaft in einer einzigen Klasse ist«.[65]

Als Beispiel des ersten Typs nennt Aron das portugiesische Regime. Solche Regime verbietet der Parteipluralismus, aber die Gesetze der Moral und Religion gelten trotzdem auch für Herrschenden. Dieses Regime möchte »[...] liberal sein [...], ohne demokratisch zu sein, dem es aber nicht gelingt, liberal zu sein«.[66]

Der zweite Typ des Regimes – nämlich faschistische Staaten – schließt auch die demokratischen Ideen aus (wie der erste Typ), aber gibt es dabei folgende Unterschiede: Das Salazar-Regime versuchte, die »Entpolitisierung« der Bevölkerung zu verwirklichen, und Mussolini und Hitler wollten ganz im Gegenteil eine »politisierte« bzw. fanatische Masse schaffen. Im Salazar-Regime war keine Staatspartei, in Italien und Deutschland war das die Realität. Obwohl spanische, italienische und deutsche Regime alle gegen die demokratischen und liberalen Ideen auftraten, ist das spanische Regime eine Zwischenstufe zwischen dem ersten und dem zweiten Typ. Arons Meinung nach ist

> »das spanische Regime weniger konservativ als das Salazars, es finden sich in ihm gewisse Elemente des modernen Faschismus [...] Das italienische Regime gründete auf einer Staatspartei, es verkündete eine Art Staatssozialismus, war aber im Vergleich zum deutschen Regime

---

[65] Aron 1970, 165 f.
[66] Ebd.

wenig revolutionär; es war auf die Beibehaltung der traditionellen Strukturen bedacht, verschaffte der Regierung aber jene völlige Freiheit im Umgang mit der Macht, wie sie die Abschaffung der parlamentarischen Gremien und die Unterstützung durch eine Einheitspartei mit sich bringen«.[67]

Und gerade das nationalsozialistische Regime in Deutschland ist ein sehr scharf entwickeltes Faschismus-Regime: es ist anti-demokratisch, anti-liberal und revolutionär. Hier ist die Hauptidee nicht wie in Italien der Staat, sondern die Nation bzw. die Rasse.

Der dritte Typ des Totalitarismus nach ARON ist kommunistische Regime in Russland. Es schafft – wie die ersten zwei Typen – den Parteipluralismus ab, aber mit ganz anderer Begründung. Konstitutionell-pluralistische Ideen wurden in der Sowjetunion als kapitalistische Propaganda genannt, während wirkliche Freiheit und Demokratie eine klassenlose Gesellschaft brauchen. Und das Monopol der Partei betrachtete man als große Leistung der neuen Gesellschaft, weil die absolute Macht der Partei in der Sowjetunion ein Ausdruck der Wille des Proletariats sein sollte.

Als Schlussfolgerung zur Vergleichsanalyse des faschistischen und kommunistischen Totalitarismusbegriff kann man sagen, dass »der sozialistische Hauptstrom der zwanziger und dreißiger Jahre den Faschismus als ein krisenspezifisches Entwicklungsmoment des Kapitalismus interpretierte« und als »eine kontrrevolutionäre Bedrohung des Sozialismus, nicht aber zugleich als eine revolutionäre Gefahr für die bürgerliche Gesellschaft perzipierte«[68], was zeigte eigentlich der Doppelmoral der kommunistischen Ideologie. Aber für die bürgerliche Opposition beispielsweise des faschistischen Italien war die faschistische Bewegung eine größte Gefahr für der liberalen Staatsordnung. Und die oppositionäre Denker verglichen den Faschismus und Bolschewismus als zwei ähnliche Strömungen in der Politik.

So 1925 charakterisierte Giovanni AMENDOLA den Faschismus und Bolschewismus als »totalitäre Reaktion auf Liberalismus und

---

[67] ARON 1970, 166 f.
[68] MÖLL 1998, 78.

Demokratie«.[69] Genau so betrachtete 1925 der ehemalige italienische Premierminister Francesco Saverio NITTI west- und osteuropäische Herrschaftsregime: »in Europa [gibt es] nur zwei wichtige
Erscheinungen, welche die Verleugnung der Freiheit darstellen: den
russischen Bolschewismus und den italienischen Faschismus«.[70]
Faschismus und Bolschewismus demonstrieren die gesamteuropä-
ische Krise der liberalen Staaten und ihrer Werte:

> »Faschismus und Bolschewismus beruhen nicht auf entgegengesetzten
> Grundsätzen, sie bedeuten die Verleugnung *derselben* Grundsätze von
> Freiheit und Ordnung, der Grundsätze von 1789 [...] Sie sind also die
> Verleugnung aller Grundlagen der modernen Zivilisation, die Rück-
> kehr zur Moral der absoluten Monarchen und der Auffassung des
> Krieges als die selbstverständliche Hantierung einer Nation«.[71]

Der Unterschied zwischen beide totalitären Bewegungen sieht
Nitti darin, dass ihm sich der Bolschewismus an die Ideale der
Französischen Revolution erinnert und deswegen ein »großes ge-
schichtliches Weltereignis« ist, während »der Faschismus hat kein
Ideal. Er bedeutet einfach die Eroberung des Staates durch eine
bewaffnete Minderheit«.[72]

Für Luigi STURZO waren Faschismus und Bolschewismus identisch, weil sie Einparteistaaten ohne Opposition repräsentierten.[73]
Andere Kritiker der faschistische Diktatur Moritz Julius BONN sah
die Ähnlichkeit zwischen Faschismus und Bolschewismus darin,
dass sie beide die »Krisis der europäischen Demokratie« markierten,
und hier ging es um eine bestimmte »diktatorischen Methode«:

> »Der Bolschewismus hat dem sachlichen Programm zuliebe sich für
> die Methode der Diktatur entschieden. Der Faschismus muss der
> Diktatur zuliebe ein sachliches Programm erfinden«.[74]

---

[69] AMENDOLA 1925, 237.
[70] NITTI 1925.
[71] Ebd. 53.
[72] Ebd. 53f.
[73] STURZO 1926.
[74] BONN 1925, 148 f.

ERWIN VON BECKERATH beschrieb die ideologischen Differenzierungen zwischen Faschismus und Bolschewismus. Und wenn der Faschismus eine antimodernistische, antikapitalistische und aprogrammatische und »vitale Schwungkraft« hat, nannte Beckerath beim Bolschewismus drei »typische Strukturelemente«: »den sozialen Unterbau, die Machtinstrumente und das Ideensystem der politischen Phänomene«.[75] Als wichtigstes Charakteristikum des Faschismus und Bolschewismus trat eine revolutionäre Bereitschaft zur Gewalt. Und obwohl Faschismus und Bolschewismus in ihrer ideologischen Hauptthesen unterschiedlich sind, stimmen ihre Ideologien dennoch überein in der »Funktion einer Theorie für Erhaltung und Entfaltung eines Herrschaftssystems«.[76]

1.4 ZUSAMMENFASSUNG

Festzuhalten bleibt, dass der Begriff des Totalitarismus für etwas steht, das im 20. Jahrhundert als etwas prinzipiell Neues in der Geschichte aufgetreten ist. Ich habe verschiedene Varianten totalitärer Staaten betrachtet: das faschistische Italien, das nationalsozialistische Deutschland, das falangistische Spanien und das stalinistische Russland. Überall standen im Zentrum der neuen Staatsordnung das Monopol einer Partei mit einer stark ausgeprägten Ideologie, der Antipluralismus, der Gebrauch von Gewalt und die »Atomisierung des Menschen«. Jedes Land entwickelte aufgrund der Besonderheiten seiner nationalen Geschichte eine eigene Version des Totalitarismus. Unterschiede betreffen das Ausmaß der Gewalt, die Rolle der Partei im Staat (begrenztes oder absolutes Diktat) und die vereinigende Hauptidee für die neue Gesellschaft: der Staat selbst in Italien, die Nation oder Rasse in Deutschland und der Aufbau einer kommunistischen Gesellschaft in der Sowjetunion.

Seitdem es ihn gab, wurde der Totalitarismus kritisiert. Kritik wurde auf verschiedenen Ebenen artikuliert: In den faschistischen

---

[75] BECKERATH 1927, 135f.
[76] BECKERATH 1929, 136, 151.

Staaten gab die Opposition ihre Bewertung des Faschismus; »rechte« Kommunisten kritisierten sowohl westeuropäische als auch osteuropäische totalitäre Systeme; und die Apologeten der kommunistischen Idee beteiligten sich an der Kritik des Totalitarismus im Westen und nahmen ihre eigene Staatsordnung von jeder Kritik aus. Die Totalitarismusdebatten hatten unterschiedliche Stadien: Von der Entstehung des Totalitarismusbegriff in der zwanziger und dreißiger Jahre des 20. Jahrhundert über den Zweiten Weltkrieg und die Jahre des Kalten Krieges bis zur postkommunistischen Ära in Osteuropa, als der Zusammenbruch des Kommunismus dort auch die sozusagen die »innere« Kritik und Bewertung des Totalitarismus ermöglichte.

Mein Ziel war, hier die erste Phase der Totalitarismusdebatten zu skizzieren, um die Ursprünge, die historische und geistig-intellektuelle Atmosphäre der damaligen Zeit zu rekonstruieren, was besonders wichtig ist für die Analyse und Interpretation von Ernst Cassirers Konzept und Deutung des europäischen Faschismus. Bevor ich beginne, direkt Cassirers Konzept in *The Myth of the State* zu betrachten, scheint es mir auch wichtig, nicht nur die Entstehung des Totalitarismus-Begriffs in der westlichen Politologie vorzustellen, sondern auch ganz kurz den Verlauf der Totalitarismus-Debatte im Westen zu betrachten: angefangen bei zwei »klassischen« Totalitarismustheorien – ich meine Hannah Arendts Buch *Origins of totalitarianism* (1951) und C. J. Friedrich und Z. Brzezinski *Totalitarian Dactatorship and Autocraty* (1956) – bis zu Raymond Arons und Karl Poppers Totalitarismus-Konzepten. Die beiden letzteren schließen die Diskussion ab, die bis zum Anfang des »Kalten Krieges« stattgefunden hat. Meiner Meinung nach ist diese Vorstellung der wichtigsten Diagnosen des Totalitarismus notwendig, weil der Theorien-Vergleich uns schwächere und stärkere Seiten des Konzeptes von Ernst Cassirer zu zeigen ermöglicht.

Hannah Arendts Totalitarismus-Theorie steht Cassirers Konzept des Faschismus näher als das Buch von Friedrich und Brzezinski, weil sie auch Philosophin war. Sie war auch Jüdin und hatte ein ähn-

liches Schicksal wie Cassirer—während der Nazi-Diktatur musste
Hannah Arendt in die Emigration, wo sie ihre Werke über totalitäre
Herrschaft schrieb—genau wie Cassirer. Daher scheint mir die Zu-
sammenbetrachtung und der Vergleich von Arendts und Cassirers
Deutungen des Faschismus besonders fruchtbar zu sein.

2. Kapitel
Klassische Totalitarismuskonzepte
und deren Diskussion bis zum Anfang des Kalten Krieges

2.1 EINLEITUNG

Die theoretische Auseinandersetzung mit dem Totalitarismus als Phänomen und mit dem allgemeinen Begriff dieses Phänomens hat verschiedene Stadien durchlaufen: vom ursprünglichen Aufkommen des Wortes ›totalitär‹ als Ausdruck für einen neuen politischen Begriff, über die Anfänge der Theoriebildung bis hin zu den unterschiedlichen Totalitarismus-Konzepten vor und nach 1945 sowie der Kritik und den Differenzierungen, die diese Konzepte während des Kaltes Krieges und danach provoziert haben.

Nachdem ich die Frühstadien im 1. Kapitel bis hin zu den ersten Versuchen, das Phänomen des Totalitarismus auf einen Begriff zu bringen, schon vorgestellt habe, möchte ich jetzt die sozusagen »reifen« Totalitarismuskonzepte samt der zugehörigen Theorien analysieren. In der Forschung[1] gelten heute die folgenden Arbeiten als Klassiker der Totalitarismus-Theorie:

- Hannah ARENDT, *The origins of totalitarianism* (1951),
- Hans BUCHHEIM, *Totalitäre Herrschaft Wesen und Merkmale* (1962),
  —, *Anatomie des SS-Staates* (1965),
- Carl J. FRIEDRICH, *The new belief in common man* (1942),
  —, *Totalitäre Diktatur* (1957),
- Zbginew K. BRZEZINSKI / Carl J. FRIEDRICH, *Totalitarian Dictatorship and Autocracy* (1956),

---

[1]   Vgl. z.B. SUTOR 1985, außerdem die in der Einleitung zum 1. Kapitel genannten Arbeiten von MÖLL 1998, JÄNICKE 1971, WIPPERMANN 1997 und SCHLANGEN 1976.

- Martin DRATH, Totalitarismus in der Volksdemokratie (1958),[2]
- Richard LÖWENTHAL, *Totalitäre und demokratische Revolution* (1960),[3]
- Leonard SCHAPIRO: *Totalitarianism* (1972),
- Raymond ARON: *Demokratie und Totalitarismus* (1958),
- Eric VOEGILIN: *Die politische Religionen* (1938),
- Karl R. POPPER: *Die offene Gesellschaft und ihre Feinde* (1945).

Man klassifiziert und charakterisiert die in diesen Arbeiten exponierten Konzepte danach, aus welchem Blickwinkel sie den Totalitarismus als Phänomen zu deuten und zu fixieren versuchen. Die Konzepte von Arendt und Buchheim gelten als *anthropologisch*, die von Friedrich, Brzezinski und Aron als *herrschaftssoziologisch-strukturell*, die von Drath und Löwenthal als *soziologisch-entwicklungstheoretisch*, Schapiros als *historisch-politikwissenschaftlich* und die von Voegelin und Popper schließlich als *ideengeschichtlich* bestimmt. Natürlich sind solche Etikettierungen nicht mehr als ein Hilfsmittel zur Gliederung eine sonst unübersichtlichen Menge von Meinungen und Argumenten: Es gibt keine feste Grenzen zwischen den angesprochenen Totalitarismus-Konzepten. Jeder Autor hat seine spezifische Perspektive, aus der er das Phänomen totalitärer Herrschaft zu deuten sucht. Obwohl in der politologischen alle erwähnten Konzepte in der einen oder anderen Hinsicht ihren Ort haben, ragen, nach der Häufigkeit der Erwähnung zu urteilen, die von Hannah Arendt einerseits sowie die von Friedrich und Brzezinski andererseits doch hervor. Deshalb scheint es sinnvoll, diese beiden im Folgenden ausführlicher zu betrachten.

2.2 HANNAH ARENDTS POLITISCHE THEORIE

Unter den wenigen deutschen bzw. deutschsprachigen Philosophinnen des 20. Jahrhunderts ist Hannah Arendt zweifellos eine der bedeutendsten, wenn nicht die bedeutendste. Ihre politische Philosophie ist mit ihrer eigenen Biographie verbunden. Denn als Jüdin

---

[2] Einleitung zu RICHERT 1958.
[3] In: *Der Monat*, 13 (1960).

war sie von den abstoßendsten Seiten des nationalsozialistischen Regimes persönlich betroffen.[4] Am 14. Oktober 1906 in Hannover-Linden geboren, wuchs sie im ostpreußischen Königsberg auf. Da die Eltern aktive Sozialisten waren, spielten Traditionen des Judentums in ihrer Erziehung weniger eine Rolle als vielmehr die Zivilcourage, d. h. der Widerstand gegen jedwede Ungerechtigkeit. Nach ihrem Abitur 1924 studierte sie Philosophie, Theologie und Griechisch bei Rudolf Bultmann, Martin Heidegger, Edmund Husserl und Karl Jaspers, unter dessen Betreuung sie 1928 in Heidelberg aufgrund einer Dissertation über den »Liebesbegriff bei Augustin« promoviert wurde.

Schon früh interessierte sie sich für politische Theorie, was durch die Lektüre der Schriften von Karl Marx, Wladimir I. Lenin und Leo Trotzki belegt ist. Gleichzeitig pflegte sie seit 1926 Kontakt mit Kurt Blumenfeld, einem zionistischen Kritiker der Assimilation. Im Jahre 1933 floh Arendt aus Nazi-Deutschland, zuerst nach Paris, 1941 dann nach Amerika, wo sie zahlreiche Aufsätze über konkrete Fragen der neueren jüdischen Geschichte publizierte. In New York lernte sie den österreichischen Historiker Salo W. Baron kennen und veröffentlichte in dessen Zeitschrift *Jewish Social Studies* ihre Arbeiten über das europäische Judentum. Jetzt war die Politik ins Zentrum ihrer Interessen gerückt. 1945/46 begann Arendt mit der Arbeit an einer neuen Untersuchung über den Nationalsozialismus, die 1951 unter dem Titel *Origins of Totalitarianism* erscheinen sollte. Das Buch gilt heute als ihr Hauptwerk, es ist eines der berühmtesten und angesehensten Werke zum Totalitarismus. Es folgten, neben vielen Artikeln und Essays, noch mehrere große Bücher: *The Human Condition* (1958) *Viva activa oder vom tätigen Leben* (1960), *Eichmann in Jerusalem* (1963, dt. 1964), *On Revolution* (1963, dt. »Über die Revolution«), *On Violence* (1970, dt. »Macht und Gewalt«, 1975), *The Life of the Mind* (1978, dt. »Vom Leben des Geistes«, 1979). Hannah Arendt starb am 4. Dezember 1975 im Alter von 69 Jahren in New York. Das ist in kurzem die Bio-

---

4   Für das Folgende vgl. Young-Bruehl 1986; Barley, 1990; Wolf 1991.

graphie von Hannah Arendt. Jetzt möchte ich mich ihrem Hauptwerk *Elemente und Ursprünge totaler Herrschaft*, wie es in der
deutschen Übersetzung von 1955 heißt, zuwenden.

Oben wurde schon gesagt, dass ARENDTs Buch gewissermaßen ihr
persönliches Schicksal widerspiegelt. Davon zeugt auch die Tatsache, dass sie es zuerst ›Die Elemente der Schande: Antisemitismus
– Imperialismus – Rassismus‹ nennen wollte. Bevor sie den endgültigen Titel festgelegt hatte, erwog sie zwischenzeitlich auch drama-
tisierende Titel wie ›Die drei Säulen der Hölle‹ oder einen ganz nüch-
ternen wie ›Eine Geschichte der totalen Herrschaft‹. Wie der zuerst
in Betracht gezogene Titel anzeigt, bilden die drei Begriffe des *Antisemitismus*, des *Imperialismus* und der *totalen Herrschaft* die äußere
Struktur und innere Logik des Werkes.

Arendt beginnt ihre Untersuchung des Totalitarismus mit einer
Betrachtung der Entstehung der antisemitischen Bewegungen des
19. Jahrhunderts, wobei sie den Antisemitismus als gesamteuropäisches Phänomen beschreibt. Die Juden hätten in Europa im Gesellschaftssystem immer eine Gruppe bildete, »deren Stellung und
Funktion sich aus dem Verhältnis zu dem politischen Körper, und
nicht aus ihrer Stellung in der Gesellschaft, ergab«.[5] Solche Un-
gleichheit im Verhältnis zu den anderen Gesellschaftsschichten bedeutete, dass den Juden zuerkannte Staatsbürgerrecht bestimmte
Bedingungen zur Vorraussetzung hatten. Arendt zeigt, wie die
Französische Revolution von 1789 führte in Mittel- und Westeuropa
zur jüdischen Emanzipation, aber in Polen und Russland wurden
keine solchen Prozesse gelaufen. Und wenn früher das nichtjüdische
Bürgertum bis 19. Jahrhundert politische Desinteresse und eine Distanz in der Führung den Staatsgeschäften verwirklichte, begann der
Imperialismus eine neue Politik zu machen: jetzt brauchte die Bourgeoisie staatliche und politische Macht. In dieser Situation verloren
die Juden ihrer Monopolstellung in der staatlichen Finanzierung,
aber ohne Verlust ihrer politischen Rechte. Arendt meint, dass gerade dies eine Hauptursache der wachsenden Heterogenität und Anar-

---

[5] ARENDT 1986, 44.

chie des westeuropäischen Judentums war und nach dem Ersten Weltkrieg fände sich »ein aller Macht entkleidetes Judentum [...], in dem es noch viele reiche jüdische Individuen gab, aber keine jüdische Gruppe, kein Kollektiv in irgendeinem Sinne«.[6]

So verlor das Judentum in europäischer Nationalstaatlichkeit seine nationale Identität, während seine ökonomische Kapazität immer wuchs. Und wann die Nazi-Bewegung in Deutschland entstand, waren die Juden »das Symbol der Gesellschaft überhaupt und das Objekt des Hasses für alle, die aus gleich welchen Gründen, von der tonangebenden Gesellschaft ausgeschlossen waren. Der Antisemitismus, der seine politischen Voraussetzungen verloren hatte« erwies »sich dann nach dem Weltkrieg als die befriedigenste Weltanschauung für alle Schlecht-weggekommenen und Ressentimeterfüllten«.[7]

Auch die antisemitische Propaganda in Europa führte dazu, dass »Judensein eigentlich ein Verbrecher sei«,[8] aber hier gab es deutliche Unterschiede: besonders stark war solche Propaganda und reale Politik in nationalsozialistischen Deutschland.

Nächstes wichtiges Thema in Arendts Totalitarismus-Analyse war *Imperialismus*. Der Zerfall der globalen Nationalstaaten stimulierte Arendts Meinung nach dem Wachstum des Imperialismus. Arendt bezeichnet dieses Prozess als »Expansion um der Expansion willen«,[9] der ein »beinahe vollständiger Bruch mit allen Traditionen und Überlieferungen des Abendlandes«[10] bedeutete. Wenn früher der Nationalstaat ein Gegensatz von Gesellschaft und Staat dargestellt hat (wie z.B. griechische Polis), neue Phase der europäische Geschichte zeigt immer wachsende Interessen die Bourgeoisie, die »den Staat und seine Gewaltmittel als Instrumente für die eigenen wirtschaftlichen Ziele zu benutzen«[11] will. Jetzt die Nation kann

[6] Arendt 1986, 46.
[7] Ebd., 107.
[8] Ebd., 155.
[9] Ebd., 209.
[10] Ebd., 217.
[11] Ebd., 218.

nicht den »Griff nach der Weltmacht« zu bewerkstelligen, »weil ihre politische Konzeption auf einer historischen Zusammengehörigkeit von Territorium, Volk und Staat beruht«.[12] Solche Tatsachen wollte der Imperialismus nicht akzeptieren; der Widerspruch zwischen der traditionelle politische Zielsetzungen der Nationalstaates und imperialistische Interessen verwirklichte sich in der »verhängnisvollen Vorstellung von permanenter und nicht nur vorübergehender Überlegenheit [...] zwischen ›höheren‹ und ›niederen‹ Rassen«[13] — und deswegen in imperialistischen Zeitalter entstand die Notwendigkeit eines »wissenschaftlich begründeten« Konzepts des Rassismus. Die imperialistische expansionistische Machtpolitik war Arendts Meinung nach

> »der durch nichts begrenzte Prozess einer ewigen Machtakkumulation, der die Expansion um der Expansion willen ermöglicht und dauernd neu speist, braucht ständig neues Material, um sich zu erneuern und nicht in den Stillstand zu geraten. Wenn der letzte Sieger im Kampf um die Erde die ›Sterne nicht annektieren‹ kann, so bleibt ihm nur übrig, sich selbst zu zerstören, damit der unendliche Prozess aufs neue beginnen kann. Dieses letzte Geheimnis der Macht und der Machtpolitik hat die bürgerliche Gesellschaft zu ihrem und unserer aller Heile weder je erkannt, noch, wenn es ihr von den Machtanbetern präsentiert wurde, je wirklich akzeptiert. Dies war der Sinn, ihrer so außerordentlich vernünftigen und segensreichen Heuchelei, der erst ihr Sprössling, der Mob, eine Ende bereitete«.[14]

Der Ursprung die imperialistische Politik sieht Arendt in einem »Bündnis zwischen Kapital und Mob«:[15] die imperialistische Ideologie sozusagen »bearbeitete« die unteren sozialen Schichten – das besonders typisch für damalige Deutschland:

> »Die Disparatheit von Ursache und Folge, welche das Entstehen des Imperialismus kennzeichnet, ist somit selbst kein Zufall. Der Anlass, das überflüssige Kapital, das des Mobs bedurfte, um sich sicher und profitabel zu investieren, setzte einen Hebel in Bewegung, der ver-

[12] ARENDT 1986, 221.
[13] Ebd., 228.
[14] Ebd., 252.
[15] Ebd., 263.

borgen und von besseren Traditionen verdeckt, in der Grundstruktur der bürgerlichen Gesellschaft immer mit enthalten gewesen
war«.[16]

Neue imperialistische Politik hieß die Durchmischung von Nationalismus und Rassenvorstellungen mit seiner typisch völkischen
Komponente. In preußischem Deutschland begann man das deutsche Volk als »Blutsbande« zu definieren, was entwickelte man eines spezifisch völkisch »Nationalgefühls«. Hinzu kamen die
Theorien des 19. Jahrhunderts über »Persönlichkeits- und Genie-
Kult«.[17] Diese Konstellation beider Elemente bediente »die theoretische Grundlage für eine Rassen-Ideologie«.[18] Solche Ideen waren für imperialistischen Staaten eine »Waffe im politischen
Kampfe [...], oft nicht mehr als eine Quelle von Einfällen, mit denen man den verschiedensten politischen Konflikten eine neue
zumeist verschärfende Wendung geben konnte«.[19]

Auch stell Arendt die Rolle der Bürokratie in der imperialistische Staaten heraus, die an die Stelle der Kolonialherrschaft trat
und

> »in welcher Verwaltung an die Stelle der Regierung, die Verordnung
> an die Stelle des Gesetzes und die anonyme Verfügung eines Büros
> an die Stelle öffentlich-rechtlicher Entscheidungen tritt«.[20]

Die Bürokratie sei für Arendt eine

> »wesentliche unmenschlichere Regierungsform als despotische Will-
> kür, weil sie, gerade wenn sie in absoluter Integrität durchgeführt
> wurde, die von ihr beherrschten Menschen gleichsam endgültig zu
> reinen Verwaltungsobjekten erniedrigten«.[21]

Also, die Bürokratie stellte eine institutionelle Unterstützung für
imperialistische Propaganda vor. Arendt trennt sozusagen ver-
schieden Arten von Imperialismus entsprechend bestimmten Pan-

---

[16] Arendt 1986, 266.
[17] Ebd. , 285.
[18] Ebd.
[19] Ebd., 305.
[20] Ebd., 307.
[21] Ebd., 343.

bewegungen: Pangermanismus, russischer Panslavismus, Alldeutsche usw., die wegen geographischer und politischer Besonderheiten bedient wurden und hatten ihre spezifische Rassenideologie. Die Panbewegungen hatten in imperialistischen Staaten in verschiede Zeit unterschiedliche Bedeutung; so nach dem Ende des Ersten Weltkrieges gingen die Panbewegungen beispielsweise in Russland und Österreich-Ungarn unter, aber genau in dieser Zeit entstand da die Parteisystems.

Die politische und ökonomische Situation in Russland und Österreich-Ungarn nach dem Ende des Ersten Weltkrieges charakterisiert Arendt als »Atmosphäre des Zerfalls«.[22] Die damaligen Regierungen wollten solche Situation noch vertiefen und die Zahl staatenlosen Menschen zu vermehren; solche Leute betrachtete man in rassistische Kategorien:

> »Der Unterschied zwischen den Minderheiten und den Nationalitäten war nur der, dass die ersteren nicht nur in einem der neugeschaffenen Staaten in kompakten Siedlungsgruppen angetroffen wurden, und dieser Unterschied äußerte sich praktisch darin, dass sie nach den Nachbarstaaten blickten, wo sie selbst ein Staatsvolk waren, und die territoriale Vereinigung erstrebten, während die Nationalitäten einen erbitterten Kampf um den Staatsapparat und entschlossene separatistische Bewegungen zu entfalten begannen«.[23]

Genau das war ein Vorbild für deutsche Nazi-Politik: im Jahre 1933 begann die

> »Naturalisierung des naturalistischen Juden, für die es Präzedenzfälle bereits gab; so war der Weg geebnet für die Entziehung der Staatsbürgerrecht überhaupt«.[24]

Von dieser Analyse des Imperialismus geht Arendt weiter und jetzt die Hauptfrage ihres Buches: die Frage über die *totale Herrschaft*. Die Autorin betrachtet die Bestandteile und Struktur die totalitären Staaten; als konkretes Beispiel nimmt sie vor allem faschistische Deutschland und bolschewistische Russland. Und sie

---

[22] ARENDT 1986, 423.
[23] Ebd., 428.
[24] Ebd., 438.

schätzt die totalitären Staaten nicht als ganz herkömmliche historische Art der menschlichen Gesellschaft, sondern als radikaler Ab-
bruch mit europäische Kultur und Rationalität. Arendt unterstreicht die Rolle der Massen in der Ideologie der totalen Staaten:

> »Totalitäre Bewegungen sind Massenbewegungen, und sie sind bis
> heute die einzige Organisationsform, welche die modernen Massen
> gefunden haben und die ihnen adäquat scheint«.[25]

Hier ist die Fortsetzung ihre Ideen bei der Analyse des Imperialismus, wo sie beschrieb die Bedeutung des Mobs bei Realisierung
die Interessen der Bourgeoisie (siehe oben).

Die »Masse« definiert sie als eine Menge Menschen, die gleiche
Rechte haben, aber keine gemeinsame Interessen und keine Klas-
senbewusstsein. Hauptmerkmal solche Leute sei die Möglichkeit
mit ihrem Bewusstsein zu manipulieren. Soziale Atomisierung
und unpolitischen Denken sind zwei wichtigste Charakteristiken
Arendts Massenbegriffs. Bei Entstehung dieser Phänomen spielte
nicht zuletzt eine Rolle die ökonomische und politische Lage in
Deutschland in zwanziger Jahren des 20. Jahrhunderts: die globale
politische, ökonomische uns soziale Krise schuf die Voraussetzungen für Entwurzelung und Vereinzelung des Individuums in
Deutschland. So entstand das

> »ganz unerwarteten Phänomen eines radikalen Selbstverlustes, diese
> zynische oder gelangweilte Gleichgültigkeit, mit der die Massen dem
> eigenen Tod begegneten oder anderen persönlichen Katastrophen«.[26]

Und solcher weit verbreitete Typ des Menschen bedingte letztendlich ein notwendige »Grundstoff« für die Entstehung und
Entwicklung des neuen Staatssystems nämlich totalitäre Gesellschaft.

Arendts Meinung nach war nicht nur der Terror die Haupt-
charakteristikum des Nazi-Regimes, sonder auch die Ideologie
und Propaganda:

---

[25] ARENDT 1986, 499.
[26] Ebd., 512.

»Insofern totalitäre Führer an ›die‹ mögliche Elimination der Menschen aus der Geschichte des Menschengeschlechts glauben, die zugleich die Eliminierung des Zufalls und des Unvorhersehbaren aus allem Geschehen bedeuten würde, sind sie mehr als Demagogen, nämlich wirkliche Repräsentanten der Massen«.[27]

Hier waren auch die politische und ökonomische Bedingungen wichtig: die globale soziale Krise bediente solche gesellschaftliche Zustand, wann die Vergangenheit und Gegenwart von den Menschen sozusagen abgelehnt wurden; diese geistige und weltanschauliche Vakuum konnte die gut fabrizierte Ideologie sehr erfolgreich ersetzen. So beschreibt Arendt diese Situation:

»In einer Situation völliger geistiger und sozialer Heimatlosigkeit ergibt eine wohlabgewogene Einsicht in die gegenseitige Bedingtheit des Willkürlichen und des geplanten, des Zufälligen und des Notwendigen, durch die sich der Lauf der Welt konstruiert, keinen Sinn mehr. Nur wo der gesunde Menschenverstand seinen Sinn verloren hat, kann ihm totalitäre Propaganda ungestraft ins Gesicht schlagen. Wo immer aber Menschen vor die an sich unerhörte Alternative gestellt werden, entweder [...] dahinzuvegetieren oder sich der starren und verrückten Stimmigkeit einer Ideologie zu unterwerfen, werden sie den Tod der Konsequenz wählen und bereit sein, für ihn auch den physischen Tod zu erleiden«.[28]

Als den Kern der faschistischen Propaganda betrachtete Arendt die rassistische Lehre, die auf der antisemitischen Komponente basierte; das war für die atomisierte Masse

»ein Mittel der Selbstbefriedigung [...], das ihnen ein durchhaus brauchbares Surrogat für das verloren gegangene gesellschaftliche Prestige bot und sie zugleich, auf Grund der fiktiven Stabilität einer neuen Selbstidentifizierung, zu erheblich besseren Kandidaten der Organisation machte«.[29]

Also, als Grundelemente des totalitären Staates nennt Arendt den Terror, die bürokratische Organisation und Propaganda. Dabei diente den Staatsapparat der Führer und die Polizei war

---

[27] ARENDT 1986, 552.
[28] Ebd., 561.
[29] ARENDT 1986, 566.

»das höchste und vornehmste Organ des totalen Herrschaftsappa-
rates; sie verfügt zudem in den Konzentrationslagern über ein in jeder Hinsicht vollkommen ausgestattetes Laboratorium, in welchem
die Ansprüche totaler Herrschaft experimentell verifiziert werden
sollen«.[30]

Gerade Konzentrations- und Vernichtungslagern stellte die wichtigste Funktion in der totalitären Gesellschaft dar: die gaben eine
Möglichkeit die Mehrheit der Bevölkerung in einem strengsten
und festen Ordnung zu halten und die menschliche Natur auf eigene notwendige Weise zu ändern:

> »Die ungeheure Gefahr der totalitären Erfindungen, Menschen über-
> flüssig zu machen, ist, dass in einem Zeitalter rapiden Bevölkerungs-
> zuwachses und ständigen Anwachsens der Bodenlosigkeit und Hei-
> matlosigkeit überall dauernd Massen von Menschen im Sinne utilita-
> ristischer Kategorien in der Tat ›überflüssig‹ werden. Es ist, als ob
> alle entscheidenden politischen, gesellschaftlichen und wirtschaftli-
> chen Tendenzen der Zeit in einer heimlichen Verschwörung mit den
> Institutionen sind, die dazu dienen könnten, Menschen wirklich als
> Überflüssige zu behandeln und zu handhaben […] es steht zu fürch-
> ten, dass die Konzentrationslager und Gaskammern, welche zweifel-
> los eine Art Patentlösung für alle Probleme von Übervölkerung und
> ›Überflüssigkeit‹ darstellen, nicht nur eine Warnung, sondern auch
> ein Beispiel bleiben werden«.[31]

Wie schon oben gesagt wurde, Arendt unterschied die totalitäre
Diktatur vor bisherige Formen der Tyranis oder Despotie: in der
totalitären Diktaturen stand in Zentrum des Politik statt beispielsweise »Recht der Natur« die Rassengesetze. Der Terror in
der totalitären Gesellschaft war notwendige und nicht eliminierte
Besonderheit, damit die Rassen Ideologie zu verwirklichen. Wie
Möll dazu meinte:

> »Für Hannah Arendt spiegelt sich im Totalitarismus nicht nur eine
> *Politik der Vernichtung*, sondern auch die *Vernichtung des Poli-
> tischen*«.[32]

---

[30] Ebd. 614.
[31] Ebd. 701 f.
[32] Möll 1998, 100.

Möll betrachtet Arendts Totalitarismustheorie nicht nur als ein politologisches, sondern auch als ein »philosophisches Werk mit politisch-praktischer Relevanz«,[33] weil sie das »eigentliche Wesen«[34] des Totalitarismus untersuchen will.

Arendt vertrat in ihrem Buch ein so genannten phänomenologisches Standpunkt, wann sie der Totalitarismus-begriff und seine Folgen als »Erscheinungen« – wie die Dinge und Ereignisse, die für einer Beobachter dargestellt sind und auf ihn sozusagen »wirken«. Wie meint beispielsweise MÖLL:

»Für Hannah Arendt ist der Gegenstandbereich des Politischen nicht objektiv, sondern phänomenal strukturiert«.[35]

Das heißt, dass »im Wesen des Politischen [...] nicht nur« liegt, »was es ist, sondern auch in welchem bestimmten oder unbestimmten Sinn es das ist, was es ›meint‹«. Deswegen hat die politische Realität »keine Selbstständigkeit, sondern ist immer auch Intentionalität«.[36] Mit anderen Worten, ein Wissenschaftler Arendts Meinung nach muss immer unparteilich bleiben, damit er eine richtige und objektive Forschung machen könnte:

»to look upon the same world from one another's standpoint, to see the same in very different and frequently opposing aspects«.[37]

Gerade solcher phänomenologische Standpunkt erklärt uns, warum Arendt betrachtet der Totalitarismus als etwas prinzipiell neues, was es noch nie in der menschlichen Geschichte gab.

»Durch den Totalitarismus werde die bisherige geschichtliche Kontinuität unterbrochen [...] Weder Tyrannei noch Diktatur, weder die früheren Formen des Faschismus noch die bisherigen Völkermorde hätten jegliches positive Recht zugunsten angeblicher ›Gesetze der Geschichte‹ oder des ›Recht der Natur‹ auf solch monströse Weise negiert«.[38]

---

33 Ebd.
34 ARENDT 1986, 703.
35 MÖLL 1998, 101.
36 Ebd.
37 ARENDT 1968, 51.
38 BARLEY 1990, 24 f.

Im Zentrum von Arendts Totalitarismus-Konzept steht der Mensch, deswegen viele Totalitarismus-Forscher charakterisieren Arendts Werk als anthropologische Deutung des Phänomens der totalitären Herrschaft. Die Philosophin bestimmte ihre Epoche als die Zeit, wo der Verlust des Gemeinsamen in der Welt passierte und die Verlassenheit und das Entwurzeltsein nannte sie als Hauptbesonderheiten der modernen Menschen:

> »Das Leben des Einzelnen ist wieder sterblich geworden, so sterblich, wie es im Altertum gewesen ist, aber die Welt, in der die Sterblichen sich nun bewegen, ist nicht nur nicht unvergänglich, sie ist sogar vergänglicher und unzuverlässiger geworden, als sie es je in den Jahrhunderten eines unerschütterten christlichen Glaubens gewesen war. Es ist nicht ein wie immer geartetes Diesseits, das sich dem Menschen bot, als er die Gewissheit des Jenseits verlor, er wurde vielmehr aus der jenseitigen und der diesseitigen Welt auf sich selbst zurückgeworfen«.[39]

In dieser »Verlassenheit« sah Arendt eine fundamentale Voraussetzung für die Entstehung der totalitären Gesellschaftsordnung:

> »Was moderne Menschen so leicht in die totalitären Bewegungen jagt und sie so gut vorbereitet für die totalitäre Herrschaft, ist die allenthalben zunehmende Verlassenheit. Es ist, als breche alles, was Menschen miteinander verbindet, in der Krise zusammen, so dass jeder von jedem verlassen und auf nichts mehr Verlass hat«.[40]

Also, wie wir sehen, Arendt versuchte einerseits in seiner politischen Philosophie die phänomenologische Betrachtung des Phänomens des Totalitarismus zu geben, andererseits war ihr Konzept stark anthropologisch und existenzial-philosophisch geprägt. Solche »Mischung« aus theoretischen Methoden kann man gut verstehen: als Wissenschaftlerin wollte Arendt eine neutrale und maximal objektive Analyse des Totalitarismus zu führen, aber ihre eigene Schicksal und Lebensumstände haben sehr stark ihr philosophisches Konzept beeinflusst. So hatte z.B. neben existenziellen Momenten in Arendts politischer Philosophie auch der Antisemi-

---

[39] Arendt 1992, 57.
[40] Arendt 1986, 523.

tismus eine besondere Bedeutung für die Entstehung und Entwicklung des Totalitarismus.

Aber Antisemitismus spielte als eine offizielle Doktrin unter dem bolschewistischen Regime in Russland keine besonders große Rolle. Die bolschewistische Ideologie richtete sich vor allem gegen das »alte Regime« –gegen den Kapitalismus –, und die Rassenlehre hatte in bolschewistischem Russland kaum eine Bedeutung. Deswegen wurde Arendts Deutung des Totalitarismus speziell in Russland sehr kritisiert.

Als Ausdruck eines emotionalen Schocks sah VOEGELIN ihr Buch: Es sei daher nicht zur Verallgemeinerung geeignet.[41] Arendt antwortete darauf, dass sie

> »Prof. Voegelin nicht bestimmen kann, dass das moralisch Verwerfliche und emotional Bestehende das Essentielle überschattet [...] Ich glaube, was mein Ansatz von demjenigen Prof. Voegelins trennt, ist, dass ich von Fakten und Ereignissen ausgehe, anstatt von intellektuellen Affinitäten und Einflüssen«. [42]

Auch Raymon ARON kritisierte Arendts Hauptwerk:

> »Ich bin nicht sicher, ob Frau Arendt nicht sogar ein bisschen fasziniert war von den der Wirklichkeit entlehnten Monstrositäten, die durch die Kraft ihrer logischen Vorstellung jedoch bis zu einer Perfektion geführt wurde, welche aus einem bestimmten Blickwinkel derjenigen der von ihr angeprangerten Ideologen vergleichbar ist«.[43]

Aller berechtigten Kritik zum Trotz war Arendts Totalitarismus-Analyse ein großer Beitrag zur modernen Politologie und politischen Philosophie. Besonders ausdrücklich hatte die Philosophin die Rolle der Ideologie und des Terrors in der totalitären Gesellschaft aufgezeigt. Der in seiner Ideologie erhobene »Anspruch auf totale Welterklärung«[44] stelle das Handlungsprinzip des Totalitarismus dar. Sie nennt zwei herrschende totalitäre Ideologien:

---

[41] VOEGELIN 1953, 7.
[42] ARENDT 1953, 78, 80.
[43] ARON 1954, 52.
[44] ARENDT 1986, 718.

»Die eine ist die zur Ideologie erstarrte marxistische Lehre vom Klassenkampf als dem eigentlichen Motor der Geschichte, und die andere ist die von Darwin angeregte und mit dem marxistischen Klassenkampf in mancher Beziehung verwandte Lehre von einem von der Natur vorgeschriebenen Rassenkampf, aus dem sich der Geschichtsprozess, vor allem der Auf- und Abstiegsprozess von Völkern, ableiten lässt.«[45]

Und der Terror ist in den totalitären Staaten nicht nur Mittel zur Unterdrückung, sondern auch ein Selbstzweck, weil er so total und unendlich ist. Für Arendt war der Totalitarismus verantwortlich für die Vernichtung des Politischen als solches und sein Strukturmerkmal war

»die organisierte Ohnmacht, die durch Terror bewusst aufrechterhaltene Vereinzelung des Menschen«.[46]

Arendts Deutung des Totalitarismus war ein Versuch, dieses Phänomen anthropologisch zu erklären. Im Gegensatz zum Konzept von Friedrich und Brzezinski, das die so genannte herrschaftssoziologisch-strukturelle Version der Betrachtung des Totalitarismus repräsentiert, stellt Arendt immer den Menschen ins Zentrum ihrer Überlegungen: den Menschen als Subjekt und Objekt des ideologisch begründeten Terrors. Schließlich findet man in Arendts Konzept totalitärer Herrschaft genügend Parallelen zu Cassirers Totalitarismus-Deutung, um einen Vergleich der beiden lohnend erscheinen zu lassen.

2.3 DAS KONZEPT TOTALITÄRER HERRSCHAFT VON FRIEDRICH UND BRZEZINSKI

Carl-Joachim Friedrich und Zbigniew Brzezinski haben ein Konzept des Totalitarismus entwickelt und in dem von ihnen gemeinsam verfassten Buch *Totalitarian Dictatorchip and Autocracy* 1956 veröffentlicht.[47] Sie versuchten, einen auf empirische Überprüfbarkeit angelegten systematischen Katalog von sechs grund-

45 Ebd. 268 f., 708.
46 Möll 1998, 114.
47 Dt. Übers.: Friedrich/Brzezinski 1957.

legenden Merkmalen totalitärer Diktatur aufzustellen. Im Vorwort erklären die Autoren:

> »Die hiermit vorgelegte Studie über die totalitäre Diktatur versucht eine allgemeine, beschreibende Theorie einer neuen Staatsform zu entwickeln. Sie versucht nicht, restlos zu klären, warum diese Staatsform in unserer Zeit aufgetreten ist […]. Die Verfasser haben sich eine bescheidenere Aufgabe gestellt: das Modell der totalitären Diktaturen zu zeichnen, wie es aus allgemein heute anerkannten Tatsachen zu begründen möglich ist, und die Gesellschaft, die ihr zugeordnet ist, zu umreißen«.[48]

Dabei waren für Friedrich und Brzezinski die wichtigsten Fragen: Was ist das Wesen der totalitären Diktatur? Wie fügt diese Staatsform sich in den Rahmen moderner politische Theorie ein? Als empirisches Material wurden die nationalsozialistischen und bolschewistischen Diktaturen genommen.

Aus heutiger Perspektive kann man sagen, dass *Totalitarian Dictatorchip and Autocracy* ein Buch war, das die größte Resonanz gefunden hat. Zahlreiche andere Totalitarismus-Konzepte hatten gleichsam nur noch einen Kommentar oder Ergänzungen zu diesem »meistzitierte[n] Standardwerk der Fachliteratur« (JÄNICKE) zu bieten. Oben wurde gezeigt, wie unterschiedlich frühere Totalitarismus-Forscher z.B. den Nationalsozialismus in Deutschland und das kommunistische Regime in der Sowjetunion eingeschätzt haben: Für die einen waren es fast gleichartige Systeme, für andere ganz unterschiedliche. Für Friedrich und Brzezinski dient der Begriff des Totalitarismus gerade dazu, das Gemeinsame dieser beiden politischen Systeme zu erfassen; und Friedrich erklärte später, dass

> »a) die totalitäre Gesellschaft des Faschismus und die des Kommunismus sich in den Grundzügen gleichen, also mehr Ähnlichkeiten miteinander als mit anderen Regierungs- und Gesellschaftssystemen haben und dass b) die totalitäre Gesellschaft historisch einzigartig und *sui generis* ist«.[49]

---

[48] FRIEDRICH/BRZEZINSKI 1957, 7.
[49] FRIEDRICH 1968, 179.

In dieser Arbeit nennt Friedrich sechs grundlegende Merkmale, die jeder totalitäre Staat aufweist:

1. eine herrschende Ideologie, die der Bevölkerung keine Möglichkeit lässt, eine eigene abweichende Meinung zu äußern, und die alle Aspekte und Bereiche des menschlichen Lebens erfasst;

2. eine ideologisch strukturierte Massenpartei, die, auf einen einzelnen Parteiführer ausgerichtet und streng hierarchisch organisiert, noch über der Staatsbürokratie steht;

3. ein polizeistaatliches System der totalen Kontrolle und des Terrors durch Repressalien nicht nur gegen »äußere« Feinde, sondern vor allem auch gegen bestimmte Gruppen der eigenen Bevölkerung mit der Absicht, ein psychologisches Klima zu schaffen, in dem niemand Zweifel und Kritik am herrschenden Regime zu artikulieren wagt;

4. strenge Zensur aller Massenmedia — Presse, Film, Funk und Fernsehen — , aber auch der Literatur und überhaupt der Kunst bis hin zur Regelementierung der Architektur[50] und schließlich sogar der Wissenschaft;[51]

5. das Monopol auf Waffenbesitz und dessen lückenlose Kontrolle;

6. eine totale Kontrolle der gesamten Wirtschaft.[52]

Für Friedrich war der Totalitarismus eine ganz und gar neue Staatsform in der menschlichen Geschichte, die »nur in dem von Christentum, Demokratie und moderner Technik geschaffenen Zusammenhang entstehen konnte«.[53] Das sollte vor allem heißen, dass man den Totalitarismus nicht als eine Art der Tyrannis oder der Auto-

---

[50] Nicht nur Hitler hatte seine architektonischen Vorlieben, die zum Maßstab für die Gestaltung öffentlicher Gebäude wurde, sondern auch Stalin, so dass man heute vom »stalinistischen« Architekturstil spricht, der im Westen auch »Zuckerbäckerstil« heißt.

[51] Es geht um die Eugenikexperimente im nationalsozialistischen Deutschland und um die Experimente in der sowjetische Landwirtschaft, die eine deutlich ideologisch geprägte Grundlage hatten.

[52] Friedrich 1968, 185 f. — Wie wir sehen werden, war auch für Cassirer die Technik einer der wichtigsten Faktoren bei der Entstehung totalitärer Systeme.

[53] Ebd. 192.

kratie, den klassischen Formen einer die Freiheit einschränkenden Herrschaft, interpretieren dürfe. In *Totalitarian Dictatorchip and Autocracy* arbeiteten Friedrich und Brzezinski gemeinsam diese Idee der historischen Einzigartigkeit des Totalitarismus weiter aus:

>»Wir vertreten in der vorliegenden Untersuchung die Auffassung, dass die totalitäre Diktatur historisch einzigartig und *sui generis* ist und dass aufgrund der uns jetzt vorliegenden Tatbestände behaupten werden kann, dass die faschistischen und kommunistischen totalitären Diktaturen in ihren wesentlichen Zügen gleich sind, d.h. dass sie sich untereinander mehr ähneln als anderen Systemen staatlicher Ordnung, einschließlich älterer Formen der Autokratie«.[54]

Um den Totalitarismus zu analysieren können, bedürfe es einer ganz neuen Theorie des Staates. Methodisch ist das Vorgehen von Friedrich und Brzezinski am besten dadurch zu kennzeichnen, dass sie die vorfindlichen empirischen Fakten zu analysieren suchten, um zu einer klaren Klassifizierung der an den für totalitär gehaltenen politischen Systeme feststellbaren Phänomene zu kommen. Das unterscheidet ihr Totalitarismus-Konzept von den eher idealtypischen Theorien, die u.a. ARENDT, BUCHHEIM, JASPERS und LEIBHOLZ entwickelt hatten.

So beginnt Friedrich seine Analyse des Phänomens des Totalitarismus mit der Behauptung, dass

>»die totalitäre Diktatur, wie sie sich in Wirklichkeit entwickelt hat, nicht als solche von denen beabsichtigt und geplant war, die sie geschaffen haben, dass sie vielmehr aus der politischen Lage entstanden ist, in der sich die revolutionären Bewegungen und ihre Führer nach der Machtergreifung fanden. Mit anderen Worten, diese totalitären Systeme sind im Verlauf der Bewältigung einer Reihe von Krisenlagen entstanden«.[55]

Mit dem Hinweis auf die kontingenten historischen Umstände, unter denen die *ex hypothesi* totalitären Systeme entstanden sind, wird einer erklärenden Analyse von deren faktischer Entwicklung der Vorzug gegeben vor der Erörterung irgendwelcher Ideen der Prot-

---

[54] FRIEDRICH/BRZEZINSKI 1957, 15.
[55] FRIEDRICH/BRZEZINSKI 1957, 16.

agonisten des Totalitarismus, zumal das »Gedanken-Experiment« und das »bloße« Theoretisieren ihnen für eine »richtige« Politik-wissenschaft nicht angemessen erschienen. Eine gute politische Theorie soll die Erscheinung verschiedener Staatstypen *erklären*, und ihren entsprechenden Versuch im Hinblick auf das, was im 20. Jahrhundert an die Stelle der alten Autokratie getreten war, de-klarierten Friedrichs und Brzezinski als eine

> »descriptive theory of a novel form of goverment«.[56]

Dahinter stand wie gesagt die Überzeugung:

> »that totalitarian dictatorship is historically unique and *sui generis*«

sowie die angesichts des empirischen Datenmaterials formulierte Hypothese,

> »that fascist and communist totalitarian dictatorships are basically alike, or any rate more nearly like each other than like any other sys-tem of govement, including earlier forms of autocracy«.[57]

Mit der Behauptung einer grundsätzlichen (»*basically*«) strukturel-len Verwandtschaft zwischen faschistischen und kommunistischen Alternativen zum liberal-demokratischen System mit einer »kapita-listischen« Marktwirtschaft konnten Theoretiker auf der Seite der politischen Linken im Westen kaum einverstanden sein, ganz zu schweigen von der offiziellen Linie der marxistischen Politikwis-senschaft im damals kommunistischen Machtbereich. Am Ge-brauch des Wortes ›Diktatur‹ (»*dictatorship*«) hätte die letztere sich angesichts der von ihr selbst propagierten »Diktatur des Proletari-ats« noch am wenigsten gestört. Aber für die Linke im Westen und erst recht für die herrschendn Kommunisten im Ostblock war es unerträglich, dass der in einem gemeinsam mit den Westmächten geführten Krieg unter großen Opfern niedergeworfene Faschismus auf derselben Stufe stehen sollte wie ein System, das trotz aller vor-handenen Mängel (Stichwort: Stalinismus) immer noch eine Alter-native zum westlichen Kapitalismus darstellte, mit der nicht geringe

---

[56] Friedrich / Brzezinski 1956, 7.
[57] Friedrich / Brzezinski 1956, 5.

Wählerschichten im Westen (man denke z.B. an die Kommunisten in Frankreich und Italien) beträchtliche Hoffnungen verbanden. Diese Reserve gegenüber dem Ansatz von Friedrich und Brzezinski greift Jänicke auf, wenn er schreibt, die beiden hätten mit ihrer Ausgangshypothese die kommunistischen Regime

> »mit den historisch ›erledigten‹ Faschismen als ein bereits abschließend überschaubares Ganzes auf eine Stufe gestellt. Die Möglichkeit einer historischen Differenzierung ihrer politischen Entwicklung gerade mit Hilfe des Begriffes totalitärer Herrschaft ist damit von Anfang an verschlossen«.[58]

Das war ein Urteil aus dem Jahre 1971 auf dem Höhepunkt der Konjunktur »linker« Theorien in der Bundesrepublik Deutschland. Es wäre interessant zu wissen, wie das Urteil nach 1989, nachdem auch das aus der Oktoberrevolution von 1917 hervorgegangene politische System sich als »historisch erledigt« und als ein »bereits abschließend überschaubares Ganzes« erwiesen hat, ausfallen würde. In den 1960-70er musste es so aussehen, als sei das Absehen von den grundlegenden Ideen der Protagonisten, aus deren Verschiedenheit die Andersartigkeit faschistischer und kommunistischer Systeme hervorgegangen wäre, eine entscheidende Schwachstelle des Ansatzes von Friedrichs und Brzezinski. Das sieht heute sicher anders aus. Aber eine *Erklärung* für die beobachteten »Gemeinsamkeiten« zwischen den Systemen sind die beiden auch schuldig geblieben.

Die oben genannten sechs Merkmale der totalitären Diktatur fassten die beiden im Stile einer Identifikationsmethodologie zum Totalitarismus-Syndrom zusammen:

> »The ›syndrome‹, or pattern of interelated traits, of the totalitarian dictatorship consists of an ideology, a single party typically led by one man, a terroristic police, a communications monopoly, a weapons monopoly, and a centrally directed economy.«[59]

---

58 JÄNICKE 1971, 129.
59 FRIEDRICH / BRZEZINSKI 1956, 9.

Den metaphorischen Gebrauch des medizinischen Terminus ›Syndrom‹ kann man als ein Indiz dafür sehen, dass die Autoren nicht mehr beanspruchen mochten als das »Zusammenlaufen« mehrerer Symptome, ohne für deren Koinzidenz die Ursache zu kennen, ja ohne zu wissen, ob es dafür überhaupt eine Ursache gibt. Für den ebenfalls erhobenen Anspruch, eine Erklärung der empirischen Daten zu geben, ist das, um in der medizinischen Sprache zu bleiben, keine gute Prognose.

Außerdem kann man der »Syndrom«-Liste ansehen, dass das Symptom »*a single party typically led by one man*« sozusagen als das »zweitwichtigste« Merkmal eines totalitären Regimes gilt. Das erste und wichtigste wäre dann die Herrschaft der Ideologie als Hauptinstrument der total(itär)en »Bearbeitung« der Massen.

Als Rahmenbedingungen für die Entstehung totalitärer Systeme werden ein bestimmter Grad der Demokratie, moderne Massenmedien und die Verfügbarkeit von Technologien genannt. Darin ist die Andeutung enthalten, dass »klassische« totalitäre Systeme ein spezifisch europäisches Phänomen sind. In Asien z.B. hätten solche Voraussetzungen gefehlt. Folgt daraus, dass ein Regime wie das von Mao in China oder von Pol Pot in Kambodscha nicht totalitär war? In jedem Falle waren die genannten Voraussetzungen erst im 20. Jahrhundert gegeben, woraus sich der in der Totalitarismus-Forschung üblicherweise angesetzte chronologische Rahmen wie von selbst ergibt. Wieviel angesichts dieser Prämissen die These von der historischen Einzigartigkeit wert ist, bleibt offen.

Das ändert freilich nichts daran, dass die politischen Systeme, die uns unter der Bezeichnung ›totalitär‹ vor allem interessieren, in einer technisch hochentwickelten Gesellschaft, in der die Massen einerseits und eine umfassende Bürokratie andererseits eine zentrale Rolle spielten, installiert wurden. Da diese *ex hypothesi* notwendigen Bedingungen für die Entstehung einer totalitären Diktatur aber nicht hinreichend waren, wie die denselben Bedingungen unterliegenden Gegenbeispiele zeigen, erweist sich hier wiederum

als das eigentliche *explanandum*: Was war denn hinreichend für
die Ausbildung eines totalitären Systems?

Mit Bezug auf die übrigen der sechs Hauptmerkmale lassen sich
weitere Mehrdeutigkeiten feststellen. – So bilden die persönliche
Diktatur und der umfassende polizeistaatliche Terror vielleicht ein
allgemeines Charakteristikum eines jeden totalitären Systems. Doch
für die totale Kontrolle der gesamten Wirtschaft kann man das
nicht so sagen. Denn ein solch »streng« totalitärer Staat wie das
nationalsozialistische Deutschland war von einer totalen Planwirtschaft wohl mindestens so weit entfernt wie von einer liberalen
Marktwirtschaft. JÄNICKE meinte dazu jedenfalls, dieses Totalita-
rismusmerkmal hätten »die Faschisten kaum je erreicht«,[60] und er
folgert daraus, dass

> »das Merkmalsyndrom Friedrichs die spezifische Differenz der von
> ihm selbst und anderen Forschern als eigentlich ›totalitär‹ bezeichne-
> ten Zustandslagen faschistischer und kommunistischer Parteidiktatu-
> ren gar nicht angibt. Die sechs Merkmale der ›totalitären Diktatur‹
> sind im Wesentlichen bereits in der als prä-totalitär angesehenen
> Phase des sowjetischen Systems vorfindbar«.[61]

Das an vorletzter Stelle genannte Merkmal – ein vollständiges und
Monopol des Staates über die Waffen – kann man nicht als spezifisches Merkmal eines totalitären Systems betrachten. Denn in den
meisten demokratischen Staaten Europas gibt es ein solches Monopol, zumindest aber wird der Zugang von Privatleuten zu Waffen
weit restriktiver gehandhabt als in den USA, wo den einschlägigen
Interessenverbänden die Waffengesetze z.B. der Bundesrepublik
Deutschland gewiss als Ausdruck einer brutalen Unterdrückung
bürgerlicher Freiheiten erscheinen würden.

Nun unterstreicht aber auch Friedrich selber bedeutender als
durch jene Merkmale bestimmte Grundstruktur sei »vielmehr die
Wirkungsweise bestimmter Elemente«, und sie sei »maßgeblich für
die Bestimmung des Totalitären«.[62] Ebenso räumt er ein, dass man

---

[60] JÄNICKE 1971, 132.
[61] Ebd.
[62] SCHLANGEN 1976, 56.

die sechs Merkmale im Zusammenhang betrachten müsse — sie bildeten »eine Gruppe von miteinander verflochtenen und sich gegenseitig stützenden Eigenschaften, wie das bei ›organischen‹ Systemen üblich ist«[63] – und versucht unter Hinweis auf den soziologisch-strukturellen Charakter seines Ansatzes die Notwendigkeit einer weiteren Systemanalyse zu begründen. Den erwähnten »inneren Schwächen« ihres Konzeptes zum Trotz stand die Arbeit von Friedrich und Brzezinski lange im Zentrum der Totalitarismus-debatten während des Kalten Krieges, und sie bestimmte den Diskurs und das Problemfeld für weitere Diskussionen. Eine kurze Übersicht über die Beiträge, die dazu geleistet wurden, werde ich im nächsten Abschnitt geben.

2.4 Weitere Entwicklungen der Debatte

Die wichtigsten Debattenbeiträge, die auf die grundlegenden Arbeiten von Arendt, Friedrichs und Brzezinski folgten, sind in den oben[64] genannten Monographien von Drath, Löwenthal, Schapiro, Aron und Voegilin enthalten. Dazu kommt noch das früher erschienene Buch von Popper.

Drath behandelt den Totalitarismus entwicklungstheoretisch. Das heißt, er beschäftigt sich weniger mit der Problematik der Struktur und Ideologie einer totalitären Gesellschaft, sondern er betrachtet vor allem Aspekte der Entwicklung totalitärer Staaten. In seinem Buch *Totalitarismus in der Volksdemokratie* kritisiert er die bisherigen strukturanalytischen Totalitarismus-Konzepte, weil solche Theorien auf einer Verallgemeinerung bestimmter Einzelmerkmale beruhen, was Draths Meinung nach die Gefahr der »Willkürlichkeit« der Theoriebildung mit sich bringt. Dagegen setzt er eine eigene deduktive Methode, derzufolge, wie Möll schreibt,

---

[63] Friedrich/Brzezinski 1957, 21.
[64] S.o., 27 f.

»jeder Gegenstandbestimmung eine hypothetische Begriffsbestim-
mung zugrunde liegt, die gleichwohl ihrerseits durch präzisierende
Teilanalysen oder neue Entwicklungen der durch diese Begriffsbe-
stimmung bezeichneten Wirklichkeit korrigierbar bzw. falsifizierbar
bleibt«.[65]

Für Drath war der Begriff des Totalitarismus eher ein typisieren-
der Begriff, der besonderer Voraussetzungen bedurfte: In jedem
konkreten Fall der Begriffsanwendung sei eine Erkenntnisleistung
fordert. Es gehe um die Beschreibung und Analyse der westlichen
liberalen Tradition, und, bezogen auf eine solche Tradition, sei
der Totalitarismusbegriff immer einem

»[...] geistigen System immanent und bedarf aus diesem Grunde vom
Standpunkt eines anderen geistigen Systems aus mindestens einer
Transponierung, falls der Begriff in diesem fremden System nicht
überhaupt unmöglich ist, weil er dessen Voraussetzungen und inneren Zusammenhängen widerspricht. Die Begriffsbildung beruht also
stets auf vorgegebener Stellungnahme umfassender und grundsätz-
licher Art, kann diese allerdings auch immer wieder neu in Frage
stellen«.[66]

In diesem Sinne formuliert Drath auch die Frage, inwiefern die in
den Totalitarismustheorien Begriffsbildung notwendig oder kon-
tingent sei? Er hält den Begriff des Totalitarismus selbst für nicht
rein material begründet, so dass es die passenden formalen Bestim-
mungsgründe zu suchen gelte. Es handele sich um eine »idealtypische« Begriffsbildung im Sinne Max WEBERs. Das bedeutet,
dass der Forscher die für seine Theorie wichtigsten Merkmale des
Gegenstandes markiert, während er andere Merkmale, die das empirische Material bietet, als weniger bedeutend ausblendet, um nur
die wesentlichsten übrig zu behalten, wobei diese Auswahl des Wesentlichen durch seine theoretische Perspektive bestimmt ist. Eine
idealtypische Konstruktion erlaubt es so allerdings, eine Vielzahl
empirischer Erscheinungen, die sich in den nicht wesentlichen
Merkmalen unterscheiden, als unter denselben Begriff fallend zu
analysieren.

---

[65] MÖLL 1998, 152f.
[66] DRATH 1958, 320.

Es ist ein »zentrales Prinzip des Totalitarismus«, was DRATH sucht, eines, »das seine einzelne Charakteristika nicht nur zusammenhält, sondern maßgeblich bestimmt«,[67] ein »Primärphänomen« der totalitären Herrschaft, das alle einzelnen Momente des Totalitarismus erklärt. Da er zugleich entwicklungstheoretisch orientiert ist, spricht er von der der finalen Kausalität des Totalitarismus und nennt in diesem Zusammenhang als dessen »Ziel ein neues gesellschaftliches Wertungssystem durchzusetzen, das bis in ›Metaphysik‹ hinein fundiert wird«.[68] Somit ist für Drath der totalitäre Anspruch für die Begriffsbildung wichtiger, als es die totalitären Strukturen sind: Dieser Anspruch bzw. das Ziel des Totalitarismus sei

> »erst erreicht, wenn er sich nicht nur als politisches und gesellschaftliches System durchgesetzt hat, sondern wenn die Menschen sein neues Wertungssystem innerlich übernommen haben«.[69]

Der formalisierend-konstruierende idealtypische Charakter des von Drath vertretenen Totalitarismus-Konzeptes im Gegensatz zu strukturellen Deutungen des Totalitarismus wird hieran deutlich.

Auch LÖWENTHAL entwickelte kein strukturelles, sondern dynamisches Konzept totalitärer Herrschaft:

> »Wer heute noch daran festhalten wollte, den totalen Staat durch die Extreme des Grauens zu definieren, müsste die absurde Schlussfolgerung anerkennen, dass dieses angeblich ›endgültige‹ Regime sich mehr oder weniger friedlich in etwas verwandelt hat, das dieser Definition nicht mehr entspricht. Wer andererseits [...] glaubt, dass die entscheidenden Merkmale der totalitären Machtstruktur und Dynamik auch im nachstalinistischen Russland noch zu finden sind, muss sein Augenmerk weit mehr als vorher auf den Einfluss richten, den sowohl geplante wie ungeplante gesellschaftliche Wandlungen auf das Funktionieren eines solchen Systems ausüben«.[70]

---

[67] Ebd. 323.
[68] Ebd. 340.
[69] DRATH 1958, 338.
[70] LÖWENTHAL 1960, 29-40.

Neben Gemeinsamkeiten mit DRATH (in bestimmten formalen For-
schungs- und Beschreibungsmethoden) weist LÖWENTHALS Konzept freilich auch Differenzen zu diesem auf. So versteht er den Totalitarismus als eine negative Art der Revolution. Dahinter steht
eine Unterscheidung zwischen *demokratischer* und *totalitärer* Revolution: Während die demokratische Revolution ein positiven
Sinn habe, weil sie objektiv notwendige Umformungen rechtzeitig
vornehme und das politische System den Bedürfnissen der Gesellschaft entsprechend ändere, mache die totalitäre Revolution es umgekehrt. Zuerst entstehe und verbreite sich eine politische Idee und
dazu eine Partei, die auf Grund dieser Idee versuche, die gegebene
Gesellschaftsordnung zu ändern, wobei ihr alle Mittel zum Erreichen ihres Zieles recht seien. Löwenthals Meinung nach ist der
Endzustand der demokratischen Revolution eine »Ruhe-Zustand«,
während die totalitäre Revolution auf eine Art von permanenter
Revolution hinauslaufen müsse.

Es ist interessant zu bemerken, dass gerade diese Idee eine breite
Resonanz in den Totalitarismus-Debatten des postkommunistischen Russland Ende der 1980er, Anfang 1990er Jahre gefunden
hat. So meint der russische Politologe Alexej KARA-MURSA, dass
im bolschewistischen Russland ein Potenzial geschaffen wurde,
das im Hinblick auf die Möglichkeit, nachfolgend weitere totalitäre Strukturen zu entwickeln, schier unbegrenzt war. Es geht hier
um den Totalitarismus als Tendenz, als eine unendliche Bewegung
zu einem neuen, noch stärkeren Grad der totalitären Ordnung der
Gesellschaft.[71]

Löwenthal vergleicht die russische Revolution mit den demokratischen Revolutionen des Westens. Dabei hebt er nicht nur ihre
Dauer hervor, sondern unterstreicht gerade diesen Unendlichkeits-
charakter einer »ununterbrochenen Revolution«, die er als einen
gesellschaftspolitischen Konflikt zwischen ideologischem Diktat
»von oben« und gesellschaftlicher Wirklichkeit (»Evolution von
unten«) beschreibt. Dazu formuliert er drei Thesen:

---

[71] Vgl. z.B.: KARA-MURSA / POLJAKOW 1999, 382 f.; KARA-MURSA
/POLJAKOW 1989, 24 f.

»Erstens, dass im Verlauf des Entwicklungsprozesses die geplante Revolution von oben in wiederholten Konflikt mit ungeplanter, spontaner Evolution von unten gerät, die in eine andere Richtung tendiert. Zweitens, dass mit zunehmendem Entwicklungserfolg die Kräfte der Evolution von unten stärker und die Kräfte der Revolution von oben schwächer werden, bis der Prozess der wiederholten revolutionären Umwälzung seine Schwungkraft einbüsst und schließlich zum Stillstand kommt, weil die Kosten weiterer erzwungener Umwälzungen für das Regime selbst – durch Einbuße an wirtschaftlicher Kraft und internationaler Macht – als untragbar empfunden werden. Drittens, dass der Verlust der revolutionären Dynamik, der die totalitären politischen Institutionen ihrer Legitimität beraubt, zu einem wichtigen Faktor für die Veränderungen dieser Institutionen werden muss«.[72]

Trotz seiner Tendenz zur unendlichen Bewegung in Richtung auf eine immer totalitärere Herrschaft ist ein solches System doch kein »*Perpetuum mobile*«, und die

»letzte Grenze des Totalitarismus ist die Unmöglichkeit totaler Voraussicht, wo es um das Verhalten lebendiger Menschen geht«.[73]

Leonard Schapiro gibt eine zusammenfassende historisch-politikwissenschaftliche Deutung des Totalitarismus. In seinem Hauptwerk skizziert er zunächst die Geschichte des Phänomens, danach rekonstruiert er Entstehung und Entwicklung des *Begriffs* des Totalitarismus. Schließlich beschreibt er die ideellen Quellen totalitären Denkens in den Geisteswissenschaften.

Allgemein unterscheidet Schapiro zwischen Hauptzügen (*contours and features*) und institutionellen Stützen (*pillars*) in einer totalitären Gesellschaft. Wichtigstes Merkmal des Totalitarismus ist für ihn (*i*) der Führer, ohne den weder Entstehung noch Existenz totalitärer Staaten möglich wäre. Die wirtschaftliche und gesellschaftspolitische Situation ist zwar auch von Bedeutung, aber es ist der Führer, der die neue Ordnung strukturiert und den Weg der Entwicklung des totalitären Staates bestimmt. Ein weiteres Merkmal ist (*ii*) die Zerstörung der normalen Rechtsordnung, wenn im

---

[72] Löwenthal 1970, 84.
[73] Sutor 1985, 50.

neuen Staat allein die Willkür des Führers und seiner Parteielite herrscht. Diese Partei-Kontrolle betrifft *(iii)* unter einer totalitären Herrschaft nicht nur die Staatsverwaltung, sondern auch den Privatbereich der Menschen (*control over private morality*). Darüber hinaus bestimmt *(iv)* die Ideologie alle Momente des Alltagslebens, und *(v)* begleiten Massenmobilisierung und Legitimation im Auftrag der Massen die totalitäre Herrschaft: Alles wird »im Namen des Volkes« begründet — Repression, Massenmord und die Hauptidee, unter der alles steht. So versucht das Regime sich eine pseudodemokratische Legitimation zu verschaffen, um seinen »objektiven und notwendigen« Charakter zu zeigen. Ausschlaggebend sind dabei weniger rationale, sondern vielmehr affektive Handlungen des Führers.

Das sind die fünf primären Merkmalen der totalitären Gesellschaft, die institutionell durch drei sekundäre Merkmale gestützt werden: einen staatlichen Herrschaftsapparat, eine Ideologie und eine Partei.[74] Damit hat SCHAPIRO offensichtlich keine wirklich neue Theorie ausgearbeitet, sondern lediglich versucht, die schon gegebenen Totalitarismus-Deutungen in einem Konzept zu ordnen und zu systematisieren.

Schon 1938 hatte VOEGELIN eine ganz interessante These zum Totalitarismus aufgestellt. In seinem Buch *Die politischen Religionen* stellte er das Phänomen des Totalitarismus vor allem als Krisis im Moment der menschlichen Entscheidungsfindung dar. Diese eher eine »anthropologische« als politikwissenschaftliche Deutung hat Voegelin auch später weiter verfolgt. Die Entstehung totalitärer Regime sah Voegelin nach dem II. Weltkrieg in einem Zusammenhang damit stehend, dass die menschliche Natur gelegentlich »pervertiert«[75] ist. Er unterschied in der menschlichen Natur zwischen zweierlei Vernunft. Die eine nannte er *pragmatische Vernunft*; darunter verstand er

---

74   SCHAPIRO 1972, 44 ff.
75   VOEGELIN 1959, 93 ff.

»jedes rationale Handeln in den Wissenschaften der äußeren Welt, die
Entwicklung der Technologie und die Koordinierung der Mittel und
Ziele im auf die äußere Welt gerichteten Handeln«,

während er unter *noetischer Vernunft* das Folgende verstand:

»jedes rationale Handeln in den Wissenschaften vom Menschen, von
der Gesellschaft und von der Geschichte, wie auch in der Schaffung
der psychischen Ordnung und der Gesellschaftsordnung«.

Was Voegelin interessierte, war die Bilanz zwischen diesen beiden
Erscheinungsformen der Rationalität und damit ihr Verhältnis zueinander bzw. die Struktur, die sie insbesondere dann bilden, wenn

»die Entwicklung einer pragmatischen Rationalität mit einer hohen
Stufe von Irrationalität in der Sphäre der noetischen Vernunft möglich
ist«.[76]

Eine eigentlich totalitäre Staatsordnung ist nach Voegelin nur
möglich durch eine gewisse Ungleichzeitigkeit der Entwicklung der
beiden Gestalten der Vernunft — wenn eine von ihnen in den Hintergrund tritt oder gedrängt wird. Parallel dazu unterstreicht er eine
prinzipielle Dualität in der Natur der Menschen: die Dualität von
biologischer Determiniertheit und noetischer Variabilität bei der
Entscheidungsfindung, insbesondere über Handlungsalternativen.
Die Bedeutung dieser Dualität in Voeglins Konzept erklären seine
Interpreten folgendermaßen:

»Hieraus erklärt sich, warum der Mensch im geschichtlichen Prozess
zum Wissen seiner selbst gelangen kann, ohne sich je ganz zu wissen,
ohne das Mysterium seiner Existenz je ganz selbst entschlüsseln zu
können.«[77]

Voegelin operiert im Rahmen seines Totalitarismus-Konzeptes mit
einem bemerkenswerten Begriff des menschlichen »Ich«. In demokratischen Staaten, meinte er, hätten die Menschen ein »offenes Ich«
hat: Hier werde ein »politischer« Mensch »wesentlich unter dem
Primat der Kategorie der Person« geformt. Dagegen soll z.B. in
Deutschland unmittelbar vor der Errichtung der nationalsozialistischen Diktatur wegen der umfassenden politisch-ökonomischen

---

[76] Voegelin 1961, 60 f.
[77] Gebhardt/Leidhold 1990, 127.

und kulturellen Krise diese »Offenheit des Ichs« verschwunden gewesen sein und dank einer spezifischen Ideologie eine neue Gestalt des menschlichen Bewusstseins hervorgetreten sein, die er das »geschlossene Ich« nannte.[78]

In seinem Buch über *Die politischen Religionen* spitzt Voegelin diese Überlegungen zu der These zu, das Phänomen des Totalitarismus sei nur zu verstehen, wenn man annehme, es gebe

> »Böses in der Welt; und zwar das Böse nicht nur als einen defizienten Modus des Seins, als ein Negatives, sondern als eine echte, in der Welt wirksame Substanz und Kraft.«[79]

VOEGELINS Interesse galt ersichtlich der menschlichen Existenz und den religiösen Erfahrungen, die eine gegebene Ordnung formen:

> »In allen Richtungen, in denen die menschliche Existenz zur Welt offen ist, kann das umgebende Jenseits gesucht und gefunden werden: Im Leib und im Geist, im Menschen und in der Gemeinschaft, in der Natur und in Gott. Die große Zahl der grundsätzlichen Möglichkeiten und die unendliche der geschichtlich-konkreten, die sich hier auftut, verbindet sich mit dem Versuch der Selbstdeutung, mit allen Missverständnissen und Kampfverzerrungen zu einer unerschöpflichen Fülle an Erlebnissen, ihren Rationalisierungen und Systembildungen«.[80]

Der »offene« Zustand des menschlichen Seins ist dabei »die innerweltliche Religiosität, die das Kollektivum [...] als Realissimum erlebt«, während die Geschlossenheit des Seienden zur »Luziferischen« Gesellschaft führt.[81]

Voegelin versteht die totalitäre Herrschaft als eine Art politischer Religion: eine »säkularistisch-innerweltliche, gnostische Ersatzreligion«.[82] Wenn er von den Charakteristika einer totalitären Gesellschaft spricht, ist bei ihm auch viel von religiöser Symbolik die Rede. Das erste Symbol ist das des *Dritten Reiches* als der er-

---

[78] VOEGELIN 1935, 98 ff.
[79] VOEGELIN 1938, 8.
[80] VOEGELIN 1938, 16 f.
[81] Ebd. 17, 65.
[82] Vgl. MÖLL 1998, 177.

lösenden Vollendung des Menschen. Das zweite Symbol ist der Parteiführer als *Messias*. Ein drittes ist Karl Marx als *Prophet* des Kommunismus und damit einer chiliastischen Massenbewegung. Das letzte Symbol schließlich in dieser »politischer Theologie« ist die *geistige Vergemeinschaftung*.[83]

Wenn totalitäre Massenbewegungen aber so etwas sind wie eine »freie Gemeinschaft autonomer Personen«, dann trägt die totalitäre Struktur auch ohne die Stütze staatlicher Institutionen und sie »erlebt« sich »als jenseitig der institutionellen Bindungen und Verpflichtungen stehend«.[84] Und wenn im Laufe der Geschichte die Menschen ihre Ratio und Vernunft verlieren, aber auch der echte religiöse Glaube als Existenzgrundlage in der normalen Gesellschaft verschwindet, dann entstehen die modernen gnostischen Massenbewegungen, auf denen die totalitäre Herrschaft beruht:

> »Die gnostische Spekulation überwand die Ungewissheit des Glaubens dadurch, dass sie sich von der Transzendenz abwandte und den Menschen in seinem innerweltlichen Handlungsbereich mit dem Sinn einer eschatologischen Erfüllung ausstattete«.[85]

Ebenso wie für Voegelin war auch für Arendt, Aron, Cassirer und andere eine totale Krise der menschlichen Gesellschaft die Hauptursache für die Entstehung und Entwicklung totalitärer Herrschaft. Den drei namentlich Genannten ist zudem gemeinsam, dass nicht weniger als der Mensch (und seine Natur) im Zentrum ihres Konzeptes des Totalitarsimus steht — was indes Unterschiede in der Begründung und mehr noch in der Akzentuierung nicht ausschließt.

Bei Arendt traten, bezogen auf Deutschland, die nationalsozialistische Idee und die rassistisch motivierte Judenfeindschaft als wesentliche Züge des Totalitarismus hervor. Voegelin spricht über die »Dekapitation des Seins« des Menschen im religiösen Sinn, und Cassirer schließlich beruft sich auf die Destruktion der symboli-

---

[83] Voegelin 1985, 13 f.
[84] Ebd. 12 f.
[85] Voegelin 1959, 182.

schen Interpretation im Umfeld einer totalitären Gesellschaft. Ungeachtet dieser Differenzen sind Affinitäten ebenso erkennbar. Die umfassende Würdigung von Cassirers Totalitarismus-Konzept — die ja das eigentliche Ziel dieser Arbeit ist — wäre nicht möglich, ohne noch zwei weitere einschlägige Beiträge zum Thema zu berücksichtigen: Ich meine ARONS und POPPERS Theorien der totalitären Herrschaft.

Bevor ich beginne, Raymond Arons Totalitarismus-Konzept zu betrachten, möchte bemerken, dass diese beiden Bücher — Poppers *Die offene Gesellschaft und ihre Feinde* sowie Arons *Demokratie und Totalitarismus* — die ersten vollständig ins Russische übersetzten bedeutenden wissenschaftlichen Monographien zum Totalitarismus im postkommunistischen Russland waren, in Moskau erschienen 1992 und 1993. Zwar war bereits 1973 eine Anthologie erschienen,[86] die kleinere Partien aus Arbeiten von ARENDT, BRACHER, NOLTE u.a. enthielt. Aber diese »Blütenlese« war der breiteren Öffentlichkeit nicht zugänglich, weil sie nur in einem geschlossenen Moskauer wissenschaftlichen Institut erschienen war, und zwar im Institut für wissenschaftliche Informationen über die Geistes- und Sozialwissenschaften in einer limitierten Auflage von 150 Exemplaren und mit dem Hinweis »Nur für den Dienstgebrauch!«[87]

Wie oben schon gesagt verdankt sich ARONS Totalitarismus-Konzept einer so genannten strukturanalytischen Betrachtung. Sein Buch *Demokratie und Totalitarismus* ist aus Vorlesungen entstanden, die er 1957-58 in Paris gehalten hat. Als Historiker gibt Aron zuerst allgemeine Begriffe der politischen Philosophie und der Politik als solcher sowie der politischen Philosophie und Soziologie des Parteienpluralismus und der Einheitspartei. Dann betrachtet er zunächst die pluralistischen Verfassungsstaaten, während der dritte Teil ganz der Analyse des Sowjetsystems und somit dem Totalita-

---

[86] Буржуазные и реформистские концепции фашизма, Москва 1973 [*Bourgeoise und reformistische Konzeptionen des Faschismus*, Moskau 1973].

[87] Näher gehe ich auf die Rezeption der westlichen Totalitarismuskonzepte in Russland im 6. Kapitel ein, s.u., S. 215.

rismus gewidmet ist. Im letzten Teil des Buches spricht Aron über die Unvollkommenheiten aller Herrschaftstypen und über die methodischen Probleme des Gebrauchs historischer Schemata. Sein Buch unterscheidet sich auch dadurch von anderen Arbeiten zum selben Thema, dass es weniger emotional geprägt ist als z.b. die von Arendt und Cassirer, die ja selber Opfer des deutschen Nazi-Regimes waren.

Bei seinem Versuch, die gegebenen modernen Herrschaftsformen zu beschreiben und zu klassifizieren spricht Aron über die Art und in Weise, in der ein »Führer« erscheint und über charakteristische Rahmenbedingungen totalitärer Herrschaft. Mehr- und Einparteiensysteme unterzieht er einer vergleichenden Analyse:»Konstitutionell-pluralistische« Regime entstehen aus der friedlichen Konkurrenz zwischen verschiedenen Parteien in den westlichen Demokratien, und die Einparteien-Regime monopolisieren alle Macht im Staat. Dieses theoretische Schema ist Arons Ausgangspunkt.

Er entwickelt dann folgende Thesen: Der totalitäre Staat sei immer ein Staat, in dem nur eine Partei ohne irgendeine Opposition regiere. Die derart unangefochten regierende Partei habe eine entsprechende Ideologie, die allen Menschen im Staate als absolut obligatorisch geltendes Denk- und Verhaltensmodell diktiert werde. Zur Erhaltung der beherrschenden Stellung ihrer Ideologie schaffe die totalitäre Partei ein Doppelmonopol: das Monopol auf die Mittel der Gewalt und das Monopol auf die Massenmedien, die nur offizielle Propaganda verbreiten dürften. Alle beruflichen und wirtschaftlichen Tätigkeiten kontrolliere die Partei so streng, dass man diese Tätigkeiten und den Staat selbst gar nicht mehr trennen könne. Sie würden zu Teilen des großen totalitären Staatssystems und als solche seien sie eigentlich immer dazu bestimmt, die offizielle Propaganda zu transportieren. (In der Tat waren z.B. in der Sowjetunion Partei-, Komsomol- und Gewerkschaftsversamm-lungen wie ein globales Netzwerk zur Verbreitung der herrschenden kommunistische Ideologie in allen Bevölkerungs-schichten.) Die Folge davon sei eine »Politisierung« aller wirtschaftlichen und beruflichen Sparten, so dass dort auftretende Probleme oder Fehler und erst

recht die geringste Abweichung von den offiziellen Standards als
»ideologische Diversion« bewertet werden könne, was als »notwendige Maßnahmen« einen umfassenden Terror ohne Ende nach
sich ziehe. Die Ideologie in totalitären Staaten ist Aron zufolge

> »weder der einzige Zweck noch das einzige Mittel [...] Einmal ist die
> Ideologie Mittel zur Erreichung eines Zweckes, das andere Mal wer-
> den Mittel der Gewalt eingesetzt, um die Gesellschaft der Ideologie
> gemäß zu formen. [Und] eine der frappierendesten Auswirkungen
> dieses ideologischen Regimes ist der Terror. Ohne das Phänomen des
> Terrors lassen sich gewisse Aspekte des Einheitsparteienregimes nicht
> verstehen, ein Phänomen, das lange Zeit die ganze Welt in Atem hielt
> und das Ausländer zugleich abstieß und anzog.«[88]

So kann man die »Säuberungen« in der Sowjetunion (1936–38) und
die so anders geartete Ermordung von sechs Millionen Juden (1941–
44) in den von der deutschen Wehrmacht besetzten Teilen Europas
gleichwohl gemeinsam als ideologisch begründeten umfassenden
Terror ansprechen.

Generell versteht Aron unter Totalitarismus »entweder das Par-
teimonopol oder die Verstaatlichung des Wirtschaftsleben oder
aber den ideologischen Terror«. Jedes dieser Elemente ist wesentlich sein, aber »vollkommen ausgeprägt ist das Phänomen« erst,
»wenn alle diese Elemente zusammenkommen und voll entwickelt
sind«.[89] Sie waren, so Aron,

> »in den dreißiger Jahren, zwischen 1934 und 1938, gegeben; im Laufe
> der vierziger Jahre, zwischen 1948 und 1952, kamen sie erneut zu-
> sammen. Dass sie zusammenkommen konnten, ist begreiflich. Im
> Falle des sowjetischen Regimes sind Monopol der Partei und Mono-
> pol der Ideologie im Wesen des Bolschewismus und seines revolutio-
> nären Willens selbst angelegt. Die Zentralisierung von Mitteln der
> Gewalt und der Überredung leitet sich aus der Vorstellung vom Mo-
> nopol der Partei im Staat ab. Die Verstaatlichung der Wirtschafts-
> tätigkeit ist Ausdruck der kommunistischen Doktrin. Der Zusam-
> menhang zwischen den einzelnen Elementen ist leicht ersichtlich.
> Der Ideologische Terror, in dem schließlich alles endete, erklärt sich

---

[88] Aron 1970, 196.
[89] Ebd. 206.

gerade aufgrund dieser Elemente, also durch das Monopol auf die Mittel der Propaganda, durch die Verstaatlichung der Tätigkeit von Individuen«.[90]

Arons Deutung kann man nicht zuletzt wegen des späteren Zeitpunktes, zu dem sie erschienen ist, als Resultat einer sozusagen »reifen« Reflexion des Phänomens bezeichnen. Sie verdankte sich nicht nur dem Impuls, die totalitären Systeme zu verdammen, sondern dem Versuch, totalitäre und andere Systeme miteinander zu vergleichen, um die Vor- und Nachteile der beiden Gesellschaftstypen zu analysieren und ganz »ruhig« und »nüchtern« zu zeigen, weshalb die totalitären Systeme eigentlich keine Zukunft hätten, was um so bemerkenswerter ist, als die Sowjetunion damals, also 1958 noch ein großes wirtschaftliches und politisches Gewicht in der Welt hatte. Gerade in dieser Hinsicht steht Arons Konzept dem von Popper sehr nahe.

Im Vorwort zur ersten englischen Ausgabe 1945 bezeichnet Karl Popper sein zweibändiges Werk *Die offene Gesellschaft und ihre Feinde* als eine »kritische Einführung in die Philosophie der Politik und der Gesellschaft« und als eine »Untersuchung einiger der Prinzipien des sozialen Wiederaufbaus«,[91] was den Anspruch erkennen lässt, ein umfassendes und ausführliches Totalitarismus-Konzept zu entwickeln.[92] Es ist interessant zu bemerken, dass Popper selbst eine gewisse Entwicklung seiner politischen Anschauungen durchlaufen hatte:

> »Ich wurde Marxist etwa im Jahr 1915, als ich 13 Jahre alt war; und Anti-Marxist 1919, kurz vor meinem 17. Geburtstag. Aber ich blieb Sozialist bis meinem 30. Lebensjahr, obwohl ich mehr und mehr daran zweifelte, dass Freiheit und Sozialismus vereinbar sind.«[93]

Gerade dieses Bekenntnis zu grundlegenden Veränderungen seiner politischen Weltanschauung macht sein Totalitarismus-Konzept besonders interessant.

---

[90] Aron 1970, 206.
[91] Popper 1992, *xvi*.
[92] Dazu kommen noch sein Buch *Das Elend des Historizismus* (London 1944/45) und verschiedene Vorträge und Artikel.
[93] Marcuse / Popper 1971, 9.

Bekanntlich hatte POPPER sich vor allem in der Wissenschafts-philosophie mit seinem auf dem »Falsifizierbarkeitsprinzip« beru-henden »Kritischen Rationalis-mus« gegen den Verfikationismus des Logischen Empirismus bzw. Positivismus einen Namen ge-macht.[94] Für Popper gibt es keine letztbegründetes festes und un-veränderliches Wissen. Die Wahrheit ist für ihn kein erreichbares Ziel, sondern eher eine regulative Idee: Auch naturwissenschaft-liche Theorien sind nicht definitiv verifizierbar, sie sind jedoch definitiv falsifizierbar, und gerade die dadurch gegebene Prüfbar-keit unterscheidet sie von pseudo-wissenschaftlichen Erklärungen. Der beständige Versuch, vielversprechende Hypothesen ernsthaft zu widerlegen, dabei aber in der Weise zu »scheitern«, dass die so geprüften Hypothesen Bestätigung (nicht: Verifikation) finden, ist der einzig richtige Weg der Entwicklung des theoretischen Wissens. Die derart kritische Einstellung erlaubt es, falsche oder schlecht be-gründete Theorien immer wieder zu entfernen oder zu korrigieren. werden. Das Abgrenzungskriterium der Offenheit für Kritik als Merkmal der Wissenschaftlichkeit bezog Popper später auch auf die Geistes- und Sozialwissenschaften. Vor diesem Hintergrund sind die genannten Bücher zur politischen Philosophie zu sehen.

Darin kritisiert Popper Theorien — er fasst sie unter dem Sam-melnamen ›Historizismus‹ zusammen —, in denen die Geschichte als ein prognostizierbarer Prozess betrachtet wird, der nach festen Gesetzen abläuft. Damit werde angenommen, so Popper,

> »dass historische Vorraussagen deren Hauptziel bildet und dass sich dieses Ziel dadurch erreichen lässt, dass man die ›Rhythmen‹ oder ›Patterns‹, die ›Gesetze‹ oder ›Trends‹ entdeckt, die der geschichtli-chen Entwicklung zugrunde liegen«.[95]

Diese Tendenz führt im Bereich der Politik, so Popper, zur Ent-stehung einer Ganzheits- oder Totalitätsidee, die er ›Holismus‹ nennt:

---

[94] POPPER 1934.
[95] POPPER 1965, 2.

»Nach Meinung der meisten Historizisten gibt es einen noch tieferen Grund dafür, dass die Methoden der Naturwissenschaften sich auf die Sozialwissenschaften nicht anwenden lassen. Sie vertreten die Auffassung, dass die Soziologie, wie alle ›biologischen‹ Wissenschaften [...] nicht atomistisch, sondern, wie man jetzt gern sagt, ›ganzheitlich‹ (holistisch) vorgehen soll. Denn die Gegenstände der Soziologie, die sozialen Gruppen, dürfen nie als bloße Aggregate von Personen betrachten werden. Die soziale Gruppe ist *mehr* als die bloße Summe ihrer Mitglieder und ist auch *mehr* als die bloße Summe der rein persönlichen Beziehungen [...].«[96]

Die »holistische« Auffassung betont die Ähnlichkeit zwischen sozialen Gruppen und Organismen. Daraus kann sich eine totalitäre Staatsordnung entwickeln, wenn aufgrund einer »holistischen« Theorie die herkömmliche gesellschaftliche Ordnung im Namen der von ihr favorisierten Idee »des Ganzen« gezielt verändert werden soll. Dann droht die Unterdrückung der Vielfalt der menschlichen Einrichtungen, weil das Kollektiv, die Klasse, die Rasse oder der Staat eine führende Rolle gegenüber der traditionellen Gesellschaft übernehmen. Ein »holistisches« Sozialexperiment beginnt mit dem Plan, eine neue Gesellschaft zu schaffen. Diese beiden Faktoren — gesellschaftstheoretischer Historizismus und Holismus — gelten Popper als wichtige Voraussetzungen für die Entstehung des Totalitarismus.

Die betreffenden Ideen bewertete Popper als utopisch und destruktiv. Um das trügerische Wesen des Totalitarismus aufzuzeigen, umreißt Popper in seinem Buch auch die bessere Alternative zum Totalitarismus, die sogenannte »offene Gesellschaft«. Nur in ihr können sich Menschen nach seiner Überzeugung frei entwickeln. Dabei es geht nicht um so etwas

»Vages wie etwa die ›Herrschaft des Volkes‹ oder die ›Herrschaft der Majorität‹, sondern eine Reihe von Einrichtungen [...], die die öffentliche Kontrolle der Herrscher und ihre Absetzung durch die Beherrschten gestattet und die es den Beherrschten ermöglicht, Reformen

---

[96] Ebd. 14.

ohne Gewaltanwendung und sogar gegen den Wunsch der Herrscher durchzuführen«.[97]

Popper betont also die Vorteile einer freien demokratischen Staatsordnung sowie eines weltanschaulichen und politischen Pluralismus. Er beschreibt die historische Entwicklung der Menschheit geradezu als eine Evolution von der geschlossenen Gesellschaft hin zu einer immer offeneren Ordnung, wobei er nicht verschweigt, dass dieser Weg natürlich seine »inneren Spannungen« und Probleme hatte. Dennoch gibt es ihm zufolge keine wirkliche Alternative in der Entwicklung der menschlichen Zivilisation.

Ausführlich widmete sich Popper den Wurzeln der »reaktionär-totalitären Theorie« bei PLATO und HERAKLIT (im I. Band seines Buchs unter der Überschrift *Der Zauber Platos*) sowie der »progressiv-totalitären Theorie« bei ARISTOTELES, HEGEL und MARX (im II. Band, der da heißt *Falsche Propheten: Hegel, Marx und die Folgen*). Da es in dieser Arbeit nicht um Poppers Totalitarismus-Deutung geht, möchte ich mich, ohne auf Details einzugehen, auf die Einschätzung beschränken, dass Popper den Totalitarismus ohne Zweifel als eine große kulturgeschichtliche Krise und als Rückkehr zu einer barbarischen geschlossenen Gesellschaft verstanden hat, was nach ARENDT, FRIEDRICH, CASSIRER u.a. eigentlich keine neue oder sonderlich originelle Idee war.

Gleichwohl ist für uns wichtig, dass mit Poppers *Die offene Gesellschaft und ihre Feinde* die sozusagen »richtige« Totalitarismus-Debatte erst begonnen hat. Seit dieser Zeit versuchen die Autoren, die sich zum Thema geäußert haben, nicht nur in wortgewaltigen und ideenreichen Verdammungen des »real existierenden« Totalitarismus einander zu überbieten, sondern nach Möglichkeiten der wissenschaftlichen Begründung eines sachlich-nüchternen Systemvergleichs.

---

[97] POPPER 1992, 178.

2.5 ZUSAMMENFASSUNG

Wie gesehen haben die Totalitarismus-Debatten in der westlichen Politologie verschiedene Etappen durchlaufen: von der Entstehung des Begriffs des Totalitären bei den italienischen Liberalen Amendola und Gobetti (1923) über die »klassischen« Totalitarismus-Konzepte bei Arendt einerseits sowie Friedrich und Brzezinski andererseits bis zu jenen Totalitarismus-Konzepten, die über die moralisch motivierte Ablehnung totalitärer Herrschaft hinaus den wissenschaftlich fundierten Systemvergleich zwischen demokratischen und totalitären Staaten gesucht haben wie Aron und Popper.

Die Richtung des Verlauf der Debatten kann man auch so beschreiben: vom ersten Schock und Schrecken angesichts des neuen Phänomens bis zu seiner ruhigen Betrachtung und Analyse. Darüber hinaus haben die Totalitarismus-Debatten in der westlichen politischen Philosophie und Politologie gleichsam eine ideologische und weltanschauliche »Bühne« bereitet, auf der der »Kalte Krieg« zwischen dem kapitalistischen und dem kommunistischen »Lager« im Reich der Theorie fortgesetzt werden konnte. Gerade damals entstanden zwei leitende Mythen: in der Sowjetunion der über die »absolute und relative Verarmung« im Kapitalismus und im Westen die Idee der »kommunistischen Sklaverei«.

Aber es wäre einseitig zu behaupten, die Totalitarismus-Debatte sei nur von westlichen Intellektuellen geführt worden. Es gibt auch viele Arbeiten russischer Autoren, die mit derselben Problematik befasst waren. Sie mussten im ersten Drittel des 20. Jahrhunderts ins Ausland emigrieren, wo sie ihre Arbeiten geschrieben haben. Diese Problematik ist fast nicht erforscht — sogar im modernen Russland nicht. Im 6. Kapitel werde ich darauf etwas näher eingehen. Denn erst die unterschiedlichen »Schichten« und »Ströme« im Verlauf der Totalitarismus-Debatten geben uns ein komplettes Bild des Phänomens, das bis heute keine eindeutige Einschätzung gefunden hat.[98] Bezogen auf mein Hauptthema werde ich jetzt Cassirers Totalita-

---

[98] Vgl. Jesse 1999.

rismus-Konzept so weit näher analysieren, dass es möglich wird, die folgenden Fragen zu beantworten:

1. Wie hat Cassirer sich selber in diese Debatten eingeordnet?
2. Wie hat er sie wahrgenommen und berücksichtigt?
3. Warum hat Cassirer in den Totalitarismus-Debatten wenig Einfluss genommen, obwohl seine Totalitarismus-Deutung einige sehr originelle und interessante Ideen enthält?

II.
Cassirers *The Myth of the State*:
Die Totalitarismus-Diagnose eines Außenseiters

3. Kapitel
Cassirers politisches Denken vor *The Myth of the State*

3.1 EINLEITUNG

Versucht man heute, den Stellenwert der politischen Philosophie Cassirers einzuschätzen, kann man ganz allgemein sagen, dass sein Hauptbestreben war, die ethische Dimension in der Philosophie, Kultur und Politik zu bewahren und zu betonen. In der Davoser Debatte 1929 zwischen Cassirer und HEIDEGGER[1] stießen zwei prominente Paradigmen der deutschen Philosophie des 20. Jahrhunderts aufeinander: einerseits Cassirers Kulturphilosophie, sein Humanismus und Optimismus, sein Glaube an die menschliche Vernunft und an eine in der Geschichte und der menschlichen Gesellschaft waltende Rationalität, andererseits Heideggers »existenzialistische« Philosophie, wie sie in seinem Buch *Sein und Zeit* (1927) sichtbar geworden war. Mit Enno RUDOLPH möchte ich sagen:

> »Die Entscheidung der Deutschen für Hitler und den politischen Totalitarismus war ausdrücklich eine Entscheidung gegen Programme und Orientierungen, die in der Cassirerschen Philosophie mit positiven Werten besetzt sind: Autonomie des Menschen und Humanität der Kultur«.[2]

Cassirers erste Ideen zur politischen Philosophie findet man in seinem Frühwerk *Freiheit und Form* (1916), in dem er der Rolle

---

[1] Vgl. z.B. HEIDEGGER 1991, PAETZOLD 1995, KAEGI / RUDOLPH 2002.
[2] KAEGI / RUDOLPH 2002, *vii*.

nachgegangen ist, die Ideen von Freiheit und Demokratie in der deutschen Geistesgeschichte gespielt haben.

Damit soll aber nicht gesagt sein, dass es irgendein Sonderverhältnis der nationalen Geschichte der Deutschen dazu gäbe. Denn die Ideen von Freiheit und Demokratie sind für Cassirer prinzipiell universal: Sie sind ein gemeinsames Erbe aller Europäer. Die »kosmopolitische« Grundlage der europäischen Geistesgeschichte ist »auf jeden Fall ein Thema, das Cassirer auch später immer wieder in den Vordergrund rückt«.[3]

Bekanntlich hat Cassirer keine strenge (spezielle) Theorie des Politischen wie es in der modernen Politologie üblich ist. Warum? Cassirer war vor allem Philosoph und die geistigen, kulturellen und historischen Erscheinungen des Lebens standen im Vordergrund seines Interesses. Ökonomische und materielle Faktoren der menschlichen Gesellschaft berücksichtigte er weniger. Auch war die Politologie als eine wissenschaftliche Disziplin damals (in den 1920-30er Jahren) noch nicht so entwickelt wie heute, und die eigentlich so zu nennenden Totalitarismus-Debatten begannen erst, nachdem Cassirer schon gestorben war. Das sind die wesentlichen Faktoren, die erklären, weshalb Cassirers Totalitarismus-Konzept sowohl damals als auch heute kaum wahrgenommen wurde.[4]

Trotzdem ist es interessant zu erforschen, wie Cassirers sozusagen »unpolitologischer« Blick in die politologische Totalitarismus-Debatte des 20. Jahrhunderts einzuordnen wäre. Im 1. Teil habe ich versucht, die Entstehung des Totalitarismusbegriffs sowie die ebenso bekannten wie anerkannten Totalitarismuskonzepte und -theorien möglichst kompakt vorzustellen, um den möglichen Beitrag Cassirers dazu besser bestimmen zu können. Jetzt werde ich Cassirers politische Vorträge, Aufsätze und Schriften zusammenfassen. Es ist nicht so leicht, weil Cassirer, wie gesagt, keine geschlossene im engeren Sinne politische Theorie entwickelt hat, son-

---

3 FERRARI 1999, 45.
4 Auf die Rezeption von CASSIRERS politischer Philosophie in Deutschland und anderen Ländern werde ich unten noch ausführlicher eingehen.

dern seine diesbezüglichen Ideen zu den unterschiedlichsten An-
lässen und zu ganz verschiedenen Zeiten eher beiläufig neben seinen Hauptwerken formuliert und publiziert hat.

Unter den zahlreichen Studien zur politischen Philosophie des
20. Jahrhunderts in Europa, die während der letzten Jahrzehnte in
Deutschland erschienen sind,[5] ist praktisch keine, die auf die einschlägigen Beiträge des im übrigen doch so berühmten deutschen
Philosophen Ernst Cassirer eingeht.[6]

So betrachtet z.B. MÖLL (1998) in seiner umfangreichen und de-
taillierten Monographie über das Phänomen des Totalitarismus
praktisch alle interessanten und anerkannten Totalitarismus-Deutungen in der west-europäischen Philosophie und Politologie des
20. Jahrhunderts—angefangen bei dem italienischen Antifaschisten
AMENDOLA über die sozusagen »reifen« Konzepte von ARENDT,
FRIEDRICH und BRZEZINSKI bis zu denen des französischen Poststrukturalismus von LYOTARD und DERRIDA—, aber leider findet
Möll gar keinen Platz für Cassirers politische Philosophie, was man
eigentlich nur als ein Nachteil des im ganzem sehr guten Buches ein-
schätzen kann. Natürlich ist es unmöglich, in einem Buch alle bedeutenden west-europäischen Totalitarismus-Deutungen ausführlich
zu analysieren, aber mindestens könnte man Cassirers politische
Theorie erwähnen, damit das gesamte Bild der west-europäischen
Totalitarismus-Diskussionen möglichst repräsentativ und adäquat
wäre.

Bis heute beklagen Cassirer-Forscher »die schwache Rezeption
Cassirers in Deutschland nach dem Zweiten Weltkrieg«.[7] Diese
Schwäche mag mit dafür verantwortlich sein, dass der substanzielle
Beitrag Cassirers zum Verständnis des Phänomens des europäi-

---

5   Siehe z.B.: JÄNICKE 1971, SCHLANGEN 1976, FUNKE 1978, MAIER 1996,
    JESSE 1996, WIPPERMANN 1997, MÖLL 1998.
6   Ich meine hier nicht die Spezialliteratur der Cassirer-Forschung wie RU-
    DOLPH/KÜPPERS 1995, PLÜMACHER/SCHÜRMANN 1996, RUDOLPH 1999
    u.a., sondern allgemeiner Publikationen zur europäischen politischen Phi-
    losophie.
7   RUDOLPH 1995, 839-844, FERRARI 1999, 57.

schen Totalitarismus für die moderne Politologie gewissermaßen *terra incognita* geblieben ist.

Diesen Beitrag hat Cassirer insbesondere mit seinem letzten großen Werk, *The Myth of the State*, geleistet, in dem er die »philosophischen Grundlagen politischen Verhaltens« erörert und die totalitären Techniken dahingehend deutet, dass sie nicht nur die Prinzipien menschlicher Freiheit unterdrücken, sondern auch die rationale Grundlage der Zivilisation zerstören. Gleichzeitig ist dieses Buch auch das Zeugnis eines Opfers des Nazi-Regimes in Deutschland: Als Jude, der während der Nazi-Diktatur ins Exil musste, hatte Cassirer auch seine persönlichen Gründe, das totalitäre System besonders scharf zu kritisieren. In diesem Sinn kann man sein Totalitarismus-Konzept mit ARENDTs politischer Philosophie vergleichen: Ein ähnliches Schicksal, eine vergleichbare wissenschaftliche Gründlichkeit und ein ähnliches persönliches Interesse am Thema der totalitären Herrschaft—allerdings mit dem Unterschied, dass Arendts Buch *Elemente und Ursprünge totaler Herrschaft* weltweit berühmt geworden ist und seit Jahren zu den »klassischen« Totalitarismus-Theorien in der modernen politischen Philosophie und Politologie gehört, während Cassirers Totalitarismus-Deutung bis heute keine Aufmerksamkeit und Anerkennung zuteil wurde.

Vor *The Myth of the State* hatte Cassirer sich schon verschiedentlich mit Fragen der politischen Philosophie beschäftigt und dazu auch eine ganze Reihe von Arbeiten verfasst:

- *Freiheit und Form* mit dem Untertitel »Studien zur deutschen Geistesgeschichte« (1916),
- »Zum Begriff der Nation. Eine Erwiderung auf den Aufsatz von Bruno Bauch« (1916),
- *Individuum und Kosmos in der Philosophie der Renaissance* (1927),
- »Die Idee der Republikanischen Verfassung: Rede zur Verfassungsfeier am 11. August 1928« (1929),

- »Wandlungen der Staatsgesinnung und der Staatstheorie in der deutschen Geschichte: Festansprache aus Anlass des Verfassungstages am 22. Juli 1930«,
- »Deutschland und Westeuropa im Spiegel der Geistesgeschichte« (1931),
- *Die Philosophie der Aufklärung* (1932),
- »Vom Wesen und Werden des Naturrechts« (1932),
- *Axel Hägerström* mit dem Untertitel »Eine Studie zur Schwedischen Philosophie der Gegenwart« (1939),
- »Force and Freedom. Remarks on the English Edition of Jacob Burckhardts ›Reflection on History‹« (1944),
- »Judaism and the Modern Politikal Myths« (1944),
- *Rousseau, Kant, Goethe* (1945),
- »Albert Schweitzer as Critic of Nineteenth-Century Ethics. The Albert Schweitzer Jubilee Book« (1946).

Hier sind nur die Cassirers Schriften genannt, die bis zum heutigen Zeitpunkt veröffentlicht wurden. Im Moment sind an der Berliner Humboldt-Universität Klaus Kristian Köhnke, John-Michael Krois und Oswald Schwemmer mit der Herausgabe der nachgelassenen Manuskripte und Texte Cassirer beschäftigt. Insgesamt sind zwanzig Bände geplant, von denen mindestens drei schon erschienen sind.[8] Unter anderem sind ein Band *Zu Philosophie und Politik* vorgesehen, der neben der angekündigten Auswahl aus dem wissenschaftlichen Briefwechsel wahrscheinlich neue Erkenntnisse zu Cassirers politischer Philosophie bringen wird.

In dieser Arbeit werde ich die wichtigsten politischen Schriften Cassirers in chronologischer Reihenfolge darstellen und analysieren und versuchen, die »Bewegung« und Entwicklung seines politischen Denkens so vollständig zu rekonstruieren, wie es derzeit möglich ist.

---

[8]   Cassirer, *Zur Metaphysik der symbolischen Formen*, Hamburg 1995; ders., *Ziele und Wege der Wirklichkeitserkenntnis*, Hamburg 1999; ders., *Geschichte. Mythos*, Hamburg 2001.

3.2 CASSIRER ANTWORTET BRUNO BAUCH (1916)

Die geistige und politische Atmosphäre in Deutschland während des Ersten Weltkrieges lässt sich als widersprüchlich und instabil charakterisieren. Die nationalistische Ideologie wurde von imperialistischen Gruppierungen als der einzig richtige Weg der politischen und ökonomischen Entwicklung Deutschlands propagiert. Das 1871 gegründete deutsche Kaiserreich galt in diesen Kreisen als das effizienteste und modernste Gesellschaftssystem. Die damaligen nationalistischen und imperialistischen Vorstellungen waren auch mit der Idee einer »besonderen deutschen Sendung« verknüpft, und so versuchte man den Unterschied und die Überlegenheit Deutschlands gegenüber anderen europäischen Ländern zu begründen. Es ging dabei nicht nur um die politische und ökonomische Elite, auch die Mehrheit der deutschen Professoren war stark nationalistisch orientiert. Der Hamburger Historiker Fritz FISCHER schreibt diesbezüglich, die Meinungsführer der »deutschen Bildungswelt, die Professoren« hätten »das Selbstverständnis der deutschen Nation in der neuen Epoche« so bestimmt, dass

> »das Zeitalter scheinbar friedlichen Wettbewerbs der Staaten (im Sinne von Adam Smith) endgültig vorbei sei und dass ebenso die Begrenzung der Großmächte auf das europäische Staatssystem der Vergangenheit angehöre«.[9]

Nicht alle deutschen Intellektuellen dieser Zeit teilten solche Ideen. Thomas MANN z.B. stellte in seinen *Betrachtungen eines Unpolitischen* eine ganz andere Meinung vor: Für Deutschland sei immer vor allem die unpolitische Sphäre der Gesellschaft, die geistige Kultur, wichtig gewesen. Diese zur Tiefe strebende geistige Kultur sah er eher bei den Deutschen und den Russen beheimatet als im Westen. Natürlich ist das eine mehr ästhetische, auf die Kunst bezogene Überlegung eines Schriftstellers. Trotzdem sollte man die Vorstellungen Manns kennen, wenn man heute die damalige Epoche verstehen will. Die Kritik, dass das Deutsche Reich rückständig sei,

---

[9] FISCHER 1977, 15.

die aus westlichen Ländern wie England und Frankreich zu hören
war, deutete Mann so um, dass sie in Wahrheit einen Vorzug der
deutschen Kultur zur Sprache brachte. Die vermeintliche Rückständigkeit der Deutschen und der Russen sei tatsächlich der nötige
Resonanzboden für eine echte geistige Kultur:

> »Der Unterschied von Geist und Politik enthält den von Kultur und
> Zivilisation, von Seele und Gesellschaft, von Freiheit und Stimm-
> recht, von Kunst und Literatur; und Deutschtum, das ist Kultur, See-
> le, Freiheit, Kunst und *nicht* Zivilisation, Gesellschaft, Stimmrecht,
> Literatur«.[10]

Mann sprach über den Gegensatz von »Musik und Politik«, von
»Deutschtum und Zivilisation« und betonte, dass die Deutschen
kein »Gesellschaftsvolk« seien:

> »Das Ich und die Welt sind die Gegenstände unseres Denkers und
> Dichters, nicht die Rolle, welche ein Ich sich in der Gesellschaft spie-
> len sieht.«[11]

Manns Standpunkt ist zwar verwandt mit der nationalistischen politischen Strömung, aber hat die Akzente doch ganz anders gesetzt.
Er betonte immer die Rolle der unpolitischen Kultur. Für ihn war
die Effizienz als Rechtfertigung eines autoritären Regiments und als
Kriterium des modernen Staates ein Irrtum. Manns Meinung nach
waren die Deutschen nicht moderner als Engländer und Franzosen,
und das mussten sie auch nicht sein, weil sie es, wie er glaubte, gar
nicht wollten. Dass er den Fortschritt als eine Bewegung von der
»Musik zur Demokratie« oder von der »Musik zur Politik«[12] ansah
und aus diesem Grunde als den Deutschen unzuträglich kritisierte,
mutet heute bizarr an. Aber mit diesen und anderen Parolen wurde
er zum Repräsentanten jenes Teils der deutschen Intellektuellen—
die freilich genau diese Bezeichnung ›Intellektuelle‹ zurückgewiesen hätten—, in dem die Überzeugung herrschte dass »wir […]
›Kultur‹« haben, die Westvölker aber »nur ›Zivilisation‹«.[13]

[10] Mann 1983, 31.
[11] Ebd. 35.
[12] Ebd. 39 f.
[13] Flasch 2000, 92.

In den deutschen Eliten griff damals bekanntlich auch ein diffus motivierter Antisemitismus um sich. Die im Oktober 1916 durchgeführte Judenzählung[14] in der Armee gehört in diesen Kontext. Die zunehmenden Vorbehalte vieler Deutscher gegenüber Juden und denen, die als solche galten, veranlasste viele Betroffene im damaligen Deutschland, sich zu diesem Thema zu äußern.[15]

Ein Antisemit war auch Bruno BAUCH, verantwortlicher Redakteur der *Kant-Studien*. Er polemisierte in Veröffentlichungen gegen das, was er für »jüdischen Formalismus« in der Philosophie hielt, und zwar so, dass COHEN und Cassirer empört auf Bauchs Einlassungen reagierten, »die dem ›Ausländer‹ jedes tiefere Verständnis für deutsche Philosophie absprachen«.[16] Cassirer trat hier einem Antisemitismus entgegen, der »auch in den geistigen Dingen, auch in Philosophie und Wissenschaft Geltung gewinne«.[17]

Im Jahre 1916 schrieb Cassirer mit dem bis 1991 unveröffentlichten Essay *Zum Begriff der Nation* ausdrücklich »Eine Erwiderung auf den Aufsatz von Bruno Bauch«, der damals der breiteren Öffentlichkeit unbekannt blieb. Dabei handelte es sich um eine Replik auf Bauchs Aufsatz »Vom Begriff der Nation«, in dem Bauch über eine »besondere Rolle« des deutschen Volkes in der Entwicklung der menschlichen Zivilisation und Kultur räsonnierte. Dazu bemerkt SIEG:

> »Die Grundlage hierfür bildet Fichtes Deutschtumsmetaphysik, an die sich Bauchs Ausführungen über die Bedeutung von Blutsverwandtschaft und Boden für den Nationalcharakter anlehnen«.[18]

Der Begriff der »Vaterland« ist dabei pathetisch »überhöht«, und so ist die Überzeugung entstanden, dass Ausländer die deutsche

---

[14] Ausführlicher dazu: ANGRESS 1985, NIPPERDEY 1990.
[15] Zur Rolle der jüdischen Intellektuellen in Deutschland während des Ersten Weltkriegs: vgl. SIEG 2001.
[16] SIEG 1991, 61.
[17] Brief Cassirers an Natorp vom 26. Nowember 1916, in: HOLZHEY 1986, Bd. 2, 462 f.
[18] SIEG 1991, 64 ff.

Mentalität »schwerlich begreifen können und die eigene Kultur vor Überfremdung, jüdischer zumal, bewahrt werden muss«.[19]

Cassirer hielt Bauchs rassistischem Verständnis des Deutschtums entgegen, wenn es bei einer objektiven theoretischen Betrachtungsweise bleiben sollen, müssten »Urteil und Vorurteil, Ansichten und Absichten« streng voneinander unterschieden werden. Das gelte besonders auf geistigem Gebiet, wo die »Helle und Klarheit der Grundbegriffe des deutschen Idealismus« verdunkelt und »seine ethische Kraft und Größe« verkümmert würden, indem er hier »in den Dienst einer These« gezwängt werde, die, »wie immer man über ihre sachliche Geltung urteilen mag, schon in ihrer gesamten Fragestellung tief unter ihm« liege.[20] Cassirer zielte dabei auf die Kritik an Cohens Werk *Deutschtum und Judentum*, dem z.B. auch Ripke-Kühn einen Zug des »jüdischen Formalismus« nachgesagt hatte. Eine solche »rassistische Argumentation« war für Cassirer inakzeptabel, weil

> »wer von der sachlichen Beurteilung einer Leistung zu Betrachtungen über die Person und ihre Abstammung abspringt, [...] der erfüllt die erste Bedingung nicht, auf Grund deren eine wissenschaftliche Diskussion allein möglich ist.«[21]

Auch warnte er vor dem »Missbrauch« der Ideen Kants, Fichtes und Hegels, deren Schriften von viele national-orientierte Interpreten (wie z.B. Rickert) zu Zwecken der Begründung und Rechtfertigung einer national-sozialistischen Ideologie benutzt wurden. Cassirer hebt die Widersprüchlichkeit der Apologeten der rassistischen Ideologie in Deutschland hervor: So rede Bauch von einem »verhängnisvollen Dualismus von Anschauung und Kategorie« bei Kant,[22] gleichzeitig schätze Ripke-Kühn diesen kantischen Dualismus als spezifisch »deutsche Besonderheit« seiner Philosophie.[23] Deswegen fragte Cassirer sarkastisch, an Bauchs Adresse gerichtet:

---

[19] Ebd.
[20] Cassirer 1916a, 73 f.
[21] Ebd.
[22] Bruno Bauch, Brief an Frau Dr. Ripke-Kühn, in: *Der Panter* 4 (1916), 743.
[23] Leonore Ripke-Kühn, Ein Briefwechsel, in: *Der Panter* 4 (1916), 478 f.

»Wohin geraten wir, wenn in den Streit um die Gültigkeit eines Satzes nicht mehr sein reiner *Inhalt* maßgebend ist, wenn seine Entscheidung nicht mehr von seinen logischen von seinen logischen Voraussetzungen und Gründen, sondern von der Persönlichkeit seines Urhebers hergenommen werden soll?«[24]

Propaganda und Weltanschauung begannen offenbar schon damals, 1916, in Deutschland sogar die Wissenschaft zu beeinflussen.[25] Es waren gerade die Anfänge einer solchen Ideologisierung der Wissenschaft, die Cassirer mit aller Schärfe zurückwies.

Die Zurückweisung musste an zwei Fronten stattfinden: einerseits gegen sachliche Fehler BAUCHs und anderer etwa bei der Kant-Interpretation, andererseits gegen die dabei ausdrücklich oder unterschwellig zur Geltung gebrachten rassistischen Prämissen. Bauch hatte z. B. behauptet, zwischen dem »deutschen Denker Kant« und dem »jüdischen Denker Cohen« bestehe, systematisch gesehen, »doch wohl der größte Abstand«.[26] Wenn Bauch und RIPKE die Differenz zwischen »jüdischem und deutschem *Denken*« so wichtig sei, wäre es doch nur logisch, entgegnete Cassirer, »weiter zu gehen und von einer jüdischen und deutschen *Logik* zu sprechen«.[27] Den Begriff des Deutschtums nahm Cassirer in seinem Aufsatz nicht mit seinem gewöhnlichen Inhalt, vielmehr versuchte er, diesen Begriff nach gewissen Prinzipien erst einmal zu entwickeln. Die Geschichte der Menschheit zeige uns, dass jede Nation »*ihren* eigentümlichen Kulturinhalt« habe, aber sie könne »leicht in die Gefahr geraten [...] statt ihrer Eigenschaften nur ihre Eigenarten zu kultivieren«[28] — so warnte Cassirer vor den »verschiedenen nationalen *Egoismen*«. In der deutschen Geistesgeschichte komme es immer darauf an, zu unterscheiden zwischen dem eigentlichen »Maß« und dem »Gemesse-

---

[24] CASSIRER 1916a, 75.
[25] Ein russischer Betrachter möchte hier natürlich hinzufügen: ähnlich wie später in der Sowjetunion, wo die Kommunistische Partei die Hauptrichtung der Entwicklung besonders in den Geisteswissenschaften strengstens überwachte.
[26] BAUCH 1916, 745.
[27] CASSIRER 1916a, 79.
[28] Ebd. 81.

ne«, zwischen dem »echten geistigen Selbstbewusstsein« eines Volkes und seiner »Selbstschätzung«. Dieser Unterschied bleibe unklar, solange man »den echten Begriff des Volkes nicht in seiner ideellen Aufgabe und Leistung sucht, sondern ihn schon in der Bluts- und Rassengemeinschaft erfüllt sieht«.[29]

Die geistige Identität des Volkes sei ein Produkt seine nationalen Geschichte und seiner nationalen Kultur. Die deutsche geistige Kultur, die sich in den Werken von z.b. Lessing, Luther, Leibniz oder den Humboldts zeige, könne durch »genealogische Untersuchungen weder begründet noch erschüttert werden«. Cassirer war vollkommen davon überzeugt, dass »die Verwandtschaft der Geister« nicht an den »Personen« sondern an den »Ideen« zu messen sei.[30] Als belastbare Grundlage für ein nationales Bewusstsein und eine nationale Mentalität tauge nur eine solche ideelle und kulturelle Einheit des Volkes. Cassirer bestritt auch die rassistisch getönte These von Bauch, dass der Jude nur »Gast im deutschen Hause« wäre. In der bei vielen Deutschen seinerzeit beliebte Trennung zwischen »Gast«- und »Wirtsvölkern« betrachtete Cassirer als ein künstliches Schema, das man allein für ideologische Zwecke geschaffen hatte, das aber jeder historischen und kulturellen Fundierung entbehrte. Was Bauch vorgeblich »wissenschaftlich« zu begründen versucht hatte, hielt in Wahrheit überhaupt keiner Kritik stand. Gegen die Unterstellung der Wurzellosigkeit der Juden, musste Cassirer an so selbstverständliche Tatsachen erinnern wie die, dass Subjekte

> »ohne wurzelhaften Zusammenhang mit dem Lande, in dem sie geboren und mit dem Geiste, in dem sie gebildet sind, nie und nirgends existiert [haben]: es sind Schemen, die aus der Theorie heraus und um der Theorie willen erdacht sind«.[31]

Cassirer betonte wiederholt, dass Fichtes Begriff des Deutschtums, den dieser in den *Reden an die deutsche Nation* entwickelt

---

[29] Cassirer 1916a, 82.
[30] Ebd.
[31] Ebd. 84.

hatte, von nationalistisch orientierten Politikern und Intellektuellen habituell falsch interpretiert wurde: Wenn FICHTE das Prädikat »deutsch« verwende, meine er damit vor allem die geistige Kultur, nicht die Eigenschaften konkreter empirischer Personen. Um einen Begriff der Nation oder des Deutschtums ordentlich bestimmen zu können, müsse man zwei Sphären auseinanderhalten: die Welt der geistigen Kultur und der theoretischen Modelle auf der einen Seite, die geschichtlichen Realitäten und empirischen Fakten auf der anderen. Bauch habe das versäumt. Fehlerhaft definiere er die Nation als »Naturgegebenheit« und bezeichne sie zugleich als »geschichtliche Gegebenheit«. Das hielt aus methodischen Gründen für

> »verfehlt: denn es gibt nicht nur eine ›dogmatisch-naturalistische Erstarkung‹ des Naturbegriffs, sondern auch eine solche des Geschichtsbegriffs selbst. Und eben diese tritt notwendig ein, sobald man den Inhalt des Geschichtlichen einseitig am Vergangenen festhält, statt ihn auf die unabgeschlossene und unabschließbare Zukunft zu projizieren«.[32]

Was die Interpretation der Staatsidee bei FICHTE oder HEGEL angeht, war es Cassirer wichtig darauf aufmerksam zu machen, dass es diesen beiden »deutshen Idealisten« immer um eine konkrete »Einheit« ging, die für sie höher stand als jede abstrakte »Einförmigkeit«.

Die von Bauch übernommene Trennung zwischen Wirts- und Gastvölkern, genüge »weder für die Bestimmung der wahrhaften Intelligenz noch für die der wahren Einheit«, mache beides vielmehr unmöglich. Cassirer sieht hier aber nicht nur theoretische Schwierigkeiten, er macht auch eine ethische Dimension des Nationbegriff geltend: Im Verhältnis »ethischer Subjekte«, d.h.

> »in der Beziehung freier Persönlichkeiten herrscht eine strenge Kondition: Die *allgemeine* Idee des *Selbstzwecks* erfüllt sich in diesem Verhältnis erst, wenn sie sich auf jedes Subjekt gleichmäßig bezieht«.[33]

Zum Schluss hebt Cassirer noch einmal sehr deutlich hervor, dass der geistige Bereich keine Grenzen und Schranken zulässt, weil jede solche Beschränkung letztendlich nicht bloß für andere gilt, sondern

---

[32] CASSIRER 1916a, 85 f.
[33] Ebd. 87.

für einen selbst zu gelten beginnt. Wenn im politischen »Tages-
kampf« einige »scharfe« und »unbedachte« Aussagen mal unvermeidlich sind, soll der Philosoph seine Worte »wägen« und keine
zweifelhaften Analogien und Begründungen verwenden.

Wie man sieht, hat Cassirer im Jahre 1916 in einer vitalen politischen und gesellschaftlichen Frage zumindest für sich selbst, also *in
foro interno* durchaus entschieden Position bezogen. Leider blieb
aber gerade dieser Text einer breiteren Öffentlichkeit damals unbekannt. Im vertrauten Kreise hielt er mit seinen Überzeugungen
nicht hinter dem Berg. Wie seine Ehefrau Toni zu berichten wusste,
war Cassirer über Ausbruch und Verlauf des Krieges, den man später ›Weltkrieg‹ und noch später den ›Ersten Weltkrieg‹ nennen sollte, alles andere als begeistert.[34] Er kritisierte in einem privaten Brief
die betont nationale Haltung von Paul Natorp und äußerte über
die Auswirkungen des Nationalismus auf das soziale und politische
Leben Deutschlands die größten Befürchtungen.[35] Er verdächtigte
Natorp zwar nicht, ein eingefleischter Nationalist zu sein, beklagte
aber trotzdem, dass dieser »den Verführungen zum kollektiven
Rausch 1914 genauso [...] wie die Sozialdemokratische Partei« er-
legen sei.[36]

Liest man die Arbeiten Cassirers insbesondere aus der Zeit, als er
Freiheit und Form schrieb, genauer, stellt sich der Eindruck ein, dass
Cassirers Position in den Debatten über die Zukunft Deutschlands
nicht frei von inneren Spannungen war. Einerseits übernimmt er
durchaus die Rhetorik von der besonderen deutschen Sendung
(wobei er natürlich eine rassi[sti]sche Begründbarkeit der Nation
verneint). Andererseits behauptet er gleichzeitig, der »deutsche
Weg« stehe nicht isoliert da, sondern sei ein Teil eines gesamteuropäischen Weges. In *Freiheit und Form* beruft er sich auf eine
»bestimmte Korrelation von Freiheitsidee und Staatsidee«: Diese
Ideen träten einander gegenüber, »um sich wechselseitig zu begren-

---

[34] Toni Cassirer 1981, 114 ff.
[35] Vgl.: Lipton 1978, 74.
[36] Paetzold 1995, 30 f.

zen und zu bestreiten«.[37] Dem Inhalt nach äußerst er sich nicht direkt zu politischen Fragen, aber man kann sehen, dass seine Version
des Gedankens einer spezifischen deutschen Sendung auf so etwas
wie das Folgende hinausläuft: Diese besondere Sendung liegt in der
deutschen Geistesgeschichte, genauer gesagt, sie ist eine Sache des
deutschen Idealismus.

3.3 »FREIHEIT UND FORM« (1916)

Wie die neuere Forschung hervorgehoben hat, ist 1916 nicht nur
das Jahr, in dem Cassirers Auseinandersetzung mit Fragen der politischen Philosophie begann, es ist auch das Jahr, in dem die ersten
Früchte dieser Auseinandersetzung sichtbar wurden. Mitten im Ersten Weltkrieg veröffentlichte er einige »Studien zur deutschen Geistesgeschichte« unter dem beziehungsreichen Titel *Freiheit und
Form*.[38] Das Vorwort stellt klar, dass in dem Werk kein »abstraktes
philosophisches Thema« behandelt werde, sondern es stelle

> »mitten in den schwersten Kämpfen um das politisch-materielle Da-
> sein des deutschen Volkes die Frage nach seiner geistigen Wesensart
> und seiner weltgeschichtlichen Bestimmung«.[39]

Das ist eine Aufgabenstellung, die an die zwei Jahre später publi-
zierten *Betrachtungen* des »unpolitischen« Thomas MANN erinnert.
Durchaus vergleichbar mit Mann versuchte Cassirer, der deutschen
Geistesgeschichte einen Sinn im Hinblick auf die aktuelle welt-
historische Situation zu geben. Die Liste der Zeugen und Ge-
währsleute, auf die er sich berief, war allerdings umfangreicher und
vor allem anders zusammengesetzt als die bei Mann. Nicht nur LU-
THER, sondern auch LEIBNIZ, nicht nur GOETHE und SCHILLER,
sondern auch FICHTE, KANT und Wilhelm VON HUMBOLDT sowie
die Staatslehre bei SCHELLING und HEGEL finden bei Cassirer Be-
rücksichtigung, und er deutet diese Beiträge im Hinblick auf die im

---

[37] CASSIRER 1949, 311.
[38] Vgl. z.B.: PASCHER 1997, FERRARI 1999.
[39] CASSIRER 1949, *XI*.

Titel seines Buches zusammengestellten Ideen der *Freiheit* und der *Form*. Cassirer wollte — auch darin andere Akzente setzend als Thomas Mann — die Homogenität der europäischen Kultur, ihre kosmopolitische Grundlage aufzeigen. Warum? Weil gerade die Epoche der Renaissance ein wichtiger Wendepunkt gewesen sei, der »den europäischen Völkern eine neue, über alle nationale Schranken hinausgreifende Einheit geschaffen« habe.[40]

Cassirer beginnt sein Buch mit der Analyse des neuen Persönlichkeitsbegriffs, den diese Epoche hervorgebracht habe:

> »Das Zeitalter der Renaissance hat den europäischen Völkern eine neue, über alle nationalen Schranken hinausgreifende Einheit geschaffen, indem es ihnen die gemeinsame Richtung auf ein freies weltliches Bildungsideal gab. Eine andere Form der Allgemeinheit, als diejenige, die sich in der mittelalterlichen ›Katholizität‹ verkörperte, war jetzt errungen und trat in immer bestimmteren Formen heraus. In der Beziehung auf dieses neue Allgemeine gewinnen nunmehr die einzelnen Persönlichkeiten, wie die Völker-Individualitäten ihre charakteristische Ausprägung und ihre tiefere Selbständigkeit«.[41]

Er unterscheidet drei »Grundtypen« des neuen europäischen Persönlichkeitsbegriffes, der sowohl in Italien (bei Dante und Petrarca) als auch in Frankreich (bei Michel de Montaigne) und schließlich auch in Deutschland mit der religiösen Bewegung der Lutherischen Reformation aufgekommen sei.

In der italienischen Literatur der Renaissance »verschwinden« die Schranken zwischen »Diesseits« und »Jenseits«, zwischen dem »Sinnlichen« und dem »Intelligiblem« — das Höchste und das Niedrigste sei in einer »allverbindenden Intuition« zusammen betrachtet worden. Daraus sei eine neue Betrachtungsweise der Realität entstanden, die schon das Universum »unterwirft«, indem es »gestaltet«:

> »Das Individuum bedarf in der Gestaltung, die es sich hier gibt, jenes beständigen Reflexes in anderen, wie er ihm durch das Bild des Ruhmes zuteil wird. Erst in dieser Spiegelung gelangt es zu sich selbst und zur

---

[40] Ebd. 1.
[41] Cassirer 1994, 1.

Kraft und Sicherheit des eigenen Bewusstseins. In der Herrschaft über die Welt findet sich das Ich – gleichviel ob diese Herrschaft sich in der Form der geschichtlich-politischen Wirklichkeit darstellt oder sich in komplexere geistig-ideelle Formen kleidet«.[42]

Also, in der italienischen Renaissance entfaltet sich die aktive Lebensposition des Menschen gegenüber der äußeren Welt, was eine neue Zielsetzung des menschlichen Bewusstseins im Vergleich zu mittelalterlichen Herrschaft der religiösen Dogmen. Auch in der französischen Literatur und Philosophie findet man ganz neue Tendenz: Es gäbe z.B. für Montaigne kein »absolutes Sein«, keine »ewige« Wahrheit, keine unbestrittene und unveränderte Normen mehr, sondern er suche immer das individuelle Leben in »all seiner Realität«, in seiner »grenzenlosen Wandelbarkeit und Zufälligkeit«.

> »Kein Allgemeines, keine begriffliche Abstraktion und Regel soll aus ihm gewonnen, sondern es selbst in seiner unmittelbar widerspruchsvollen Ganzheit soll in der Phantasie und im Gedanken nachgelebt und neu gestaltet werden«.[43]

Im Unterschied zum italienischen »Herrschaftswillen« wirke hier ein rein ästhetischer »Formwille«. Bereits bei Montaigne sei die »schöpferische«, »kreative« und sozusagen »interpretative« Fähigkeit des menschlichen Geistes besonders wichtig:

> »Das Schicksal tut uns weder Gutes noch Schlimmes, es liefert uns nur den Stoff und den Samen, den unsere Seele, den mächtiger als es selbst, gebraucht und wendet, wie es ihr gefällt«.[44]

In Deutschland waren die Innovationen der Epoche, so Cassirer, sehr eng mit »volkstümlichen« Tendenzen verbunden:

> »Das neue Selbstbewusstsein, das hier entsteht, wurzelt nicht mehr in der politischen oder ästhetischen, sondern in der religiösen Sphäre. Indem bei Luther das Problem sich in diesen Punkt zusammendrängt, wird damit freilich die Einheit, die eine Zeitlang im deutschen Humanismus für das Ganze der geistigen und der weltlichen Kultur gewon-

---

[42] Ebd. 3.
[43] CASSIRER 1994, 4 f.
[44] Ebd.

nen schien, wiederum aufgelöst. [...] Die neue Fassung des Freiheitsbegriffs und des Persönlichkeitsbegriffs, die von der Reformation in
der ausschließenden Richtung auf das Religiöse festgestellt wird, weist
doch zugleich über das eigentümliche Gebiet des Religiösen hinaus: Sie
enthält eine Frage in sich, die, im Fortgang der Entwicklung, jede besondere geistige Grundrichtung sich selbständig zu stellen und beantworten hatte«.[45]

Luther habe dem Freiheitsbegriff eine ganz eigene Bestimmung
gegeben, indem er die besondere Kraft des Glaubens als transzen-
dente »Gnadenwirkung« aufgefasst habe. Diese »Gnadenwirkung«
sei für ihn das Fundament gewesen, auf dem die gesamte Organisation des »geistigen Seins« sich selbständig aufgebaut habe. Empirisch äußerte sich dieses Freiheitsbegriff in dem Widerstand gegen
den Zwang der »äußeren Dinge« und der »äußeren Autoritäten«.
Alle diese geistigen Intentionen der europäischen Renaissance hätten der Leibnizschen Philosophie als Grundlage gedient und damit
indirekt auch der deutschen idealistischen Philosophie des 18. Jahrhunderts.

Leibniz' Bedeutung in der Entwicklung der Freiheitsidee sah
Cassirer in dessen Hervorhebung der Kategorie des Individuums
im Rahmen der Naturrechtslehre, die Christian Wolff fortsetzte
und erweiterte. Das universelle Ideal des Wissens hat auch den
Freiheitsbegriff von Leibniz geprägt:

> »In der rein religiösen Sphäre, in der sich die deutsche Mystik wie die
> Reformation bewegt, bezieht sich der Freiheitsgedanke wesentlich auf
> die innere Selbständigkeit und Unabhängigkeit, die die ›Seele‹ gegen-
> über den ›Dingen‹ gewinnt und die sie in sich zu bewahren hat. [...] Die
> Souveränität der ›Seele‹ wird wesentlich und ursprünglich in der Form
> der Souveränität der ›Vernunft‹ behauptet. Es gibt keine Überlieferung
> und keine Autorität, keine Instanz in und über der Welt, die diesen un-
> bedingten Anspruch einzuschränken vermöchte«.[46]

Das ist so etwas wie ein absoluter Triumph des rationalistischen
Denkens:

---

[45] Ebd. 6 f.
[46] Cassirer 1994, 28.

»Die echte Freiheit bedeutet das Heraustreten der Vernunft aus ihrer Unmündigkeit. Die Vernunft hat keinen anderen Richter über sich und darf keinen anderen haben als den, des sie selbst nach ihren eigenen Gesetzen anerkennt«.[47] Es gibt hiernach keinen Platz mehr für die religiösen Gefühle. In dem Sinne gehe LEIBNIZ sogar weiter als DESCARTES. Die Autonomie der Vernunft und die des Individuums stellten für Leibniz eine und dieselbe Autonomie dar oder allenfalls zwei Seiten derselben Medaille.

Trotz ihres Radikalismus fanden die Ideen von Leibniz große Anerkennung; Cassirer schätzt die Monadenlehre von Leibniz so ein, dass sie »zum ersten Male in der Geschichte der neueren Philosophie die Kategorien der seelisch-geistigen Wirklichkeit allgemein bestimmt und von den Kategorien der mathematischen Naturerkenntnis geschieden« habe. Obwohl etwa LESSING, HERDER und GOETHE keine Anhänger seiner Philosophie gewesen seien, hätten sie alle »bewusst oder unbewusst« Leibniz' Monadenlehre im Aufbau ihres »Weltbildes Formen« in Anspruch genommen.[48]

Aber schon in KANTS Philosophie spiele die Mathematik als Vorbild für die Ethik und Staatsphilosophie keine solche große Rolle wie bei Descartes und Leibniz:

> »Die Philosophie [bei Kant] wetteifert jetzt nicht mehr mit den besonderen Wissenschaften in deren eigenem Bezirk, sondern sie begnügt sich damit, ihre Prinzipien und ihre Grenzen festzustellen. [...] Die logische Systematik weitet und vollendet sich zu einer allgemeinen Systematik des Kulturbewusstseins«.[49]

Cassirer stellt heraus, dass Kant immer eine objektive »Norm und Bindung« für die Analyse des religiösen, ästhetischen, wissenschaftlichen Eigenschaften des menschlichen Denkens finden wollte. Eine solche »objektive Norm« sollte dem menschlichen Bewusstsein stets immanent sein und nicht als eine äußere z.B. »göttliche« Kraft

---

[47] Ebd.
[48] CASSIRER 1994, 40.
[49] Ebd. 141 f.

dargestellt werden. Dementsprechend hat Kant sein Verständnis der Freiheitsidee entwickelt: Freiheit bedeute für Kant nicht die »Loslösung eines Ereignisses oder einer Handlung von der Kette der Ursachen und Wirkungen, an der alles zeitliche Geschehen als solches festgehalten wird.« Er stelle immer eine Frage

> »nach der Ursprünglichkeit oder Abgeleitetheit eines Wertes, die hier gestellt wird. Frei ›im positiven Verstande‹ heißt für Kant nicht die Handlung, die ›von selbst‹ anfängt, sondern die in sich selbst ihren Zweck und ihre Norm hat. Nicht die Äußerlichkeit der Ursache, sondern die des Zieles und des Maßstabs der Beurteilung ist das entscheidende Moment«.[50]

Das Kriterium der Freiheit liege nicht in der »Beschaffenscheit des Willens«, sondern in der »Materie des Gewollten« — und nirgendwo sonst.

Wenn es um sittliche Prinzipien gehe, dann sollen wir eine Antwort nicht auf die Frage »Was?« suchen, sondern immer die Frage »Wie?« beantworten. Es gehe dabei nicht um den »Inhalt« des Prinzips, sondern um die »Weise« seiner Begründung. Das sei der entscheidende Unterschied der Ethik Kants zu den »gesamten ethischen Spekulationen der Vergangenheit, indem er zugleich nichts anderes als den schlichten Anspruch des sittlichen Bewusstseins wiederherzustellen behauptet«.[51] Hier liege auch ein wesentlicher Unterschied zu Luthers Verständnis der Freiheitsidee: Die Freiheit kann man nicht in der »übersinnlichen« Welt finden, sondern sie zeigt sich nur in der »empirisch-sinnlichen« Welt. Cassirer schätzt zwar die Ethik von Kant und die Fragestellung, die Kant in seiner Philosophie verfolgt hat, aber er weist zugleich auf eine Schwäche darin hin:

> »Die kritische Philosophie will verstehen, wie die Welt der geistigen Werte sich mit Freiheit und auf Grund der Freiheit aufbaut; aber sie bietet freilich keine weitere ›Erklärung‹ für die Möglichkeit der Freiheit selbst«.[52]

---

[50] Ebd. 144.
[51] Cassirer 1994, 144.
[52] Ebd. 155.

Um weiter die Geschichte der Entwicklung der Freiheitsidee in der europäischen Philosophie zu verfolgen, bezieht sich jetzt Cassirer auf GOETHE und SCHILLER, weil Goethe »lange vor seiner Verbindung mit Schiller« seine »Beziehung« zur kantischen Philosophie gesucht habe und für »sich selbst festgestellt« habe.

Man muss dazu sagen, dass GOETHES Werke einen besonderen Platz in Cassirers Denken haben. Viele heutige Cassirer-Forscher meinen, die Ideen Goethes seien für die geistige Entwicklung Cassirers ebenso bedeutsam und wirkungsmächtig gewesen wie Kants kritische Philosophie. So schreibt z.B. SCHWEMMER diesbezüglich:

»Cassirers geistige Heimat ist eine doppelte. Einmal ist es Tradition der Kantischen Philosophie, vor allem in der Form des Marburger Neukantianismus von Hermann Cohen und Paul Natorp, zum anderen ist es das Werk Goethes, das ihn nicht nur geistig fasziniert, sondern ihn auch in der gewichtigen und durchaus konkret-sinnlichen Gestalt der Weimarer Ausgabe durch sein Leben begleitet–selbst in den unruhigen Zeiten der Emigration. Während die Kantische Tradition für die Einheit der Vernunft steht, und zwar für eine überall und immer und also für jedermann gleiche Vernunft, betont Goethe die Vielfalt vernünftiger und insbesondere schöpferischer Verhältnisse. Cassirer vermittelt diese beiden geistigen Grundhaltungen dadurch, dass er als ›gemeinsames Drittes‹ den schöpferischen, gestaltenden Charakter der Vernunft zu deren Definition erhebt. In diesem Begriff des Schöpferischen [...] glaubt er die Spontaneität der Kantischen Vernunft und die Kreativität des Goetheschen Geistes zugleich fassen zu können, trotz der bleibenden Unterschiede, die auch Cassirer deutlich sind«.[53]

Deshalb also widmet Cassirer in *Freiheit und Form* Goethe so viel Platz und Aufmerksamkeit: Das auf ihn bezogene viertes Kapitel steht in Zentrum des Buches und ist mit seinen acht Abschnitten umfangreicher als jedes andere Kapitel des Buches. Cassirer versucht, die Bedeutung von Goethes Werk für die geistige Geschichte Europas in ausführlichen Analysen zu ermessen. Ich werde mich hier auf Goethes Verständnis der Freiheitsidee konzentrieren — wie Cassirer sie gesehen hat.

[53] SCHWEMMER 1997, 24 f.

Cassirer wiederholt zuerst Goethes Selbsteinschätzung als »Befreier der Deutschen«, die auf das neue Kunstverständnis abzielte, das er seinen Landsleuten gebracht hatte, insbesondere durch den Gedanken, dass

> »die künstlerische Gestaltung [...] nicht auf das Leben [folgt], um es, als ein übrigens Fertiges und Abgeschlossenes, noch einmal im ›Bilde‹ zu wiederholen, sondern sie ist ein bestimmender Faktor im Aufbau des Lebens selbst«.[54]

Cassirer rekonstruiert dann sorgfältig die Züge und Besonderheiten der geistigen Welt GOETHES. Dabei geht es ihm auch um den Formbegriff und das Verhältnis zwischen Freiheit und Notwendigkeit in der Kunst. Jeder Künstler soll in seinen Werken einen Bilanz zwischen »natürlichen« und »geistigen« Momenten des Schöpfungsprozesses zu suchen:

> »Wie in der Natur jedes Werk seine eigenes Wesen, jede ihrer Erscheinungen des isoliertesten Begriff hat und doch alles Eins ausmacht – so gehorcht im Geistigen jedes Besondere dem Streben nach eigner Vollendung, aber es waltet hierbei, ihm selbst unbewusst, ein Gesetz, das auf die Erhaltung der Totalität, auf die Verknüpfung alles Einzelnen zum Ganzen, gerichtet ist«.[55]

Diese Gedankenlinie findet ihre Fortsetzung in Goethes Deutung der Freiheitsidee:

> »Der Mensch wird frei von allen äußerlich-konventionellen Lebensmächten, indem er bis in den tiefsten Grund zurückgeht, aus dem ihm sein individuelles Gesetz und seine individuelle Gebundenheit quillt«.[56]

Am Ende seiner Betrachtung des Freiheits- und Formproblems gibt Cassirer eine Analyse der betreffenden Begriffe bei SCHILLER und FICHTE. Während für Schiller die Freiheit ein ästhetisches

---

[54] CASSIRER 1994, 171.
[55] Ebd. 187 f.
[56] Ebd.

Prinzip war,[57] entwickelte Fichte seine Freiheitsvorstellungen im
Medium seiner Begriffe vom »Ich« und »Nicht-Ich«:

> »Das Prinzip des Ich spricht das Prinzip der Vernunft, spricht ihre
> allgemeinen Regeln und Gesetze aus, während unter dem Nicht-Ich
> jede Mannigfaltigkeit des Bewusstseinsinhalts verstanden ist, sofern
> sie noch nicht auf die reine Vernunftform zurückgeführt ist, sondern
> ihr lediglich als ein ›Gegebenes‹, als bloßer Stoff gegenübersteht«.[58]

Bemerkenswert in diesem Zusammenhang ist der Umstand, dass
Cassirer in dieser Studie über die Freiheits- und Formidee in der
deutschen Geistesgeschichte mit einer Betrachtung der *Staats*idee
verknüpft hat. Im letzten Kapitel greift er die *politischen* Theorien
von ROUSSEAU, KANT, FICHTE und HEGEL im Hinblick auf die
Spannung zwischen Freiheits- und Staatsidee auf. Dieselben oder
doch nahezu dieselben Gedanken sind die Grundlage in *The Myth
of the State*, wo die politische Philosophie allerdings wesentlich
breiter in den Blick genommen wird: Hier beschreibt Cassirer die
verschiedenen Konzepte des Staates, von der frühen griechischen
Philosophie bis zu Hegels Staatstheorie. Außerdem betrachtet er
die Rolle des Mythos[59] in der Geschichte der politischen Theorie.
Im sechsten Kapitel von *Freiheit und Form* schließlich befasst er
sich mit dem Begriff des Deutschtums und dessen unterschiedlicher Darstellung bei verschiedenen deutschen Philosophen.

Cassirer beginnt bei Schiller und Fichte, die beide meinten, dass
der Begriff des Deutschtums »nicht irgendeine gesonderte Volks-

---

57 Ebd. 287: Die »Einheit von Natur und Freiheit kann offenbar nicht da-
    durch erreicht werden, dass der Gehalt und die Begründung des sittlichen
    Gesetzes nach den Bedürfnissen der Sinnlichkeit zurechtgerückt und zu
    ihnen herabgestimmt wird; sondern nur dadurch, dass dem Menschen,
    durch die Vermittlung des Schönen, eine neue Kraft gegeben wird, die ihn
    über die Bedingtheit der materialen Reize und Ziele zum Standpunkt des
    Unbedingten, zum Standpunkt des ›reinen Selbstbewusstseins‹ erhebt«.
58 Ebd. 291 ff.
59 Abweichend von der Schreibweise des Wortes in der von Franz Stössl an-
    gefertigten deutschen Übersetzung — ›Mythus‹, eine nach SCHWEMMER
    (1997, 164) »merkwürdige Mischform« — wähle ich, abgesehen von wört-
    lichen Zitaten aus dieser Übersetzung, die auch von Cassirer in seinen
    deutschen Schriften bevorzugte Schreibweise ›Mythos‹.

eigentümlichkeit zur Geltung bringen« sollte.[60] Vielmehr solle der
Bürger seine Freiheit verwirklichen.[61] Cassirer betrachtet hier die
merkwürdige Bestimmungen des Deutschtums bei SCHILLER und
FICHTE, die das Deutschtum gewissermaßen als etwas Normatives
begriffen:

> »Der Begriff des Deutschtums wird seinem Inhalt nach weder durch
> die staatliche Gegenwart noch durch die geschichtliche Vergangenheit
> bestimmt, sondern er schließt eine allgemeine geistige Aufgabe in sich,
> die nur die Zukunft fortschreitend zur Bestimmung und Entfaltung
> bringen kann. In der Erfüllung dieser Aufgabe soll der Deutsche sei-
> nen eigentümlichen Beruf erkennen und seine eigentümliche Existenz
> begründen«.[62]

Das klingt unziemlich vermessen. Ansprüche dieser Art sind kaum
glaubwürdig. Denn was hier als »eigentümlicher Beruf des Deutschen« annonciert wird, ist eher eine allgemeinmenschliche Aufgabe, keine spezifisch deutsche Mission in der Weltgeschichte.

Dazu ist allerdings zu bemerken, dass Cassirer nur *die Rhetorik*
von der besonderen deutschen Sendung bedient. Der Begriff des
Deutschtums, mit dem Cassirer sympathisiert, ist natürlich ein *a-
nationaler* Begriff. Wie FLASCH unterstreicht, herrschte in
Deutschland damals die »Mode«,

> »gegen den Internationalismus zu sprechen, und oft wurde dieses
> Schlagwort mit den Juden assoziiert. Dadurch entstand bei jüdischen
> Autoren die Tendenz, den Verdacht ihrer nationalen Unzuverlässig-
> keit zu widerlegen«.[63]

Das Merkwürdige daran ist, dass Cassirer sich, um seinen a-natio-
nalen Begriff des Deutschtums zu begründen, immer wieder und

---

[60] CASSIRER 1994, 348 : Der »echte Charakter eines Volkes und eines Staates
liegt nicht in dem was sie sind, sondern in der Richtung ihres Wollens
und Tuns [...] Erst dort, wo das Wirken sich dieser seiner Unendlichkeit
bewusst geworden ist, hat es seine eigene Freiheit und seine eigene Bindung begriffen«.
[61] Aus dem Entwurf zu einer politischen Schrift Fichtes im Frühling 1813,
S. W. VII, 572 f.
[62] CASSIRER 1994, 304.
[63] FLASCH 2000, 306.

vor allem auf den deutschen Idealismus bezieht und damit auf eine Gruppe von Denkern, die gerne über die gedankliche Deduktion des Staates nachgedacht haben.

Deshalb war für Cassirer KANTS Staatslehre besonders wichtig. Kant hat nämlich die Staats- und Freiheitsidee miteinander verknüpft: In KANTS Staatslehre tritt die Macht des Staates als Mittel zur Verwirklichung der Autonomie des Subjekts im realen Leben hervor. Der Staat sei das »Endziel der Geschichte, sofern er seine höchste Aufgabe in der fortschreitenden Verwirklichung der Freiheit erkennt«.[64]

Wilhelm von HUMBOLDTS Bedeutung lag Cassirer zufolge darin, dass er das ästhetische Ideal des deutschen Humanismus und dessen Staatbegriff entwickelt habe, während Fichte und Schelling über die »intelligible« Bedeutung des Staatsgedankens und über den Staat als Harmonie von Notwendigkeit und Freiheit schrieben.[65]

Als letzte Staatslehre in *Freiheit und Form* analysiert Cassirer HEGELS Staatstheorie: Hegel sei nicht die Freiheit des einzelnen Individuums im Staat wichtig gewesen, sondern dass »der Einzelne [...] die Basis seiner gesamten geistigen Existenz nur im Dasein des Staates und im Dasein für den Staat« habe.[66] Den berühmten Hegelschen Begriff des »objektiven Geistes« deutet Cassirer dahingehend, dass sich durch diesen Geist die Tat der Vernunft in der menschlichen Geschichte realisieren soll:

>»Der Staat ist der Geist, der in der Welt steht und sich in demselben *Bewusstsein* realisiert [...]. Es ist der Gang Gottes in der Welt, dass der Staat ist; sein Grund ist die Gewalt der sich als Wille verwirklichenden Vernunft«.[67]

---

[64] CASSIRER 1994, 327.
[65] Ebd. 357: die Staatsidee »soll sich [...] bewähren, dass das Wesen der Geschichte mit dem Wesen der Vernunft zusammen fällt, – dass das Vernünftige wirklich und das Wirkliche vernünftig ist«.
[66] Ebd.
[67] HEGEL, *Rechtsphilosophie*, § 75 Zusätze, in: CASSIRER 1994, 363 f.

Gerade hierin sieht Cassirer aber auch den großen Nachteil von Hegels Theorie. Indem er die Ausübung staatlicher Gewalt schon als solcher, d. h. unabhängig von näheren Bestimmungen und Einschränkungen, als Verwirklichung der Vernunft auffasse, habe Hegel auch die oft irrationalen Kräfte, die in staatlichem Handeln zum Ausdruck kommen können, legitimiert. Seine Theorie laufe so auf die Rechfertigung und Anerkennung allen Geschehens hinaus, ungeachtet ob es positiv oder negativ sei.

Cassirer glaubte also, im deutschen Idealismus genügend Belege dafür zu finden, dass dessen Vertreter das Problem des Staates auf eine wirklich seriöse Weise erörtert hätten. Unter dem Problem des Staates verstand er vor allem die Frage, nach einer grundsätzlichen Rechtfertigung des Staates. Die andere wichtige Besonderheit in der politischen Philosophie Cassirers besteht, wie ich oben schon angedeutet habe, darin, dass er gerne über die »deutsche Sendung« und über seinen normativen Begriff des Deutschtums sprach, zugleich aber diese »deutsche Sendung« in eine gemeinsame europäische Tradition integrierte. Seine Auseinandersetzung mit dem Staatsproblem bedeutet nichts anderes, als dass für ihn die Freiheits- und die Staatsidee zwei Seiten einer Medaille sind — vielleicht deswegen, weil die Deutschen ja lange Zeit gerade keinen Nationalstaat hatten. Das ist ein kosmopolitisches Bekenntnis im rhetorischen Rahmen der besonderen deutschen Sendung, wobei der »Kosmopolitismus« des deutschen Idealismus aber etwas dubios aussieht.

Fichtes Philosophie z.B. wurde von anderen Philosophen und Intellektuellen — gerade im 20. Jahrhundert — ganz anders verstanden. Rickert etwa bezieht sich oft auf Fichte, aber bei ihm findet man keine Spuren eines kosmopolitischen Verständnisses des Begriffs vom Deutschtum. Darum muss man sagen: Um seine Ideen zu begründen (oder zumindest plausibel zu machen), wählt Cassirer oft aus: Gewisse Momente der Philosophie Fichte nennt er und behandelt er breit, andere zieht er vor nicht zu nennen.

Rückblickend kann man sagen, wie dies Ferrari getan hat, dass Cassirers *Freiheit und Form* das

»erste philosophische Instrumentarium der späteren politischen Philosophie [...] bietet bzw. erarbeitet [...] Fast 30 Jahre vor [dem Erscheinen des Buches] *Der Mythus des Staates* hatte Cassirer [bereits] einige Kategorien seiner politischen Reflexionen [...] umrissen.«[68]

So gesehen ist *The Myth of the State* jedenfalls keine Singularität in Cassirers *œuvre*, sondern die Fortsetzung in der Bearbeitung einer Problematik, die für Cassirer schon immer wichtig war.

3.4 »IDEE DER REPUBLIKANISCHEN VERFASSUNG« (1928)

In einem heute wenig bekannten Vortrag, der 1928 erschienen ist, behandelt Cassirer das Thema »Die Idee der republikanischen Verfassung«. PAETZOLD notiert dazu:

> »Biographisch gesehen, stützte sich Cassirer 1928 auf Vorarbeiten zum Thema des republikanischen Staates, die er schon in seinem Buch *Freiheit und Form* entwickelt hatte«.[69]

Hier unternimmt Cassirer den Versuch, seine politische Position deutlich zu bestimmen und sein Eintreten *für* die demokratisch-republikanische Verfassungsordnung in einer seinem wissenschaftlichen Anspruch und Rang gemäßen Form zu artikulieren, was in der Weimarer Republik unter Universitätsprofessoren nicht selbstverständlich war:

> »Die bedeutsamste Anstrengung, die Universität zur Verfassungtreue zu verpflichten, stellte das Rektorat *Ernst Cassirers* 1929/30 dar. Cassirer, der in seinen ersten Hamburger Jahren politisch äußerst zurückhaltend war, seit der zweiten Hälfte der zwanziger Jahre aber zunehmend die Notwendigkeit erkannte, die Republik offensiv zu verteidigen, hatte im Sommer 1928 dem Wunsch des Senats der Hansestadt entsprochen und die Festrede zum Verfassungstag gehalten.«[70]

Cassirer sprach nicht nur über Verhältnis von Theorie und Praxis bzw. über natur- und staatsrechtliche Ideen in der deutschen Philosophie, sondern auch über die Französische Revolution als einen

---

[68] FERRARI 1999, 52.
[69] PAETZOLD 1995, 110.
[70] VOGEL 1991, 28.

realen Versuch, in der menschlichen Geschichte demokratische
Ideen zu verwirklichen. KANTs *Kritik der reinen Vernunft* (1781),
seine *Kritik der praktischen Vernunft* (1788) und die Französische
Revolution (1789) waren für Cassirer enger als nur durch das äu-
ßerliche Faktum ihrer zeitlichen Nähe miteinander verknüpft. Sie
waren insofern miteinander verwandt, als sie zur Entwicklung der
Freiheitsidee beigetragen haben. Als Ausgangspunkt formuliert
Cassirer die Frage,

> »ob und inwieweit die gedankliche Grundtendenz, durch welche Kants
> theoretische Philosophie und seine Ethik bestimmt wird, mit jenen
> Tendenzen sich berührt, aus denen die revolutionäre Bewegung in
> Frankreich entsprungen ist«.[71]

Dabei weist er auf die wichtige Rolle der Ideologie in der Französischen Revolution hin. »Ideologie«, so Cassirer, sei ein »End-
produkt« in der Entwicklung der französischen Philosophie. Unter
den einschlägigen Beiträgen von z.B. von MONTESQUIEU, VOL-
TAIRE, CONDORCET, DIDEROT und D'HOLBACH hebt Cassirer die
Ideen von ROUSSEAU besonders hervor:

> »Bei Rousseau opfert das Individuum, indem es durch den Gesell-
> schaftsvertrag mit anderen in Gemeinschaft tritt, sich selbst, ohne
> Einschränkung, dem Willen der Gemeinschaft auf. Es entäußert sich
> aller seiner ursprünglichen Rechte — und eben diese Entäußerung ist
> es, die das oberste Prinzip der Rousseauschen Staatstheorie bildet«.[72]

So zeigt sich der enge Zusammenhang zwischen der französischen
Erklärung der Menschen- und Bürgerrechte und Rousseaus *Contrat social*. Cassirer zieht auch eine Parallele zur deutschen Philosophie des 17. Jahrhunderts: LEIBNIZ z.B. habe auch Ideen über
unveräußerliche Grundrechte des Individuums artikuliert, die
Christian WOLFF dann fortentwickelt habe. In seinen Werken *Jus
naturae methodo scientifica pertractatum* von 1744 und *Institutio-
nes juris naturae et gentium* von 1750 schrieb Wolff über den
»Grundsatz des absoluten Gleichrechts der Rechtssubjekte«.

---

[71] CASSIRER 1995, 15.
[72] Ebd. 16.

Auch das 1765 in England erschienene Buch *Commentaries on the Laws of England* von BLACKSTONE zeigt das wachsende Interesse in Europa am Thema der Menschenrechte. Gerade in diese Zeit fällt ein Durchbruch in der politischen Philosophie, wenn nämlich, so Cassirer,

»der Gedanke der unveräußerlichen Grundrechte des Individuums aus der Sphäre der reinen Theorie in die der praktischen Politik übergreift«.[73]

Die Ideen von BLACKSTONE waren das theoretische Fundament für die amerikanische *Declaration of Rights* (1776) gewesen. Diese erklärte alle Menschen für von Natur aus frei und unabhängig. Die Mitte des 18. Jahrhunderts war für Cassirer also deshalb eine so bedeutsame Epoche, weil zu dieser Zeit gewisse zunächst sehr abstrakte philosophische Ideen die soziale und politische Realität zu beeinflussen begannen. Die Ursprünge des Gedankens unveräußerlicher Individualrechte sah Cassirer übrigens bereits in der Philosophie der Antike bei den Stoikern. Aber erst Mitte des 18. Jahrhunderts realisierten die Menschen in einem nennenswerten Ausmaß, dass Blackstone in den *Commentaries on the Laws of England* von »nicht mehr rein abstrakt oder allgemein gedacht« hat, sondern dass hier »von einem Engländer und für andere Engländer geschrieben« wird.[74]

Von TONI CASSIRER, seiner Ehefrau wissen wir, was Cassirer bei der Vorbereitung seines Verfassungsvortrags besonders am Herzen lag:

»Ernst hatte mir vorher erzählt, dass er die Widersacher zu ärgern beabsichtige, indem er beweisen würde, dass die Ideen, die der Französischen Revolution zu Grunde lagen, nicht in dem verhassten Frankreich, sondern in Deutschland entstanden seien, dass sie von Kantischen und Goetheschen Ideen weiter gefördert worden waren, und dass der Gedanke der Revolution im Ganzen der deutschen Geistesgeschichte keineswegs ein Eindringling oder ein Fremdling wäre.«[75]

---

[73] CASSIRER 1995, 19.
[74] Ebd. 21.
[75] Toni Cassirer 1981, 175 f.

In diesem Sinne wies Cassirer nachdrücklich darauf hin, dass KANT in seiner *Idee zu einer allgemeinen Geschichte in weltbürgerlichen Absicht* (1784) von der Notwendigkeit einer Staatsverfassung als einem Garanten für die Entwicklung der bürgerlichen Rechte gesprochen und in der Schrift *Zum ewigen Frieden* hervorgehoben hatte, dass die bürgerliche Verfassung »in jedem Staate republikanisch sein sollte«, dass also alle staatlichen Gesetze durch den gemeinsamen Willen des Volkes sanktioniert werden müssten. Und hier zieht Cassirer interessante Schlussfolgerungen: Er beobachtet zwei Prozesse in der Entwicklung der Idee der Rechte des Menschen. Zum einen ist es der Durchbruch des Ideellen in die praktische Sphäre, in die Politik. Zum anderen aber

> »wird diese geschichtliche Realität und dieses geschichtliche Resultat von der deutschen Philosophie wieder ins Ideelle zurückgewandt, indem es aus dem Reich des *Seins* in das des *Sollens* projiziert wird, indem an Stelle des historischen Faktums ein ethischer *Imperativ* tritt.«[76]

Cassirer dachte immer ideengeschichtlich. Deshalb lag ihm daran, alle historisch-empirischen Fakten geistig und »symbolisch« zu interpretieren. Deshalb bezieht er sich nicht nur auf KANT, sondern eben auch auf GOETHE, dessen Thema über die Symbolik der Kunst war, die mit ihren konkreten Werken allgemeine menschliche Erlebnisse und Probleme repräsentiert. Die Hauptfunktion des Symbolischen — im Besonderen das Allgemeine widerzuspiegeln — war für Goethe auch ein »prägnanter Punkt« des politischen Lebens, so Cassirer:

> »Er sah einen ›eminenten Fall‹ vor sich, der als Repräsentant von vielen anderen dastand, der gewisse Totalität in sich schloss und so von außen wie von innen auf eine gewisse Einheit und Allheit Anspruch machte.«[77]

Alle seine historischen Studien zeigten Cassirer ganz deutlich, dass die Idee der republikanischen Verfassung in der deutschen geistigen Tradition und ihrer idealistischen Philosophie entstanden und

---

[76] CASSIRER 1995, 23.
[77] Ebd. 24.

deshalb ein Teil der deutschen Kultur war, und nicht etwas Fremdes, ein aus einer anderen Kultur importiertes »Produkt«.

So tritt Cassirer in diesem Vortrag einerseits gegen den »politischen Dezisionismus des Anti-Parlamentariers Carl Schmitt« auf, andererseits »richtet sich« sein »Plädoyer für die Idee des demokratischen Republikanismus gegen das irrationale Machtdenken eines Hans Freier«.[78] Damit hatte Cassirer deutlich genug eine politische Position bezogen und gezeigt.

3.5 CASSIRER ÜBER »WANDLUNGEN« DER STAATSIDEE IN DER DEUTSCHEN GESCHICHTE (1930)

Eine zweite wichtige politische Rede hat Cassirer am 22. Juli 1930 zum Thema »Wandlungen der Staatsgesinnung und der Staatstheorie in der deutschen Geschichte« gehalten. Gleich zu Beginn sagte er, dass man die deutsche Geschichte nur dann richtig verstehen könne, wenn man unbedingt jene »gedankliche Bewegung erfasse, in der der deutsche Geist sich selber gesucht und sich selbst gefunden« habe.[79] So habe in der deutschen Geistesgeschichte FICHTE als erster auf die Notwendigkeit eines Ideals des *Nationalstaates* aufmerksam gemacht und das Deutschtum nicht mehr als einen Seinsbegriff verstanden, sondern als einen Sollensbegriff, der eine nicht gegebene Realität charakterisiert. Fichte habe der Begriff des Deutschtums in dem Sinne als Orientierung gedient, dass er ein ethischer Begriff sein sollte. Fichte sei so »mitten in der höchsten leidenschaftlichen Glut seines nationalen Gefühls dem sittlichen und gedanklichen Universalismus, der ihn beseelt, treu geblieben«.[80]

Cassirer bezog sich außerdem auf HERDERS Gedanken zur Einheit eines Volkes. Diese Einheit ergebe sich für Herder nicht aus Naturbedingungen wie Boden, Klima und dergleichen, sondern aus

---

[78] PAETZOLD 1995, 112.
[79] CASSIRER 1999, 54.
[80] Ebd. 58.

natürlichen Gemeinschaften: Vaterhaus, Vaterflur, Familie. Sitten und Tradition sind also Herders Richtschnur bei der Analyse dessen, was ein Vaterland ausmacht. Ähnlich betont Novalis die geistige und vor allem religiöse Grundlage des Nationalstaats.

Daher unterscheidet Cassirer in der deutschen Geistesgeschichte zwei verschiedene Tendenzen, eine ethische und eine religiöse sowie, diesen entsprechend, die Epochen der Aufklärung einerseits und der Romantik andererseits, in denen die jeweils dominierende Tendenz in neuen Theorien des Staates ihren Ausdruck gefunden hätte. Allein Hegel habe versucht, so Cassirer, beide Tendenzen »zu verknüpfen«. Typisch für seine Staatstheorie sei, dass er die Ideen der Französischen Revolution und den »romantischen Begriff des Volksgeistes« zu verbinden gesucht habe. Außerdem sei für Hegel das Verhältnis und das Zusammenwirken von Staat und Religion von größter Bedeutung gewesen. Cassirer unterschlägt dabei nicht, dass Hegels politische Philosophie nicht nur rein theoretisch orientiert war. Wie er selbst sagte, »taucht [sie] vielmehr überall ein in die unmittelbar-gegenwärtige Situation, in die lebendige Mitte und in die strömende Bewegung der politischen Zeitprobleme.«[81]

Cassirer zufolge lag der Sinn von Kunst, Religion und Wissenschaft für Hegel darin, mit ihrer geistigen Kapazität die *Staatsmacht* zu stärken. Die etatistische Überzeugung, die Hegel seiner Meinung nach hatte, paraphrasierte er folgendermaßen:

> »Im Staat allein hat der Mensch [eine] vernünftige Existenz. Alles, was der Mensch ist, verdankt er dem Staat, er hat nur darin sein Wesen. Allen Wert, den der Mensch hat, alle geistige Wirklichkeit hat er allein durch den Staat«.

Die Freiheit als solche erhalte ihre Objektivität und ihre ethische Begründung nur durch den Staat, weil der Staat die göttliche Idee sei, und diese göttliche Idee habe auf der Erde ihre Form und praktische Gestaltung als Staat bekommen. Für Hegel sei der Staat selbst sozusagen eine »sittliche Substanz«, weil »alle echte substanzielle

---

[81] Cassirer 1999, 63.

Macht ihm das Organon der Wahrheit, der Vollstrecker der Vernunft und der absoluten Idee war«.[82] Hegel betrachtete den Staat freilich nicht als die höchste Manifestation des »objektiven Geistes« auf Erden, sondern lediglich als ein bestimmtes Moment in jener Entwicklung, die auf den absoluten Geist gerichtet sei. So könne das staatliche Leben eine Norm sein, die in sich selbst begründet ist:

> »Die Macht des Staates soll nicht lediglich seine *eigene* Realität, sondern in dieser und mittels ihrer die Wirklichkeit eines Anderen sichern, auf das er in all seinem Streben hinzielt.«[83]

Hegel verneint die Möglichkeit, Gericht zu halten über die Einzelstaaten: Es gebe »keinen Prätor zwischen den Staaten«, sagt er und lehnt KANTs Gedanken eines Staatenbundes, der zum »ewigen Frieden« führt, ab. Für Hegel hieß es vielmehr: Die »Weltgeschichte ist das Weltgericht« und, wie Cassirer betont, »der Geist bleibt zuletzt der einzige und der höchste Richter über die Wirklichkeit — eben weil er ihr nicht als eine fremde Instanz gegenübersteht, sondern mit ihr identisch, weil er die Substanz der Wirklichkeit selbst ist«.[84]

Cassirer reiht diese Deutungen verschiedener klassisch gewordener Beiträge zur »Staatstheorie in der deutschen Geschichte« hier aneinander, um deutlich zu machen, dass

> »der deutsche Geist in seinem ständigen Ringen um die Grundlagen der Staatstheorie und um die Grundlagen echter Staatsgesinnung sehr verschiedene […] Wege eingeschlagen hat«,

was aber, wie er fortfährt, kein Schaden sei, nicht ins Chaos führe, kein gedanklicher Bruch oder ein Zeichen mangelnder Konsequenz sein müsse, denn die

> »Einheit liegt nicht im Gebiet des bloßen *Denkens*, sondern sie ist zutiefst im *Willen* verwurzelt«.[85]

Cassirer bleibt seiner ideengeschichtlichen Methode treu, die ihn trotz aller empirischen Unterschiede des Lebens und des theoreti-

---

[82] Ebd. 66.
[83] CASSIRER 1999, 66.
[84] Ebd. 67.
[85] Ebd. 72.

schen Denkens nach einer leitenden Idee, einer Grundlage suchen lässt. Das ist (wie dem Wort nach übrigens auch für Hegel) die Idee der Freiheit, die nur gewährleistet ist, wenn man »durch alle diese Gegensätze hindurch [geht], de[n] Wille[n] zum Staat als solchem [hat], und das heißt nichts anderes, als [dass] der Wille zum *Ganzen* unverkümmert und ungebrochen bleibt«.[86]

So versuchte Cassirer — im Gegensatz zu damals dominierenden Tendenzen des politischen Denkens — zu zeigen, dass die geistige Identität Deutschlands in den gemeinsamen kulturellen Traditionen Europas verwurzelt sei. Für ihn gab es deshalb keine »besondere Mission«, die Deutschland in der Welt zu verwirklichen gehabt hätte, und entsprechend weder eine »Sonderrolle« noch »Sonderrechte«, die Deutschland im europäischen sozio-politischen Raum hätte.

3.6 »DEUTSCHLAND UND WESTEUROPA
      IM SPIEGEL DER GEISTESGESCHICHTE« (1931)

Verfolgt man die Entwicklung des politischen Denkens von Cassirer kann man zwei kleinere, heute wenig bekannte Arbeiten nicht übergehen: ein Aufsatz »Deutschland und Westeuropa im Spiegel der Geistesgeschichte« (1931) und ein Vortrag »Vom Wesen und Werden des Naturrechts«, den er im Februar 1932 in der Juristischen Gesellschaft Hamburg gehalten hat.

In dem Aufsatz geht Cassirer der Frage nach, welche Rolle die geistige Kultur in Deutschland, Frankreich und England jeweils hatte und hat, wobei er auch wieder besonders auf den Freiheitsbegriff eingeht. Jede einzelne Nationalkultur kultiviert den Geist auf ihre spezifische Art und Weise. Aber Cassirer versucht — wie immer seiner kosmopolitischen Betrachtungsweise treu bleibend —, die Besonderheiten einer jeden europäischen Nationalkultur nicht als etwas «bloß-Partikulares», als ein kontingentes Konglomerat zu

---

[86] Ebd.

sehen, sondern als etwas »wahrhaft-Universelles«, als eine Einheit bzw. Ganzheit zu deuten:

> »[Eine solche] Auffassung des Wesens von Einheit und Vielheit müssen wir uns auch für die Betrachtung der Grundkräfte zu eigen machen, aus deren Zusammenwirken die Gestalt des neuen europäischen Geistes erwachsen ist. Jede einzelne von ihnen ist ein Eigenes und Unvertauschbares; sie hat ihren Mittelpunkt und ihren Schwerpunkt in sich selbst, und sie entfaltet von diesem ihrem Zentrum aus eine klare und sichere Wirkung, die sich immer weiter ausbreitet und allmählich die Gesamtheit des geistigen Universums ergreift und in charakteristischer Weise bestimmt.«[87]

Wenn Cassirer hier eine Einheit der west-europäischen geistigen Kultur ins Auge fasste, so meinte er nicht eine oberflächliche Einheit, wie man sie auch einem Mosaik zusprechen kann, sondern er dachte an tiefer reichende ursprüngliche gemeinsame Wurzeln.

Der einflussreichste französische Philosoph der Neuzeit war wohl DESCARTES, der eine Partikulasierung »der Fragestellung« und die Zergliederung des Wissens in begrenzte geschlossene Teile immer zurückgewiesen hat, um statt dessen die *universitas ingenii* in Erinnerung zu bringen, die Einheit und den universellen Charakter des Geistes und des Wissens. Descartes' Konzept einer *mathesis universalis* bedeutete vor allem, so Cassirer, auch die unbegrenzte Freiheit des menschlichen Geistes:

> »Es gibt […] keine Frage, die der menschliche Geist nicht stellen kann, die von diesem Geist nicht in irgendeiner, sei es unmittelbaren, sei es mittelbaren Art, zu beantworten wäre«.[88]

Die Kontroversen in Frankreich zwischen rationalistischen Denkern und »Irrationalisten« verschwieg Cassirer nicht: zwischen Descartes und z.B. JANSENIUS, der über mystischem Momente der religiösen Glaubens schrieb. Nicht nur die Religion stand unter dem Einfluss Cartesischen Denkens, sondern auch die französische Literatur des 17. Jahrhunderts, wo »die Liebe zur ›Vernunft‹« nichts

---

[87] CASSIRER 1931, 57.
[88] Ebd. 58.

anderes gewesen sei als die »Liebe zur Methode«.[89] So zeigt sich die Einheit des Geistes: Descartes' Erkenntnismethodologie gelte genauso für die Kunst und den »poetischen« Geist.

Ganz anders wurde die Vernunft und die Aufgabe der geistigen Kultur damals in England verstanden. Hier findet man ein instrumentalistisches Verständnis der Rationalität:

> »Statt sich in die reine Ordnung der Ideen und in die analytische Zergliederung der Begriffe zu versenken, ist es die Regelung und Beherrschung der Wirklichkeit, der sie nachstrebt«.[90]

Es ging dabei um einen gleichsam technischen Begriff der Vernunft, wie ihn Bacon erarbeitet hatte. Bei diesem verändert sich — anders als bei Descartes — schon die Methodologie der Wissenschaft: Ziel der Wissenschaft seien nicht rein theoretische Überlegungen, sondern die praktische Anwendung des Wissens, seine Leistung und seine Dienste für den »aktiven Teil«.

Cassirer weist einer solchen wissenschaftlichen Methodologie einen »pragmatischen Wahrheitsbegriff« zu, der bis zum heutigen Tag geblieben ist. Auch dieses wissenschaftliche Prinzip wirkte — wie in Frankreich jenes — auf die Religion. Damit spielte Cassirer auf ein Postulat der Puritaner an, demgemäß ein religiöses Subjekt seine von Gott gestellte Aufgabe erfüllt, wenn es Erfolg in seiner Arbeit, seiner Tätigkeit hat. Max Weber hat diese Eigentümlichkeit der protestantischen Ethik bekanntlich ebenfalls untersucht. Cassirer spricht hier über eine »in sich geschlossene« und »in sich gegründete« Einheit des »Kulturwillens« und des »Kulturschaffens«. Dieser Zustand des Geistigen in England war für Cassirer »weit komplexer« und »weit spannungsreicher« als das französische Kulturideal des Klassizismus. Für ein Verständnis des Freiheitsbegriffs in England schien ihm aber vor allem von Bedeutung zu sein, dass er einen »kulturellen Standard« gesetzt hat. Denn die Kraft und innere Festigkeit der geistigen und politischen Kultur habe sich darin bewährt, dass er in ihr liegende Spannungen »nicht

---

[89] Ebd. 59.
[90] Cassirer 1931, 83.

zu vernichten und zu nivellieren brauchte, sondern sie geduldet und bezwungen hat«.[91]

So glaubte Cassirer zeigen zu können, dass die demokratischen Normen tief in der französischen und englischen geistigen Kultur verwurzelt seien, und zwar schon seit der Zeit der Renaissance. Und wie stand es zu dieser Zeit mit der deutschen Geistesgeschichte? — In der deutschen Renaissance bezieht sich Cassirer vor allem auf Nikolaus CUSANUS, einen Bischof und Kardinal. Diesem ging es anscheinend hauptsächlich um das religiöse Bewusstsein, für welches das »Zentrum des Seins« in der »freien Innerlichkeit« liegt. LUTHER sah auch das Problematische an der Rolle des »Selbsttäters und Werkmeisters«, aber eine Lösung des Problems der Freiheit war während der Reformation nicht möglich. In ihr keimt vielmehr die Idee des religiösen Subjekts als des »reinen ›Selbsttäters‹« auf, was eine »Schranke« und einen »innere[n] Widersacher« gegenüber der »Forderung der göttlichen Omnipotenz« bedeutete.

Cassirer meinte, das Problem der Freiheitsidee habe sich allmählich aus dem Gebiet des religiösen Glaubens in das der Philosophie verlagert: Schon LEIBNIZ beschäftigte sich mit der Frage nach dem Verhältnis von Freiheit und Notwendigkeit, und »sein eigentlicher metaphysischer Grundbegriff, der Begriff der ›Monade‹ scheint ganz mit dem Geiste der Freiheitsidee erfüllt, ja aus diesem Geiste geboren zu sein«.[92] Allerdings konnte auch Leibniz den Konflikt zwischen Freiheit und Notwendigkeit lösen: Er postulierte eine reine Spontaneität des menschlichen »Ich« und betrachtet es als etwas, das von jedem physischen Einfluss frei ist. Die berühmte »Kopernikanische Wende« KANTs interpretierte Cassirer mit Bezug auf die Freiheitsidee so, dass Kant, statt »vom Sein Gottes als dogmatisch-gewissem Sein auszugehen und von ihm aus die Frage der menschlichen Freiheit aufzuwerfen«, von der Freiheitsidee ausgegangen sei: »Er sieht in ihr den einzigmög-

---

[91] Ebd. 83 f.
[92] CASSIRER 1931, 84.

lichen Zugang und die Pforte zum Reich des intelligiblen Seins«.[93]
So bekam das Problem der Freiheit Cassirers Meinung nach in der
deutschen Geistesgeschichte seine »wahrhafte Universalität« und
seine »letzte Tiefe«.

In immer neuen Wendungen präsentierte Cassirer weitere Indizien für seine Methode, für die Fruchtbarkeit seiner spezifisch
philosophischen Herangehens-, Betrachtung- und Begründungs-
weise, nach der dem Geistigen in der menschlichen Kultur und
Geschichte stets die Hauptrolle zukommt. So gipfelt diese kleine
Arbeit in der These:

> »Die Herrschaft des Geistes über die Wirklichkeit zu begründen und
> diese Herrschaft in ihren letzten Bedingungen und Voraussetzungen
> zu verstehen: das war die gemeinsame Aufgabe, die den einzelnen
> Kulturnationen seit Tagen der Renaissance gestellt war.«[94]

In der »Autonomie des Geistes« sieht Cassirer den wirklichen Garanten für die »unaufhebliche« und »unverwischbare« Eigenart der
einzelnen Volksgeister. Denn die Universalität und Autonomie
des Geistes sei die echte Grundlage der menschlichen Freiheit.

Die Autonomie des Geistes als Garant für soziale Stabilität und
Gerechtigkeit thematisiert Cassirer in einem Vortrag »Vom Wesen
und Werden des Naturrechts«. Darin versuchte er, eigentlich juristische Begriffe wie den der Naturrechts, des Staatsrechts, der
Staatsgesetze, der (Volks-)Souveränität und der Menschenrechte
philosophisch zu interpretieren. Er beginnt mit einer allgemeinen
Definition der Rechtswissenschaft, die an Leibniz' Verständnis der
Wissenschaft vom Recht anküpft. Schon dieser habe nämlich gemeint, dass die Rechtswissenschaft »sich nicht sowohl mit fakti-
schen Fragen als vielmehr mit reinen Fragen der Geltung beschäftigen« soll.[95]

Dadurch erhält das Recht eine »höchste *ideelle* Bedeutung«, was
an den Idealismus Platos erinnert. Cassirer sah das mit kritischer

---

[93] Ebd. 85.
[94] Cassirer 1931, 85.
[95] Cassirer 1932, 2.

Distanz: Bei einer solchen Betsimmung der Rechtswissenschaft »verschwinden« die realen Menschen und ihre Handlungen, was auf dem Gebiet der juristischen Gesetze gerade wegen ihrer Normativität problematisch sei. In Mathematik und Geometrie sei eine solche Abstraktion wohl notwendig, aber die Rechtwissenschaft könne auf das reale und konkrete »menschliche Subjekte« nicht verzichten. Allein, LEIBNIZ

> »suchte nur als philosophischer Denker, als Logiker und Methodiker, einen Sachverhalt zu formulieren und auszusprechen, den er in der konkreten Gestalt der Wissenschaft unmittelbar vor sich sah.«[96]

Wie es üblich ist, versteht Cassirer unter *Naturrecht* ein »Quellgebiet, aus dem die positiven Rechtssätze letztlich entsprungen« seien wie auch die Idee des Rechts überhaupt. Daran knüpft er die Erwägung, die »Spontaneität des Geistes« als eigentlichen Ursprung für die Entstehung der Idee des Rechts in Anspruch zu nehmen. Das scheint mir ein nur wenig klarer Gedanke zu sein. Eher ist so etwas wie ein Appell daran zu glauben, die menschliche Vernunft sei eine notwendige Bedingung für die Entstehung und weitere Entwicklung des Naturrechts. Wie immer diskutierte Cassirer verschiedene Staatskonzepte aus der europäischen Geistesgeschichte. GROTIUS z.B. habe behauptet, dass die Gesetze des positiven Rechts nur im Naturrecht als einem »prinzipiell-überstaatlichen und vorstaatlichen Recht gegründet werden« könnten, während sein Nachfolger PUFENDORF unterstrichen habe, dass die konkrete Verwirklichung des Rechts

> »nicht anderes als im Staat und durch ihn möglich ist. Der Staat wächst über den bloßen Machtsstaat hinaus, er wird zum Vernunftstaat, indem er die Forderungen des Naturrechts in sich aufnimmt und sie, als Repräsentant des vernünftig-geselligen Lebens, dem Einzelnen als Befehle entgegenhält.«[97]

Die politische Philosophie von ROUSSEAU las Cassirer als eine Deklaration der absoluten »Machtvollkommen-heit« des Staates. Doch

---

[96] Ebd. 3.
[97] Vgl. hierzu: WOLF 1927, 82 ff.

Condorcet habe in seinem *Essai sur les Assemblées nationales* darauf aufmerksam gemacht, dass die amerikanische *Bill of Rights* die Verbreitung der Idee der Menschenrechte in Europa ermöglichte. Cassirer resümierte:

> »Der Kampf um die politische und um die religiöse Freiheit fällt in der Tat im 18. Jahrhundert im Wesentlichen mit bestimmten naturrechtlichen Forderungen zusammen.«[98]

So war die Idee des Naturrechts in 17. und 18. Jahrhundert keinesfalls eine bloß abstrakte Theorie, wie Cassirer, auf Kants Gedanken zu einem »allgemeinen Völkerstaat« verweisend, betonte. Darüber hinaus reagierte der Vortragende aber auch auf damals aktuelle politische Diskussionen: So streifte er das Thema der so genannten »wohlerworbenen Rechte«, die im »Zeitalter der Notverordnungen [1932] wieder besonders heiß umstritten« und ein Gegenstand der »öffentlichen Diskussion« in Deutschland waren:

> »Ich gestehe, dass ich, als mir hier diese Frage zuerst begegnete, überrascht und erstaunt war, mitten in den Kämpfen der Gegenwart einem Thema gegenüberzustehen, dessen Abstammung aus dem naturrechtlichen Gedankenkreis unverkennbar ist. Denn für das Naturrecht lag hier in der Tat eine wahrhafte Kernfrage, ja die eigentliche Lebensfrage vor. Das Naturrecht setzt mit einer *Kritik des Machtstaatsgedankens* ein«.[99]

Schon im Jahre 1932 — also lange vor seinem einschlägigen Hauptwerk *The Myth of the State* — erörterte Cassirer Fragen, die in ihren Konsequenzen auch die Einschätzung des totalitären Staates betrafen. Er tat das zwar nicht so stark und intensiv wie manche seiner Zeitgenossen,[100] aber er war ja auch kein gelernter politischer Philosoph, geschweige denn ein Politologe im modernen Sinne des Wortes.

Absolutistische Staatstheorien hatten alle Beschränkungen der staatlichen »Oberhoheit« für nichtig erklärt. Im Lichte solcher Theorien existierten Rechte nur »*durch* den Staat und *kraft* seiner«.

---

[98] Cassirer 1932, 18.
[99] Cassirer 1932, 21 (meine Hvh).
[100] Wie z.B. Schmitt, Jünger, Fortshoff u.a.

Ein Recht gegen den Staat ist unter dieser Prämisse prinzipiell nicht denkbar: »Dem [absolutistisch konzipierten] Souverän gegenüber kann es keine ›*jura quaesita*‹ geben« — im Widerspruch zum Grundgedanken des Naturrechts, dass der Staat gerade nicht nur der »Inbegriff von Machtmitteln und von physischen Zwangsmitteln« ist, sondern eher ein ideales Wesen.[101]

Cassirer schnitt in seinem Vortrag auch einige damals aktuelle juristische Spezialfragen mit Bezug auf die Freiheitsidee an. Der allgemeinen Idee des Rechts und dem Prinzip der unveräußerlichen Rechte widmete er sich ausführlicher erst wieder in seinem Buch über *Die Philosophie der Aufklärung*, wo diese Thematik das ganze sechste Kapitel (»Recht, Staat und Gesellschaft«) füllt.

3.7 »DIE PHILOSOPHIE DER AUFKLÄRUNG« (1932)

Die Philosophie der Aufklärung war das letzte Buch, das Cassirer selbst in Deutschland veröffentlicht hat. Im November 1932 bei Mohr-Siebeck in Tübingen erschienen, brachte die *Neue Zürcher Zeitung* vom 18. Februar 1933 eine der ersten Rezensionen, direkt neben einem Leitartikel zur Politik in Deutschland, das sich kurz nach der so genannten Machtergreifung anschickte nationalsozialistisch zu werden.[102] Die Rezension trug die Überschrift »Apologie der Aufklärung«, und sie notierte tadelnd, eine solche Studie über die Philosophie der Aufklärung sei keine »neutrale« wissenschaftliche Untersuchung mehr, weil sie ein »kulturpolitisch brisantes Thema« zum Gegenstand habe. Dem Rezensenten schien eine Anknüpfung an die Aufklärung, wie Cassirer sie in diesem Buch vorgestellt hatte, Beispiel eines Denkens zu sein, welches »das sittliche Fundament unserer abendländischen Kultur untergraben und den modernen Menschen zu einem geschichts- und überzeugungslosen

---

[101] CASSIRER 1932, 21 f.
[102] Vgl. HARTUNG 1998, VII.

Wesen gemacht« habe,[103] und Cassirers Attacken gegen die wohl-
feile Kritik an der Aufklärung wehrte er kurz und bündig so ab:

> »Es ist leicht zu erkennen, dass sich in diesen Angriffen Teile der philo-
> sophischen Haltung der Gegenwart ausdrücken. Nicht eben vorteil-
> haft«.[104]

Das politisch-soziale Klima in Deutschland hatte, wie man sieht,
den »akademischen Kulturphilosophen« Cassirer dazu gebracht,
durch Beiträge zu seinem ureigensten Fachgebiet auch zu politisch
kontroversen Fragen der Gegenwart Stellung zu beziehen.

In diesem nur auf den ersten Blick rein »kulturphilosophischen«
Buch ist für eine politikaffine—offenbar ganz bewusst—wie gesagt ein ganzes Kapitel gewidmet, das sechste mit der Überschrift
»Recht Staat und Gesellschaft«. Sind es in dessen 1. Abschnitt die
»Idee des Rechts und das Prinzip der unveräußerlichen Rechte«,
die im Zentrum stehen, behandelt der 2. Abschnitt den »Vertrags-
gedanken und die Methodik der Sozialwissenschaften«.

Cassirer versucht hier, die Geschichte der Entstehung und Entwicklung der Idee des Rechts in der abendländischen Philosophie
kurz zu rekonstruieren. Er beginnt mit der Platonischen Frage nach
der »Natur« des Gerechten: ob es das Gerechte »selbst« als eine
Grund- und Urgestalt gebe, auf welche alle bestimmteren Begriffe
des Rechten oder Gerechten »abzielen und der sie entsprechen«,
oder ob »schon die bloße Frage nach ihr ein Missverständnis und
eine Selbsttäuschung in sich« einschließe.[105] PLATO hat immerhin
erreicht, so jedenfalls Cassirer, dass seine Ideen »ein Moment« bilden, das in jede nachher aufgetretene und künftig noch auftreten
werdende »›Theorie‹ von Recht und Staat in irgendeiner Weise eingeht«.[106]

Cassirer orientiert seine Rekonstruktion ausschließlich an Philosophen, die das Recht in der von ihm für maßgeblich gehaltenen
»universellen Weite« behandelt haben. Den nächsten Meilenstein in

---

[103] BARTH 1933, zit. nach: HARTUNG 1998, VII ff.
[104] Ebd.
[105] CASSIRER 1998, 315 f.
[106] Ebd.

der Geschichte der Rechtsidee stellen deshalb für ihn bereits Denker des 17. und 18. Jahrhundert wie Hugo GROTIUS und LEIBNIZ dar. Beide erörterten das Recht als einen Gegenstand der Vernunft in einem Atemzug mit der Mathematik — anders übrigens als Plato, der die Idee des Rechts aus der »Wechselbeziehung von Logik und Ethik« entstanden gedacht haben soll. Diese Orientierung an der Mathematik bei der Begründung jeder Art von wissenschaftlicher Erkenntnis, auch derjenigen, die mittlerweile den Geisteswissenschaften zugerechnet werde, sei ein »typischer Zug« des 17. Jahrhunderts, meint Cassirer:

> »Überall bildet hier die Mathematik das Medium und das geistige Instrument für die Wiederherstellung der platonischen ›Idee‹«.[107]

Gerade das könnte eine Gefahr für die Rechtswissenschaften sein: Durch eine »Idealisierung« dieses Typs »verschwindet« womöglich die Verbindung des Rechts mit der Realität, und das kann für die Jurisprudenz oder Rechtswissenschaft als eine eher empirische Disziplin durchaus ein Nachteil sein. Leibniz selbst hätte dieses Bedenken gut verstanden. Er glaubte allerdings, dass die Rechtswissenschaft »nicht von Erfahrungen, sondern von Definitionen, nicht von Tatsachen, sondern von streng logischen Beweisen« abhängen soll und in diesem Sinn stand für ihn das Recht der »reinen Arithmetik« gleich.[108]

Cassirer glaubte, diese Tendenz zu einer »Mathematisierung« der Rechts habe sich im Laufe der europäischen Geistesgeschichte weiter vertieft, weil nur auf diesem Wege eine Befreiung von Zufällig- und Äußerlichkeiten möglich war, damit eine wirkliche Systematik des Rechts entstehen konnte. Für ein weiteres wichtiges Moment in der Entwicklung der Rechtswissenschaft hielt er den »Kampf« des Rechts einerseits gegen theologische Dogmen und andererseits gegen den Staatsabsolutismus:

> »Der Kampf um die Begründung des modernen Naturrechts vollzieht sich in dieser doppelten Frontstellung. Er muss ebenso wohl gegen

---

[107] Ebd. 317.
[108] CASSIRER 1998.

die theokratische Grundauffassung, gegen die Herleitung des Rechts aus einem schlechthin-irrationalen, der menschlichen Vernunft unzugänglichen und undurchdringlichen göttlichen Willen, wie gegen den ›Leviathan Staat‹ durchgeführt werden«.[109]

Natürlich hat hier die religiöse Dogmatik nicht nur eine negative Rolle gespielt: Sie hat u. a. auch zur Rationalisierung der Theorie des Staates beigetragen, aber im weiteren Verlauf der Entwicklung der menschlichen Gesellschaft und der (später so genannten) Geisteswissenschaften wurde sie allmählich zu einem Hemmnis des Fortschritts. So verteidigte z. B. ERASMUS von Rotterdam das Freiheitsideal des Humanismus gegen die religiöse Dogmatik, gegen die Idee von der »Unfreiheit des Willens«. Cassirer macht hier darauf aufmerksam, dass zwar beide Tendenzen, der theologische Dogmatismus und der Staatabsolutismus, ein Naturrecht verfochten haben, mit dem letzteren jedoch neues Verständnis ins Spiel gebracht worden sei: Natürlich sei ein Recht, das »aller menschlichen und göttlichen Gewalt vorangeht«. Der Inhalt des Rechtsbegriffs habe seinen Grund dann nicht mehr in der »bloßen Macht- und Willenssphäre«, sondern in der Sphäre der »reinen Vernunft«.[110] Und die religiösen Gebote sollen dabei die Idee des Rechts nicht ersetzen, sondern die auf dieser Basis errichtete neue Staatstheorie nur »unterstützen«.

So proklamierte DIDEROT die Überlegenheit des »natürlichen« Rechts und der natürlichen Sittlichkeit gegenüber theologischen Dogmen, wodurch er die neue Idee des Naturrechts wesentlich »in der Art ihrer Wirksamkeit« begründet habe. In Frankreich war auch VOLTAIRE Verfechter der korrespondierenden Freiheitsidee. Für ihn bedeutete »frei sein« nicht »Wollenkönnen«, was man will, sondern »Tunkönnen«, was man will. Einen Willen ohne ein kausal zureichendes Motiv hielt er für »absurd, da er aus der Naturordnung herausfallen und sie zerstören würde«. Also schloss das »Frei sein« für VOLTAIRE ein, »die Rechte des Menschen [zu]

---

[109] Ebd. 319.
[110] CASSIRER 1998, 321.

kennen; denn kennt man sie einmal, so verteidigt man sie von selbst«.[111] Diese Version der Freiheitsidee bezeichnete Cassirer als die »Eroberung und die Sicherung der echten Denkfreiheit« und sie habe die ganze Philosophie des 18. Jahrhunderts geprägt. Daraus zog er das Resümee, dass

> »die geistige Gesamtbewegung der Aufklärungszeit […] noch einmal [zeigt], wie sehr der Zusammenhang zwischen ›Theorie‹ und ›Praxis‹ den führenden Geistern der französischen Revolution bewusst gewesen und geblieben ist. Für sie trennen sich Denken und Tun nirgends«.[112]

Es folgt außerdem als ein wesentlicher Zug der Philosophie dieser Epoche der Aufklärung, dass die Sozialphilosophie zum selbstverständlichen Bestandteil des gesamtphilosophischen Diskurses wird:

> »Die Lehre vom Staat bleibt nur insofern innerhalb der Philosophie, als sie sich völlig ihrer universellen Methode einfügt; sie kann und sie will nichts anderes sein als eine Anwendung dieser Methode auf einen besonderen Gegenstand«.[113]

Betrachtet man nun den ursprünglichen Zustand der menschlichen Gesellschaft, in dem jeder nur seine eigene Interesse verfolgt, so kommt für die politische Theorie die Frage auf: Wie kann aus diesem chaotischen Zustand der Vereinzelung und Isolierung dennoch eine »Verbindung« entstehen? Wie entwickelt sich überhaupt aus einem Naturzustand der primitiven archaischen Gemeinschaft ein zivilisierter Rechtsstaat? Cassirer spielt dabei auf HOBBES' politische Philosophie an, für den Herrschaft und, komplementär dazu, Unterwerfung die einzigen Kräfte waren, die das Chaos der verschiedenen egoistischen Interessen und Wünsche zu einem mehr oder weniger harmonischen System bringen und diese Konstellation, das schon politisch organisierte System, stabil erhalten konnten:

---

[111] Ebd. 336 f.
[112] Ebd. 338 f.
[113] CASSIRER 1998, 341.

»Der Sozialvertrag kann demnach für Hobbes nicht anderes als ein reiner Unterwerfungsvertrag sein.«[114]

Jede noch so geringfügig erscheinende Abschwächung der Unterwerfung wäre Hobbes' Theorie nach die Rückkehr zum vorpolitischen Zustand, d.h. zum archaisch-anarchischen Chaos des *bellum omnium contra omnes*. Dieser Argumentationsstrategie wegen sieht Cassirer bei Hobbes einige Anzeigen für einen politischen Radikalismus:

> »Erst durch die Dynamik der Herrschergewalt wird das staatliche Ganze gesetzt und begründet, und nur durch ihr unbeschränktes Walten kann es zusammengehalten werden. Der Staatsvertrag als Unterwerfungsvertrag ist daher der erste Schritt, der vom ›*status naturalis*‹ zum ›*status civilis*‹ hinführt; und er bleibt die *conditio sine qua non* für die Erhaltung und den Fortbestand dieses letzteren«.[115]

Ganz anders hatte diese Problematik noch Grotius verstanden: Er meinte, dass der Mensch eine besondere innere Fähigkeit habe, dass er schon auf einer instinktiven Ebene zum »reinen Gedanken des Rechts« und der »rechtlichen Verbindlichkeit« kommen könne, diese Fähigkeit sei überhaupt ein »Privileg« des Menschen. Gerade dieser Rechts-»Instinkt« bilde ein Fundament für jede »spezifisch-menschliche« Gemeinschaft; er sei außerdem nicht bloß etwas Zufälliges, sondern eine echte »Wesenbestimmung« des Menschen. Konsequenterweise sah Grotius – im Gegensatz zu Hobbes – den Staat nicht als »bloße[n] Inbegriff« der »Machtmittel« oder »physischen Zwangsmittel« eines Herrschers oder einer bestimmten Gruppe der politischen Elite.

Auch Rousseau stellte sich kritisch gegen Hobbes' Theorie des Staates. Der »physisch-zwingende« Bestandteil des Staates werde von ihm immer als integrierende Kraft bei der Bildung des Rechtsstaates gedacht und daneben habe das »inhaltlich-verpflichtende« Bewusstsein des Volkers eine zentrale Funktion:

---

[114] Ebd. 343.
[115] Ebd. 344.

»Aus diesem Zusammenhang heraus ergibt sich die strikte Korrelation, die für Rousseau zwischen dem echten Begriff der Freiheit und dem echten Begriff des Gesetzes besteht. Freiheit besagt die Bindung an ein strenges und unverbrüchliches Gesetz, das jedes Individuum über sich selbst aufrichtet«.[116]

Erst ein solches bewusstes Verständnis seiner Freiheit als einer bestimmten Pflicht gegenüber anderen Menschen konstituiere die »Autonomie« der Persönlichkeit. Erst durch diese innere Fähigkeit, durch sein moralisches Bewusstsein, sei der Mensch für ROUSSEAU ein echtes »geistiges Wesen«, das aus der Welt der Tiere herausgehoben sei. Wegen der zentralen Rolle, die Moral und Ethik in Rousseaus Bestimmung des Menschen einnehmen, sah Cassirer den *Contrat social* Ideen als einen Vorläufer und eine Berufungsinstanz für KANT und FICHTE:

»Er [Rousseau] will in seinem Gesellschafts- und Staatsideal so wenig der Willkür des Individuums Raum schaffen, dass er in ihr vielmehr die Sünde gegen den eigentlichen Geist aller menschlichen Gemeinschaft sieht«.[117]

Zugleich muss aber das Gesetz als Garant der individuellen Freiheit dienen, wie Cassirer hervorhebt. Seiner wissenschaftlichen »Neutralität« zum Trotz weist Cassirer mit Bezug auf Rousseaus *Contrat social* auch au Gefahren hin, die drohen, sobald die Gesetze in einem Staat nicht mehr beachtet werden:

»Wo die bloße Macht herrscht, wo ein einzelner oder eine Gruppe von einzelnen regiert und ihre Befehle der Gesamtheit aufnötigen – da ist freilich erforderlich, da ist es notwendig und sinnvoll, dieser usurpierten Gewalt feste Schranken zu setzen. Denn jede derartige Gewalt ist als solche der Gefahr des Missbrauchs ausgesetzt, und ihr muss nach Möglichkeit vorgebeugt werden. Freilich bleiben alle derartigen prinzipiellen Vorbeugungsmaßnahmen im Grunde faktisch-unwirksam; denn wenn der *Wille* zur Gesetzlichkeit als solcher fehlt, so können noch sorgsam ausgedachte ›Fundamentalgesetze‹, auf die man den Herrscher zu verpflichten sucht, nicht verhindern, dass er

---

[116] Ebd. 349 f.
[117] Ebd. 351.

sie in *seinem* Sinne interpretiert und sie nach *seinem* Gefallen handhabt«.[118] Diese Stelle ist ein besonders deutlicher Hinweis auf die Umstände, unter denen Cassirer seine *Philosophie der Aufklärung* schrieb, nämlich auf die politisch-soziale Situation im Deutschland des letzten Jahres vor Hitler, die ihm ganz und gar nicht gleichgültig sein konnte und auch nicht war.

Wohlmeinende Intellektuellen verschiedener Lager haben die Existenz und Praxis totalitärer Systeme wie zu Cassirers Zeit in Russland, Italien oder Deutschland oft beschwichtigend kommentiert und sich auf die Möglichkeit einer »konstruktiven«, »sinnvollen« oder sogar »guten« Diktatur berufen. Derartigen Vorstellungen erteilt Cassirer eine vorbehaltlose Absage:

> »Es ist vergeblich, das bloße Quantum der Macht zu beschränken, wenn man nicht ihr ›*Quale*‹, d.h. ihren Ursprung und ihren Rechtsgrund verändert«.[119]

Dieses Thema ist aktuell geblieben, auch nach dem Zerfall der größten totalitären Systeme der Vergangenheit und dem Verschwinden der zwischen Kapitalismus (USA) und Sozialismus (UdSSR) geteilten bipolaren Welt. Überraschenderweise ist es jetzt die politische Strategie der gegenwärtigen Regierung der USA, den Gebrauch militärischer Macht für die von ihr für richtig befundenen Ziele unter Berufung auf die eigene Souveränität einzusetzen, die kritische Nachfragen in Cassirers Sinn provoziert.

Aber zurück zu Cassirers Deutung der Staatslehre Rousseaus! — Der für ihn wichtigste Zug darin ist der, dass das »gesellschaftliche Dasein« als »solches« thematisiert wird: »als Selbstzweck und als selbstverständlicher Zweck«.[120] Das sei der entscheidende Unterschied zu allen vorherigen Rechtstheorien, die eher auf empirischen Überlegungen gegründet worden seien. Es sei auch ein Streitpunkt zwischen Rousseau und Enzyklopädisten, der zu der

---

[118] Ebd. 352 f.
[119] Ebd.
[120] Ebd. 357 f.

alten Frage zurückführe, ob es einen Fortschritt der Sitten, der geistigen Kultur und der sozialen Ordnung im Laufe der menschlichen Geschichte gegeben und der Fortschritt der »Wissenschaft und Künste zur Veredelung der Sitten beigetragen habe«?[121]

Cassirer konstatiert, dass das »Reich des Wollens« sich hier vom »Reich des Wissens« trennt, und zwar »nach ihren Zielen wie nach ihren Wegen«. Die Aufgabe der Sozialphilosophie bestehe darin, die Mächte der Gesellschaft »sichtbar« zu machen, »von denen sie bewegt wurde und durch die sie nach wie vor beherrscht wird«:

> »der Prozess der Gesellschafts*bildung* soll vor uns hingestellt werden, weil nur dadurch das Geheimnis ihrer *Struktur* aufgedeckt werden kann; weil die Kräfte, die die Gesellschaft im Innersten zusammenhalten, nur in ihrem Wirken sichtbar gemacht werden können.«[122]

Das Wissen soll der »Ordnung des Lebens« dienen, und in der menschlichen Gesellschaft soll die »sichere und klare Gestaltung der Willenswelt dem Aufbau der Welt des Wissens vorangehen«. Geistige Freiheit »fruchtet dem Menschen nichts ohne die sittliche«, und das heißt für Cassirer: Wenn alle Willkür beseitigt ist, wird diese »allein der inneren Notwendigkeit des Gesetzes zum Siege« verhelfen.[123] So jedenfalls schätzt Cassirer ROUSSEAUS Beitrag zur modernen politischen Philosophie ein. Rationalismus und Optimismus seien die wichtigsten Momente dieser Theorie, die auch in Deutschland ihre Wirkung auf z.B. LESSINGS und KANTS Denken hatte.

3.8 *AXEL HÄGERSTRÖM* : »EINE STUDIE ZUR SCHWEDISCHEN PHILOSOPHIE DER GEGENWART« (1939)

Bekanntlich war Cassirer 1935–1941 im Exil in Schweden. Er wurde auf eine Professur für Philosophie an der Högskola in Göteborg berufen.[124] In dieser Eigenschaft verfasste eine »Studie zur schwedischen Philosophie der Gegenwart«, die dem Werk des sonst

---

[121] Ebd. 362 f.
[122] Ebd.
[123] Ebd. 366 f.
[124] Vgl. PAETZOLD 1995, 157 ff.

kaum bekannten Axel HÄGERSTRÖM gewidmet war. Diese *Häger-ström*-Monographie wurde 1939 lediglich einmal veröffentlicht, und sie ist heute nur wenig bekannt. Für mein Thema ist diese Arbeit insofern von Belang, als Cassirer im 4. Kapitel des Buches, unter der Überschrift »Recht und Mythos«, den Fragenkreis zum Verhältnis von Recht, Staat und Mythos zueinander behandelt, der später in *The Myth of the State* eine ausführliche Darstellung findet.

Schon am Anfang dieses Kapitels bezieht sich Cassirer auf seine frühere kultur-philosophische Arbeiten, vor allem auf die *Philosophie der symbolischen Formen*:

> »Ich habe im zweiten Band meiner *Philosophie der symbolischen Formen* die allgemeine Struktur des *mythischen Bewusstseins* aufzuhellen und im einzelnen zu analysieren gesucht [...] Ich bin von der Anschauung ausgegangen, dass für jede kritische Grundlegung der *Kultur-philosophie* der Einblick in das Wesen und die Form des Mythos unentbehrlich ist, weil der Mythos sozusagen die Urschicht alles Bewusstseins und der tragende Grund für alle seine Leistungen ist«.[125]

Als symbolische Formen des Universums der Kultur bezeichnet Cassirer die Sprache, die Kunst, die Religion, die theoretische Erkenntnis und auch das Recht.[126] Diese symbolischen Formen sind alle miteinander verbunden, und sie »quellen aus dem Mythos hervor und bleiben lange Zeit hindurch gleichsam in ihm einge-

---

[125] CASSIRER 1939, 84 f.
[126] Während in der *Philosophie der symbolischen Formen* das Recht nicht als eine eigene symbolische Form gewürdigt wird, heißt es in »Sprache und Mythos« (CASSIRER 1925, 37 f.): »Alle symbolische Formen treten nicht sogleich als gesonderte, für sich erkennbare Gestaltungen hervor, sondern sie lösen sich erst ganz allmählich von dem gemeinsamen Mutterboden des Mythos los. Alle Inhalte des Geistes, so sehr wir ihnen systematisch ein eigenes Gebiet zuweisen und ihnen ein eigenes autonomes ›Prinzip‹ zugrunde legen müssen, sind uns rein tatsächlich zunächst nur in dieser Verflechtung gegeben. Das theoretische, das praktische und das ästhetische Bewusstsein, die Welt der Sprache und der Erkenntnis, der Kunst, des Rechts und der Sittlichkeit, die Grundformen der Gemeinschaft und die des Staates: Sie alle sind ursprünglich noch wie gebunden im mythisch-religiösen Bewusstsein«.

sponnen«.[127] Der Mythos spielt eine Hauptrolle, vielleicht sogar die tragende Rolle in Cassirers Philosophie. Gleichgültig ob es sich um die Kulturphilosophie oder um die politische Philosophie handelt, auf den Mythos kommt Cassirer unweigerlich zu sprechen. Der größte Teil dieses Kapitel gilt Hägerströms Verständnis des Verhältnisses zwischen Recht und Mythos. Cassirer folgt Hägerströms Beschreibung der Entstehung und Entwicklung der Idee des Rechts in der menschlichen Geschichte. Die Rationalisierung des menschlichen Bewusstseins und die Hervorbringung eines theoretischen Wissens haben die Rahmenbedingungen für die Entstehung der Rechtswissenschaften geschaffen. Als »Produkt« und zugleich als »Instrument« des abstraktes Denkens ist die Sprache mit dem Gedanken des Rechts unmittelbar verflochten. Ich will hier nicht jede Einzelheit der Cassirerschen Hägerström-Interpretation darstellen; wichtig ist nur die Tatsache, dass diese Arbeit auch eine Art Vorstudie zu *The Myth of the State* war.

Probleme der politischen Philosophie sind für Cassirer, wie wir gesehen haben, seit dem Ersten Weltkrieg immer ein Thema gewesen. Aber er hat diese Probleme nie rein »politologisch«, d.h. niemals so behandelt, wie es heute in der Politikwissenschaft üblich ist. Cassirer erörterte diese Probleme stets auf seine ganz eigene Art: immer im Zusammenhang mit dem übergreifenden Fragestellungen seiner Kulturphilosophie, seiner philosophischen Anthropologie, seiner Symboltheorie und seiner Theorie des Mythos. Politische Alternativen sieht Cassirer immer verwoben mit dem gesamten Kontext der europäischen Geistesgeschichte. Diese Art und Weise, Gegenstände des politischen Diskurses zu behandeln, ist einerseits durchaus von Vorteil und etwas, das die Originalität seiner politischen Philosophie ausmacht. Zugleich ist sie aber auch ein »Nachteil«: Seinen geistesgeschichtlichen Perspektivierungen fehlt oft die »empirische Dimension«, eine direkte Verbindung mit den in der Gesellschaft artikulierten Bedürfnissen und Ansprüchen. Ihr fehlt deshalb die Anschlussfähigkeit im Hinblick auf die Politologie.

---

[127] CASSIRER 1939, 85.

Nach dieser Skizze von Cassirers früheren und kleineren Schriften zur politischen Philosophie wende ich mich jetzt seiner zentralen sozial-philosophischen Arbeit *The Myth of the State* zu.

4. Kapitel

The Myth of the State: Eine Analyse
des Totalitarismus als Zeugnis eines Betroffenen

4.1 EINLEITUNG

Im Zentrum von Cassirers politischer Philosophie steht sein letztes größeres Werk *The Myth of the State*, das, 1944 konzipiert, erst im Jahr 1946 *postum* veröffentlicht wurde. Cassirers Deutung des Totalitarismus, die er im Exil erarbeitet hatte, steht in einer Reihe mit Helmut PLESSNERS *Die verspätete Nation* (1935), Ernst BLOCHS *Erbschaft dieser Zeit* (1935), Max HORKHEIMERS und Theodor W. ADORNOS *Dialektik der Aufklärung* (1944) und Hannah ARENDTS *Elemente und Ursprünge des Totalitarismus* (1951), die als Versuche einer Analyse des Nazi-Regimes allesamt zugleich auch die Reaktionen von Deutschen artikulierten, die von diesem Regime persönlich betroffen waren. Der Historiker WINKLER bemerkt dazu in seinem Buch *Der lange Weg nach Westen* das Folgende:

> »Der deutsche Philosoph Ernst Cassirer, der im April 1945, wenige Wochen vor Kriegsende, im amerikanischen Exil starb, deutete in seiner letzten Schrift *Der Mythus der Staates* Hitlers politische Karriere als Triumph des Mythos über die Vernunft und diesen Triumph als Folge einer tiefen Krise«.[1]

Das Buch bietet eine »ideengeschichtliche Deutung des Nationalsozialismus« und wurde »in rascher Folge« ins Spanische (1947), ins Schwedische (1948), ins Deutsche (1949), ins Italienische (1950), ins Portugiesische, ins Koreanische und ins Japanische (1957) übersetzt.[2] Es ist in drei Teile gegliedert, die wie folgt überschrieben sind:

---

[1] WINKLER 2000, Bd. 2, 115.
[2] Vgl. PAETZOLD 1995, 212 f.

- *Was ist Mythus?*,
- *Der Kampf gegen den Mythus in der Geschichte der politischen Theorie*,
- *Der Mythus des zwanzigsten Jahrhunderts.*

Sie alle beziehen sich auf seine früheren Schriften. Der 1. Teil, »Was ist der Mythus?«, behandelt folgende Themen: Die Struktur des mythischen Denkens, Mythos und Sprache, Mythos und die Psychologie der Affekte, die Funktion des Mythos im sozialen Leben des Menschen. Dieser Teil bezieht sich vor allem auf den 2. Band der *Philosophie der symbolischen Formen* (1925), der dem »mythischen Denken« gewidmet war, *Sprache und Mythos* (1925), »Die Begriffsform im mythischen Denken« (1922), »Mythischer, ästhetischer und theoretischer Raum« (1931) sowie andere kleinere Schriften. – Der II. Teil beschreibt die

> »Hauptlinien politischer Theorien vom frühen Griechentum bis in unsere Gegenwart, die aus den modernen Mythenbildungen folgenden meist ungeistigen, immer aber Verrat und Umsturz intendierenden Praktiken, die die menschliche Kultur an den Rand ihrer völligen Zerstörung bringen«.[3]

Hier stützt Cassirer sich auf seine Arbeiten, die oben im 2. Kapitel dargestellt sind, vor allem auf *Freiheit und Form* (1916) und *Die Philosophie der Aufklärung* (1932) mit ihren ideengeschichtlichen Rekonstruktion der Staatslehre in der europäischen Philosophie.

Der dritte und letzte Teil von *The Myth of the State* bezieht sich teils auf *Freiheit und Form* sowie (in dem Abschnitt, der Hegels Staatstheorie behandelt) auf *Die Philosophie der Aufklärung*, teils auf Cassirers Symboltheorie, seine Theorie der Pathologie des Symbolbewusstseins im III. Band der *Philosophie der symbolischen Formen* und auf die philosophische Anthropologie im *Essay on Man* (1944). Dieser Teil enthält seine eigentlich originelle Deutung des Totalitarismus, und er steht politologischen Totalitarismus-Konzepten noch relativ nahe.

---

[3] Gawronsky 1966, 24.

Cassirers Deutung des Totalitarismus stützt sich auf zwei Begriffe, die auch in seiner übrigen Philosophie besonders wichtig sind, nämlich auf den Funktions- und den Symbolbegriff. Schon die erste systematische Schrift Cassirers, *Substanzbegriff und Funktionsbegriff* (1910), stellte eine detaillierte Analyse des Funktionsbegriffs vor, und zwar nicht nur in der Erkenntnistheorie, sondern auch auf dem Gebiet der Geisteswissenschaften.

Cassirer spricht über das »*funktionale Wahrheitsideal*«, welches verlangt, dass man etwas nur bestimmen kann, wenn man es in einer bestimmter Beziehung mit anderen Sachen betrachtet und eine Regel findet, die in fortgesetzter Anwendung alle Glieder des Komplexes erzeugt. Cassirers Funktionsbegriff spielt praktisch in allen seinen Werken eine wichtige Rolle. Auch in seinem späteren Buch *An Essay on Man* 1944 gibt Cassirer eine funktionelle Definition von dem Wesen des Menschen: Er meint, dass man das Wesen des Menschen nur durch seine Tätigkeit verstehen kann, und die Besonderheit der menschlichen Tätigkeit besteht darin, dass der Mensch die Symbole produziert und so das symbolische Universum der Kultur schafft – im Unterschied zu den Tieren, die nur die Signale nutzen und keine Symbole.

Der zweite wichtige Begriff in Cassirers Philosophie ist der Symbolbegriff. Diesen Begriff betrachtet er besonders ausführlich in der dreibändigen *Philosophie der symbolischen Formen* (1923-29), die heute weltweit als ein klassisches Werk der Philosophie gilt. In dieser Schrift wird neben Sprache und Erkenntnis auch der Mythos erörtert. Dieser steht daher im Zentrum der Betrachtungsweise, die es Cassirer möglich machte, die menschliche Gesellschaft als ein symbolisches Universum zu sehen. Es ist deshalb, von diesem Werk her gesehen, keine Überraschung, dass Cassirer, wenn er mit dem Staat ein die Gesellschaft voraussetzendes Phänomen thematisiert, überhaupt auf den Mythos zu sprechen kommt.

Die Hauptidee, die Cassirer in *The Myth of the State* verfolgt, ist die, dass die totalitären Systeme des 20. Jahrhunderts — er zieht vor allem das deutsche Nazi-Regime in Betracht — nur aufgrund eines

vielseitigen und »äußerst wirkungsvollen Gebrauchs vom Mythischen«[4] überhaupt entstehen konnten — oder, wie Paetzold sagt:

> »Die totalitären Machthaber setzten den Mythos zu den Zwecken einer
> affektiven und mentalen Gleichschaltung der Menschen strategisch
> ein«.[5]

So beginnt Cassirer sein letztes Werk damit, dass er an seine frühere Analyse des mythischen Denkens in der menschlichen Kultur
anknüpft und jetzt der sozialen Funktion des Mythos unter den politischen Bedingungen in der Mitte des 20. Jahrhunderts besondere
Aufmerksamkeit widmet.

4.2 DER BEGRIFF DES MYTHOS ALS LEITBEGRIFF

Es ist schwer, die Bedeutung des Begriffs des Mythos in Cassirers
Philosophie zu überschätzen. Einige Forscher seiner Philosophie
meinen sogar, Cassirer sei »einer der wenigen Philosophen […], die
den Mythos überhaupt ernst nehmen« und dabei gerade keine bloß
ethnologische oder anthropologische, sondern eine »philosophische Deutung« des Mythos anstrebe.[6] Die ausführlichste Analyse
des Mythos bietet, wie gesagt, der II. Band der *Philosophie der symbolischen Formen*. Sie findet ihre direkte Fortsetzung in Cassirers
Totalitarismus-Deutung.

Cassirer beginnt *The Myth of the State* mit der folgenden Problemstellung:

> «In den letzten dreißig Jahren, in der Periode zwischen dem ersten
> und dem zweiten Weltkrieg, sind wir nicht nur durch eine ernste Krise
> unseres politischen uns sozialen Lebens gegangen, sondern wir wur-
> den auch vor neue theoretische Probleme gestellt. Wir erleben einen
> radikalen Wechsel in den Formen politischen Denkens. […] Proble-
> me, die den politischen Denkern des achtzehnten und neunzehnten
> Jahrhunderts unbekannt gewesen waren, traten plötzlich hervor. Viel-
> leicht der wichtigste und beunruhigendste Zug in dieser Entwicklung

---

4   Paetzold 1993, 10.
5   Ebd.
6   Graeser 1994, 64.

des modernen politischen Denkens ist das Zutagetreten einer neuen Macht: der Macht des mythischen Denkens. Das Übergewicht mythischen Denkens über rationales Denken in einigen unserer modernen politischen Systeme ist augenfällig. Nach einem kurzen und heftigen Kampf schien das mythische Denken einen klaren und endgültigen Sieg zu gewinnen.«[7]

In diesem Zusammenhang vergleicht Cassirer den Anspruch der in der modernen Welt dominierenden Naturwissenschaften mit dem aktuellen Zustand des Bereichs, der traditionell Gegenstand der Geistes- bzw. Politikwissenschaften ist: Während in den Naturwissenschaften rationale Methoden wie selbstverständlich zum Einsatz kämen, sei im »praktischen« und »sozialen« Leben etwa des nationalsozialistischen Deutschland zu beobachten, wie das rationale Denken vor seinem »gefährlichsten Feind«, dem mythischen Denken, kapituliere. Um dieses paradox anmutende Phänomen zu erklären, versucht Cassirer, zunächst eine Antwort auf die Frage zu finden, was Mythos bedeutet:

»Wir müssen wissen, was Mythus *ist*, bevor wir erklären können, wie er *wirkt*«.[8]

Historisch gesehen, meint Cassirer, habe es keine große Kultur gegeben, die nicht von mythischen Elementen »beherrscht und durchtränkt« gewesen wäre, und er skizziert, wie Kulturhistoriker und Anthropologen die Erscheinung des Mythos gemeinhin interpretieren. Er kritisiert dabei naturalistische und psychologische Deutungen der Entwicklung des menschlichen Bewusstseins: Nicht nur empirische Erscheinungen seien wichtig, vielmehr komme es für das Verständnis der Entwicklung des menschlichen Bewusstseins und der »klassifizierenden« Funktion des menschlichen Gehirns auch auf *logische* Strukturen an. Für die Menschen sei es immer bedeutsam gewesen, »in einem geordneten Universum zu leben und den chaotischen Zustand zu überwinden«.[9] So komme der Sprache in der menschlichen Zivilisation eine zentrale Rolle zu, und Cassirer

---

[7] CASSIRER 1949, 7.
[8] CASSIRER 1994, 8.
[9] Ebd. 24.

betont, wie eng der Mythos (nicht nur etymologisch) mit der Sprache verbunden war — mit der Sprache, d.h. natürlich auch mit der
Dichtung, also der Kunst und sogar mit der Wissenschaft:

> »Alchimie ging der Chemie voraus, Astrologie der Astronomie«.[10]

Um den Mythos besser verstehen zu können, müsse man, so Cassi-
rer, mit dem Studium der Riten beginnen. In Riten spiele aber die
Hauptrolle nicht rationales Denken, sondern vielmehr Affekte und
Emotionen:

> »Mythus ist das *epische* Element im primitiven religiösen Leben; Ritus
> ist das *dramatische* Element. Wir müssen mit dem Studium des letz-
> teren beginnen, um das erstere zu verstehen«.[11]

Die Riten erklären, was vorhanden ist, und deshalb fügen sie dem
»Tataspekt« des religiösen Lebens einen gleichsam »theoretischen«
Aspekt hinzu. Sogar die Psychoanalyse könne helfen, den Mythos
besser zu verstehen, glaubte Cassirer, jedenfalls die psychoanalyti-
sche Methode der Beobachtung und Beschreibung. Um Erscheinungen analysieren zu können, müsse man die Zustände von Dingen erst einmal beschreiben, ordnen und klassifizieren.

Außerdem sieht Cassirer im Mythos eine »symbolische Form«
neben Kunst oder Sprache, und er stellt klar, dass

> »was wir zu wissen wünschen, nicht bloß der Stoff des Mythus [ist]; es
> ist eher seine Funktion im sozialen und kulturellen Leben des Men-
> schen«.[12]

Für Cassirer bilden alle Formen menschlicher Kultur eine »Einheit
in der Vielfalt«: Kunst sei eine Einheit der Intuition, Wissenschaft
eine des Denkens, Religion und Mythos solche des Fühlens. Alles
zeige uns das Gewahrwerden »der Universalität und [...] Identität
des Lebens«,[13] eine Identität von »Ich« und Universum. In archaischen Kulturen habe es keine abstrakte Identität gegeben:

---

[10] Cassirer 1994, 34.
[11] Ebd. 41.
[12] Ebd. 50.
[13] Ebd. 53.

»Es ist eine tiefe und brennende Sehnsucht der Individuen, sich selbst mit dem Leben der Gemeinschaft und mit dem Leben der Natur zu identifizieren. Diese Sehnsucht wird durch die religiösen Riten befriedigt«.[14]

Die Menschen identifizierten sich immer mit dem Leben in der Gemeinschaft und in der Natur, und die Geburt der Menschen sei immer ein mythischer Akt gewesen. Auch die Beziehungen zwischen Familienmitgliedern hätten mythische totemistische Züge getragen, d.h. in primitiven Gesellschaften sei Kausalität durch Identität ersetzt worden. Für Cassirer bedeutet der mythische Charakter der archaischen Kulturen auch, dass der Mythos eine erklärende Funktion erfüllte: Der Mythos erkläre u.a. das, was in Ritualen und Kulten geschah. Ein derart archaischer Typ des Bewusstseins spiegelt kein »kausales«, sondern ein »gefühlsmäßiges« Bild der Realität wieder:

»Was hier zählt, sind nicht die empirischen Beziehungen zwischen Ursachen und Wirkungen, sondern die Intensität und Tiefe, mit der menschliche Beziehungen gefühlt sind.«[15]

Der Mensch wurde gleichsam in den »Strom des Universalen Lebens« getaucht.

Cassirer hebt hervor, dass einige Momente des archaischen Bewusstseins bis heute erhalten geblieben sind. Die erklärende Funktion des Mythos sei »nicht verloren«, und prinzipiell sei es immer möglich, zu einem »ursprünglichen Sein« zurückzukehren – vorausgesetzt, dass der Mensch seine »Individualität opfert«.

Das wesentlichste Merkmal des Mythos besteht darin, dass er »nicht allein aus intellektuellen Prozessen entsteht; er sprosst vielmehr hervor aus tiefen menschlichen Gefühlen«.[16] Trotzdem kann der Mythos nicht als »bloßes Gefühl bezeichnet werden, weil er *Ausdruck* des Gefühls ist«; und damit klingt ein entscheidendes Motiv in Cassirers Mythos-Konzept an:

---

[14] Ebd.
[15] Ebd. 54.
[16] Ebd. 60 f.

»Der Ausdruck eines Fühlens ist nicht das Fühlen selbst — er ist Gefühl in Bild gewandelt. Diese Tatsache bedingt einen radikalen Wechsel. Was bisher dunkel und undeutlich gefühlt wurde, nimmt nun eine bestimmte Gestalt an; was ein passiver Zustand war, wird ein aktiver Prozess.«[17]

Cassirer unterscheidet weiter zwischen »natürlichen« und »symbolischen« Typen des Ausdrucks. Während Tiere nur instinktiv leben könnten, sei menschliches Bewusstsein viel »differenzierter«: So beziehen sich z.b. menschliche Gefühle auf eine »spezielle Klasse von *Gegenständen*« und haben grundsätzlich einen »symbolischen« Charakter. Menschliche Aktivitäten erfüllen nämlich alle »ein und dieselbe« Aufgabe, die der »*Objektivierung*«:

> »In der Sprache objektivieren wir unsere Sinneswahrnehmungen. Im Akt des sprachlichen Ausdrucks selbst nehmen unsere Eindrücke eine neue Form an. Sie sind keine isolierten Gegebenheiten mehr; sie geben ihren individuellen Charakter auf, sie werden unter Begriffsklassen gebracht, die durch allgemeine ›Namen‹ bezeichnet werden. Der Akt des ›Benennens‹ fügt nicht bloß einfach ein konventionelles Zeichen zu einem zurechtgemachten Ding hinzu – zu einem Gegenstand, der vorher bekannt war. Er ist eher eine Voraussetzung der Erkenntnis der Gegenstände, der Idee einer objektiven empirischen Realität.«[18]

Der Mythos »aktualisiert« undeutliche und bedrückte Gefühle und Instinkte des menschlichen Bewusstseins. Zwar baut er eine völlig fantastische Welt, er erfüllt aber auch, so Cassirer, eine »objektive Funktion«: Im Vergleich zum sprachlichen Symbolismus, der eine »Objektivation der Sinneseindrücke« ermöglicht, führt der mythische Symbolismus zu einer »Objektivation von Gefühlen«, und deswegen beginnt der Mensch allmählich die Frage über den Sinn und das Ziel seiner Tätigkeit zu stellen. In den archaischen Riten steht das menschliche Bewusstsein »unter dem Druck« sozialer Impulse. Aber wenn die Riten in Mythen »verwandelt werden«, beginnen die Menschen, gegebene Tatsachen zu interpretieren und nach einem Sinn dafür zu suchen. An die Stelle des »unbewussten«

---

[17] Ebd.
[18] Cassirer 1994, 63.

und instinktiven Lebens tritt allmählich das rationale Denken. So helfe der Mythos, das unbewusste instinktive menschliche Leben zu überwinden. Die »symbolische Ausdrücke« haben eine doppelte Wirkung: Sie können gleichzeitig binden und lösen. »Bei physischen Reaktionen werden die körperliche Bewegungen, die gewissen Gefühlen entsprechen, immer extensiver; sie bedecken ein weiteres Gebiet«, während der symbolische Ausdruck nicht »Schwächung« bedeute, sondern »Intensivierung«. Das ist nicht nur »Äußerung«, sondern »Kondensierung«:

> »In Sprache, Mythus, Kunst, Religion werden unsere Gefühle nicht nur einfach in bloße Akte umgewandelt: Sie werden in ›Werke‹ umgewandelt. Die Werke verschwinden nicht. Sie sind beharrlich und dauernd. Eine körperliche Reaktion kann uns nur eine schnelle und kurzfristige Erleichterung geben; ein symbolischer Ausdruck kann ein *monumentum aere perennius* werden.«[19]

Und noch mehr: Der Mythos wirke auch in der geistigen Entwicklung der Menschheit, meint Cassirer, weil er »eine Objektivierung der sozialen Erfahrung des Menschen«[20] ist. Er verwandelt menschliche Gefühle »in Bilder«. Diese gelten Cassirer als die Interpretationen der Realität, von denen das echte geistige Leben der Menschen seinen Anfang nimmt:

> »Im Mythus beginnt der Mensch eine neue und seltsame Kunst zu lernen, die Kunst auszudrücken, und das bedeutet, seine am tiefsten verwurzelten Instinkte, seine Hoffnungen und seine Furcht zu organisieren«.[21]

Der Mythos war lange Zeit vor der Philosophie »der erste Lehrer der Menschheit [...], der in der Kindheit des Menschengeschlechts allein imstande war«, verschiedene existenziale Probleme und Ängste — wie z.B. die Angst vor dem Tode — zu interpretieren oder zu beseitigen oder mindestens erträglicher zu machen.[22] Aber, wie es oft im Leben vorkommt, trug der Mythos in sich nicht nur positive,

---

[19] Ebd. 65.
[20] Ebd. 66.
[21] Ebd.
[22] Ebd. 68.

sondern auch negative Momente. Im Folgenden befasst sich Cassirer dann ausführlich mit dem »Kampf gegen den Mythus in der Geschichte der politischen Theorie«, wie der Titel des II. Teils in *The Myth of the State* lautet.

4.3 THEORIE DES STAATES IN DER FRÜHEN GRIECHISCHEN PHILOSOPHIE

Cassirer widmet der Erscheinung des Mythos in der Geschichte der westeuropäischen *politischen* Philosophie beachtlichen Raum: Angefangen von den frühen griechischen Philosophen bis zur Staatstheorie HEGELS. Die kontrastierende Unterscheidung zwischen *Logos* und *Mythos* geht ja auch zurück auf die griechische Antike und ihre Philosophie. Cassirer erklärt, dass »eine rationale Theorie des Staates [...] in der griechischen Philosophie ans Licht«[23] getreten sei. Die ganz alten Griechen widmeten der Untersuchung der Natur ihre besondere Aufmerksamkeit, und ihre neue Auffassung der Natur diente ihnen als Grundlage für die Analyse und Interpretation des sozialen Lebens des Menschen. Die pünktliche Beschreibung der Natur trat bei den Griechen als die rationale Alternative zum mythischen Verständnis sozialer Prozesse hervor, und PLATO unterscheidet ausdrücklich zwischen *Mythos* und *Politik*. Seine Staatstheorie besteht, Cassirer zufolge, aus drei Elementen. *Erstens* spricht Plato über die Idee der Gerechtigkeit, und dass der Staat entsprechend nicht nur auf bloße Macht gegründet werden kann; *zweitens* bedeutet die Idee der Gerechtigkeit vor allem die Verneinung der mythischen Tradition und mythischen Denkweise: Die Idee der Gerechtigkeit steht für rational begründete Gesetze anstelle des früheren »natürlichen« sozialen Zustandes. Und *drittens* schließlich ist die Idee der Gerechtigkeit an die Idee des Guten gebunden. Während des Mittelalters werden dann die Autorität heiliger Texte und das voluntaristische Moment der jüdischen Prophetie wichtiger:

---

[23] CASSIRER 1994, 70.

»Das Reich der Gerechtigkeit ist der jüdischen Tradition zufolge etwas erst noch geschichtlich und willentlich durch die Menschheit zu Realisierendes. Das mittelalterliche Staatsdenken aktiviert zudem die stoische Konzeption der Humanität, demzufolge alle Menschen im ethischen Sinne als gleich zu gelten haben.«[24]

MACHIAVELLIS Theorie des Staates ist für Cassirer der nächste wichtige Meilenstein in der Entwicklung der Philosophie der Politik. Machiavelli versucht, die Macht in der Politik zu rechtfertigen, und betrachtet dabei das Politische als ein isoliertes System, ohne wirtschaftliche und rechtliche Faktoren in Betracht zu ziehen. Diese Abstraktion des Politischen sieht Cassirer als eine intellektuelle Voraussetzung der später aufkommenden totalitären Ideologien an.[25]

4.4 DIE IDEEN DER ROMANTIK UND DIE FASCHISTISCHE IDEOLOGIE

»Die Philosophie der Aufklärung und ihre romantischen Kritiker« ist der Gegenstand des letzten Kapitels im II. Teil von *The Myth of the State*. Darin behandelt Cassirer den Einfluss der Ideen der deutschen Romantik auf Entstehung und Entwicklung der totalitären Ideologie des Faschismus in Deutschland. Obwohl es einige neuere Studien zu diesem Thema gibt,[26] ist Cassirers Beitrag dadurch nicht überholt. Da er die Problematik im Kontext der gesamteuropäischen Geschichte des philosophisch-politischen Denkens mit der für ihn typischen Gründlichkeit betrachtet, vermittelt er einen Eindruck von den Beziehungen der Romantik zu früheren und späteren politischen Theorien sowie zur Ideologie des Faschismus, den man anderswo schwerlich erhält.

---

[24] PAETZOLD 1993, 110.
[25] CASSIRER 1994, 185 f.
[26] Dazu gehören z.B. BOHRER 1961, SCHNELLER 1970, KLINGER/STÄBLEIN 1989, LESKE 1990, KOROTIN 1992, KRANZ 1994.

Cassirer charakterisiert zuerst der Zeitalter der Aufklärung als
eine Epoche, in der die politische Philosophie eine bis dahin nicht
gekannte »wichtige« und »entscheidende« Rolle erhalten habe:

> »[Die Philosophie der Politik] wurde nicht mehr als spezieller Zweig
> betrachtet, sondern war das Zentrum aller geistigen Aktivitäten. Alle
> anderen theoretischen Interessen waren auf dieses Ziel hin gerichtet
> und konzentriert.«[27]

Zwar habe diese Zeit keine prinzipiell neuen politischen Theorien
hervorgebracht, aber eine neue Intensität, mit der Fragen der Politik
diskutiert worden seien, und zwar Fragen des politischen »*Leben*[s]«, wie Cassirer ausdrücklich sagt, und nicht bloß solche zur
theoretischen »*Lehre*« der Politik. Diese Diskussionen hätten auch
Früchte getragen. Bei Rousseau und seinen Zeitgenossen bekamen
dann politische Ideen ihre »empirische« Bedeutung:

> »[Sie] wurden nicht mehr als ›abstrakte Ideen‹ betrachtet. Sie wurden
> zu Waffen für den großen politischen Kampf geschmiedet. Die Frage
> war nicht mehr, ob diese Waffen neu waren, sondern ob sie wirksam
> waren«.[28]

Cassirer sah in jener Aufklärung, die die amerikanische *Bill of
Rights* und die Französische Revolution möglich gemacht hatte,
auch die Grundlage des modernen Rechtsstaats—eine Idee Cassirers, die ich oben ausführlich rekonstruiert habe. In *The Myth of the
State* fügt er hinzu, die *Bill of Rights* und die französische Erklärung
der Menschen- und Bürgerrechte seien *nicht* »Ausdruck eines allgemeinen Volksgefühles«, sondern die Ideen der »tiefsten« Denker
der damaliger Zeit gewesen. Unter ihnen war auch Kant ein

> »glühender Bewunderer der Französischen Revolution [...]. Sein
> Glaube an den ethischen Wert der Gedanken, die in der Erklärung der
> Menschen- und Bürgerrechte ausgedrückt waren, blieb unerschüt-
> tert.«[29]

---

[27] Cassirer 1994, 231.
[28] Cassirer 1994, 232.
[29] Ebd. 233.

Cassirer bestreitet in diesem Zusammenhang die verbreitete Meinung, dass die Epoche der Aufklärung nur rein »intellektualistisch« gewesen sei. Schon der von Kant formulierte »Primat der praktischen Vernunft« zeige eine Tendenz, die strikte Unterscheidung zwischen »Spekulation« und »Leben« aufzuheben. Das durch diese Aufhebung angestrebte neue Verhältnis der Philosophie zum geistigen und politischen Leben der Gesellschaft verstand Cassirer als eine »vollständigere Harmonie« zwischen Theorie und Praxis, die der Bedingung genügt, dass »alle Handlungen [...] allgemeinen Prinzipien untergeordnet und nach theoretischen Maßstäben beurteilt« würden. Dieses Ziel gab ihm zufolge der Epoche der Aufklärung ihre besondere »Stärke« und »innere Einheit«.

Desto mehr zeigte sich Cassirer darüber verwundert, dass ein so »harmonisches« und scheinbar stabiles System von Ideen plötzlich seine Attraktivität und seine orientierende Funktion verlieren sollte:

> »Wie kam es, dass alle diese großen Errungenschaften plötzlich in Frage gestellt wurden — dass das neunzehnte Jahrhundert mit einem Angriff und offenem Widerstand gegen alle philosophischen und politischen Ideale der vorhergehenden Generation begann?«[30]

Die politischen Realien, also vor allem die Napoleonischen Kriege, der Verlust des Optimismus und des Glaubens an die politische Vernunft hätten die objektiven Voraussetzungen geliefert, die zur »vollständigen und schnellen« Veränderung der geistigen Atmosphäre Europas in den ersten Jahrzehnten des 19. Jahrhunderts führten:

> »Die deutschen Romantiker, die den Kampf begannen und die ersten Rufer in der Schlacht gegen die Philosophie der Aufklärung waren, interessierten sich nicht in erster Linie für politische Probleme. Sie lebten viel mehr in der Welt des ›Geistes‹ – Poesie und Kunst – als in der Welt der harten politischen Tatsachen«.[31]

---

[30] Ebd. 235.
[31] Ebd. 236.

Aber obwohl die deutsche Romantik keine klare und systematische Philosophie der Politik ausgearbeitet habe, nennt Cassirer zwei Momente, die diese Epoche für die politischen Theorien der folgenden Zeit interessant und wichtig werden ließ:

• die intensive Beschäftigung der Romantiker mit Fragen der Geschichte,

• ihre »neue Auffassung« und »Wertung« des Mythos.

Bezüglich des ersten Momentes bestreitet Cassirer allerdings die These einiger Historiker, das Interesse der Romantiker an der Geschichte sei dadurch zu erkären, dass sie auf ein »vollständig unhistorisches« Zeitalter, die Aufklärung nämlich, zu reagieren hatten:

> »Die Romantiker lieben die Vergangenheit um der Vergangenheit willen. Für sie ist die Vergangenheit nicht nur eine Tatsache, sondern auch eines der höchsten Ideale. Diese Idealisierung und Vergeistigung der Vergangenheit ist eines der unterscheidendsten Merkmale des romantischen Denkens«.[32]

Ein ähnlich idealisierendes Interesse an der Geschichte kann man auch für den Marxismus konstatieren. Allerdings hatte die offizielle marxistische Ideologie sozusagen eine andere historische Richtung. Sie idealisierte die Zukunft, die kommende kommunistische, also »klassenlose« Gesellschaft. Aber das für den Marxismus charakteristische Zelebrieren alles *Historischen*[33] ist, wenn nicht sogar ein Erbe der Romantik, etwas, das er mit ihr teilt, obwohl sein Interesse nicht wie das der Romantiker auf die Vergangenheit gerichtet war und auch nicht so sehr auf die Gegenwart, sondern auf die Zukunft. In diesem Sinne kann man heute den Marxismus und die Romantik als zwei strukturell verwandte, nur in der Richtung unterschiedene Versionen eines *idealisierenden Historismus* ansehen.

---

[32] Cassirer 1994, 237.

[33] »*Historischer* Materialismus« hieß in der Sowjetunion bis zu ihrem Ende eines von insgesamt drei Fächern an den Universitäten, Hoch- und Parteischulen, die unter dem Titel »Quellen und Bestandteile der Marxismus«; die beiden anderen hießen »dialektischer Materialismus« und »wissenschaftliche Kommunismus«.

Durch die Romantiker erhielt auch der Begriff des Mythos ein neues Gewicht und eine andere Bedeutung. Wurde der Mythos von den Aufklärern durchweg negativ eingeschätzt — als etwas Barbarisches und Irrationales —, so »findet« er in SCHELLINGS *Philosophie der Mythologie* seinen »legitimen Platz« in der Geschichte der menschlichen Zivilisation:

> »Statt der Gegner des philosophischen Denkers zu sein, ist der Mythus [bei Schelling] sein Verbündeter geworden, und, in gewissem Sinne, seine Vollendung.«[34]

Diese Bewertung ist für Cassirer ein »neuer Schritt« mit wichtigen Konsequenzen für die Entwicklung der politischen Philosophie. Für das Thema meiner Arbeit besonders bedeutsam ist die Tatsache, dass man an dieser Stelle von *The Myth of the State* zum zweiten Mal den Ausdruck ›der totalitäre Staat‹ verwendet findet und das sogar mit einem Hinweis auf die damals schon erschienene Literatur zum Totalitarismus.[35] Cassirer schreibt:

> »In der neuen Literatur treffen wir oft die Ansicht, dass die Romantik die erste und fruchtbarste Quelle des Mythus des zwanzigsten Jahrhunderts sei. Nach der Meinung vieler Schriftsteller hat sie die Idee des ›totalitären Staates‹ hervorgebracht und hat alle späteren Formen eines aggressiven Imperialismus vorbereitet«,[36]

aber diese Inanspruchnahme der Romantik wird von Cassirer sofort bestritten, zumindest jedoch erheblich relativiert:

> »Die ›totalitäre‹ Ansicht der romantischen Schriftsteller war in ihrem Ursprung und in ihrer Bedeutung eine *kulturelle*, nicht eine politische Ansicht.«[37]

---

[34] CASSIRER 1994, 240.
[35] Cassirer erwähnt unter anderem VIERECK 1941 und LOVEJOY 1941 u. 1944.
[36] CASSIRER 1994, 241 (Hvh. von mir).
[37] Ebd.

4.5. »DER MYTHUS DES 20. JAHRHUNDERTS« — CASSIRER VS. ROSENBERG?

Eine andere bemerkenswerte Figur auf dem Wege zum »Mythos des zwanzigsten Jahrhunderts« sah Cassirer in GOBINEAU, dem Begründer des modernen Rassismus. Dessen *Essais sur l'inégalité des rasses* (1853-55) spielten auch für die Ausbildung der national-sozialistischen Rassen-Ideologie eine bedeutende Rolle. Gobineau konnte die Rasse für eine entscheidende historische Größe halten, weil sie nach seiner Überzeugung, wie Cassirer schreibt, schlicht und einfach »alles« war; und Cassirer fährt in seiner Wiedergabe der Thesen Gobineaus so fort:

> »alle anderen Kräfte sind nichts. Sie haben keine unabhängige Bedeutung, keinen selbständigen Wert. Wenn sie irgendeine Macht haben, so ist diese Macht nicht autonom. Sie ist ihnen nur durch ihren Vorgesetzen und Souverän delegiert: Die allmächtige Rasse. Diese Tatsache zeigt sich in allen Formen des kulturellen Lebens, in Religion, Moral, in Philosophie und Kunst, in der Nation und im Staat.«[38]

Wiewohl von der Überlegenheit der arischen Rasse überzeugt und von ihrer Berufung zur Hegemonie, konnten die Konsequenzen der von Gobineau verfochtenen Theorie nur pessimistisch sein. Denn die Vermischung der Rassen miteinander ist, erstens, eine Tatsache und, zweitens, im Prinzip unvermeidbar. Deshalb ist für Gobineau auch der Niedergang der ganzen menschlichen Zivilisation unausweichlich.[39]

Größeren Raum gibt Cassirer der Betrachtung der Philosophie HEGELS: Er schildert deren Einfluss auf die Entwicklung des modernen politischen Denkens, den metaphysischen Hintergrund der politischen Theorie Hegels und ausführlich dessen Staatstheorie. Oben habe ich wesentliche Elemente von Cassirers Analyse der Hegelschen Ideen bereits dargestellt. Hier genügt es, noch einmal zu wiederholen, dass man Cassirer so verstehen kann, als hätte nach seinem Urteil Hegels Staatstheorie sehr wohl Affinitäten zu einer

---

[38] CASSIRER 1994, 301 f.
[39] Ebd. 320 f.

totalitären Staatskonzeption. So sieht PAETZOLD in Hegel, wenn man ihn aus Cassirers Perspektive betrachtet, einen Denker, der »über keine begrifflichen Mittel für die normative Analyse der herrschenden politischen Mächte« verfüge, denn:

> »Recht und Moral fallen als Instanzen der Kritik aus. Die Geschichte ist das Tribunal, auf dem die Volksgeister ihre Kämpfe gegeneinander austragen [...]. Hegel konnte auf diese Weise letztlich als Vordenker von Imperialismus und Faschismus vereinnahmt werden.«[40]

Es ist hier nicht der Ort, um diese Cassirerinterpretion und auch die Deutung, die Cassirer der ganzen Entwicklung der (west)europäischen politischen Philosophie angedeihen lässt, detaillierter zu diskutieren. So wende ich mich jetzt dem Schlusskapitel von *The Myth of the State* zu.

4.6 PATHOLOGIE DER SYMBOLISCHEN IDEATION UND TECHNISCHER FORTSCHRITT

Unter der Überschrift »Die Technik der modernen politischen Mythen« bietet Cassirer hier seine eigene originelle Diagnose des Totalitarismus als einer politisch-sozialen Erscheinung des 20. Jahrhunderts. Zwei Momente sind darin vor allem anderen wichtig:[41]

1. Cassirer betrachtet totalitäre Regime als Fälle einer Sozialpathologie der »symbolischen Ideation«;
2. er exponiert die spezielle Rolle der Technik bei der Errichtung und Verbreitung totalitärer Herrschaftssysteme.

Schon der III. Band der *Philosophie der symbolischen Formen* enthielt ein Kapitel »Zur Pathologie des Symbolbewusstseins«, in dem Cassirer psychopathologische Krankheiten betrachtet hat, z.B. Apraxie, Agnosie und Aphasie. Vor allem interessierten ihn die Veränderungen in der Wahrnehmungswelt einschlägiger Patienten, d.h. deren spezifisch abweichende Wahrnehmungen von Dingen,

---

[40] PAETZOLD 1993, 118 f.
[41] Vgl. PAETZOLD 1993, 105 ff.

sowie räumlicher oder arithmetischer Verhältnisse und die dadurch
verursachten pathologische Störungen des Handelns.

Da Cassirer den Beitrag der Sprache zum Aufbau der Wahrnehmungswelt immer wieder herausstellt, lag für ihn die These nahe,
dass gerade die Betrachtung der pathologischer Veränderungen des
Sprachgebrauchs und -vermögens Aufschluss über Bedeutung und
Grenzen des Symbolismus in der menschlichen Welt geben kann.
Apraxie, Agnosie und Aphasie sind Erkrankungen mit einer ähn-
lichen Symptomatik: Die Patienten leiden unter dem Verlust der
Fähigkeit, mit abstrakten Symbolen, Kategorien und Begriffen zu
operieren. Sie sind zwar in der Lage, einfache alltägliche Aufgaben
zu erfüllen, aber abstraktes theoretisches Denken ist ihnen unmöglich. Vor allem Sprachstörungen und »Störungen des wahr-
nehmenden Erkennens« rufen freilich auch »gewisse Störungen
des Handelns« hervor.[42] Denn sind nicht nur Sprach-, Lese- oder
Schreibprozesse der Patienten sind gestört, auch ihr Vermögen,
zweckgerichtet zu handeln, ist beeinträchtigt. Die Patienten sind
außerstande, sich geeignete Ziele zu setzen und über ihre Zukunft
nachzudenken, was unter anderem bedeutet, dass sie auf bestimmte
Lebenssituationen nicht mehr flexibel reagieren können:

> »Das Handeln ist mehr oder weniger blockiert, weil den Menschen in
> gegebenen Situationen nur eine begrenzte Anzahl von Perspektiven
> des Sinnes zur Verfügung stehen«.[43]

In *The Myth of the State* versucht Cassirer nun, die Entstehung totalitärer Regime als Folge einer Symbolpathologie zu deuten. Große ökonomische, politische und soziale Krisen führten dazu, dass
die Menschen ihre Fähigkeit zur symbolischen Interpretation ver-
lören. An die Stelle dieser rationalen Fähigkeit trete etwas anderes:
Mythische Energien

> »schieben sich in den Vordergrund und verdrängen andere Formen
> und Möglichkeiten der Interpretation.«[44]

---

[42] Cassirer 1997, III 304 ff.
[43] Paetzold 1993, 106.
[44] Ebd.

Im Sinne einer derartigen pathologischen Verdrängung beschreibt Cassirer die Zwischenkriegszeit als eine, in der »[d]ie internationalen, sozialen und menschlichen Konflikte [...] immer intensiver« wurden. In England, Frankreich und Nordamerika konnte man diese Konflikte »mit normalen Mitteln« lösen, aber im Deutschland der Weimarer Republik

> »war der Fall anders [...]. Von einem Tag zum andern wurde das Problem akuter und verwickelter. Die Führer der Weimarer Republik hatten ihr Bestes getan, um diesen Problemen mit diplomatischen Aktionen oder gesetzgeberischen Maßnahmen zu begegnen. Aber alle ihre Anstrengungen schienen vergeblich zu sein. In den Zeiten der Inflation und der Arbeitslosigkeit war das ganze soziale und ökonomische System Deutschlands von vollständigem Zusammenbruch bedroht. Die normalen Hilfsquellen schienen erschöpft. Dies war der natürliche Boden, in welchem die politischen Mythen wachsen konnten und in welchem sie reiche Nahrung fanden.«[45]

Da »der Mensch« gerade in verzweifelten Lagen » immer Zuflucht zu verzweifelten Mitteln« zu nehmen versucht – und, wie Cassirer hinzufügt, »die politischen Mythen unserer Tage sind solche verzweifelten Mittel gewesen«[46] –, beginnt er in solchen Lagen, statt an die Vernunft an das Wunderbare und Mysteriöse zu glauben. Ein für alle Male zu »besiegen« oder zu beseitigen sei der Mythos im Prinzip nicht: Vielmehr ist er

> »immer da, versteckt im Dunkel und auf seine Stunde und Gelegenheit wartend. Diese Stunde kommt, sobald die anderen bindenden Kräfte im sozialen Leben des Menschen aus dem einen oder anderen Grunde ihre Kraft verlieren und nicht länger imstande sind, die dämonischen mythischen Kräfte zu bekämpfen.«[47]

Der verständliche Wunsch, drängende soziale Probleme schnell, unkompliziert und vollständig, also mit einem mythischen Wundermittel zu lösen, ruft dann das Phänomen der Führerschaft hervor.

---

[45] CASSIRER 1994, 361.
[46] Ebd. 363.
[47] Ebd. 364.

Denn die Erwartung einer mythischen Lösung aller Schwierigkeiten ist typischerweise stark personifiziert:

»Die Intensität des kollektiven Wunsches ist im Führer verkörpert.
Die früheren sozialen Bindungen — Gesetze, Gerechtigkeit, Verfas-
sungen — werden außer Kraft gesetzt. Was allein zurückbleibt, ist die
mythische Macht und Autorität des Führers, und der Wille des Führers ist höchstes Gesetz.«[48]

Cassirer meint zwar, der moderne Mensch glaube nicht mehr an
natürliche Magie, der Glaube an eine »soziale Magie« sei aber geblieben. Diese menschliche Besonderheit kann in einer Zeit tiefer
sozialer und politischer Krisen von politischen Gruppierungen genutzt werden. Um die Massen nach ihren Vorstellungen zu manipulieren, überlegen moderne Politiker jeden Schritt sorgfältig. Die
modernen Mythen, mit denen sie die Massen füttern, sind deshalb
keine »wilden Früchte«, sondern ziel- und zweckgerichtete Züch-
tungen: »künstliche Dinge, von sehr geschickten und schlauen
Handwerkern erzeugt«.[49]

An dieser Stelle kommt, wie Cassirer sagt, die moderne Technik
ins Spiel, und zwar schon bei der Schaffung neuer Mythen. Deshalb
spricht er auch von der »neue[n] Technik des Mythus«. Deren Produkt vergleicht er mit einer modernen Waffe: Die modernen politischen Mythen würden produziert wie Maschinen, Flugzeuge und
andere im politischen Kampf verwendbare industrielle Erzeugnisse.
Nicht die Relevanz mythischer Vorstellungen als solcher, sondern
die »Industrialisierung« der politischen Mythen sei etwas prinzipiell Neues im gesellschaftlichen Leben und habe »die ganze Form
[des] sozialen Lebens geändert«.[50]

Den Anfangspunkt der politischen Mythologie im nationalsozialistischen Deutschland markiert für Cassirer das Jahr 1933. Den
tiefgreifenden Wandel der politischen Verhältnisse im Deutschen
Reich, der mit diesem Jahr begann, beschreibt Cassirer, wie man
hier besonders deutlich sieht, *nicht* in der gewöhnlichen politologi-

---

[48] Ebd. 365.
[49] Ebd. 367.
[50] Cassirer 1994, 368.

schen Terminologie. Statt Ausdrücke wie ›totalitärer Staat‹ oder ›totalitäres System‹ zu verwenden, spricht er beständig von »politischer Mythologie« und dem »Mythus des Staates«. Gemeint ist damit aber nichts anderes als der totalitäre Staat.

In diesem Sinne sind für Cassirer die vier wesentlichen Merkmale des totalitären Systems in Deutschland die folgenden:

1. Entscheidend für die Schaffung der einstweilen erfolgreichen neuen politischen Mythen war ein *Wechsel in der Funktion der Sprache*: »das magische Wort gewinnt die Oberhand über das semantische Wort«.[51] Aus teils neuen Wörtern, teils alten mit einer neuen Bedeutung entstand eine »neue Sprache«, deren Ausdrücke weniger logisch bzw. semantisch als vielmehr »magisch« gebraucht wurden und deren Hauptaufgabe das Wecken gewisser Affekte war.

2. Dazu tritt die Einführung *neuer Riten.* »Jede politische Aktion hat ihr spezielles Ritual«; es gibt im totalitären Staat keine private Sphäre, die »unabhängig vom politischen Leben besteht« und das ganze Leben des Menschen sei »plötzlich von einer Hochflut neuer Riten überschwemmt«.[52] Deren Funktion sah Cassirer darin, dass durch mechanische Wiederholung die aktiven Kräfte der Menschen, ihr Gefühl für Persönlichkeit und individuelle Verantwortung betäubt werden sollten. Am Ende sollte es keine Individuen mehr geben, sondern nur noch die Gruppe nach dem Motto: »Du bist nichts. Dein Volk ist alles.« So lautete in der Tat eine der bekanntesten Parolen der Nazis. Ist aber erst das Kollektiv das eigentliche »moralische Subjekt«, bleibt kein Platz mehr für eine individuelle Meinung oder gar für eine Kritik des herrschenden Systems.

3. *Gewalt* und *Ideologie* finden zu einer *neuen Synthese.* Zwar sind »Methoden von Zwang und Unterdrückung immer im politischen Leben angewandt worden«, aber sie waren (z.B. im Despotismus) Mittel, um »materielle Ergebnisse« zu erzielen. Ein tota-

[51] Ebd. 369.
[52] Ebd. 371.

litäres Regime dagegen übt »geistige« Gewalt aus. Meinungsfreiheit und Opposition werden als solche zerstört. Der Mythos
der Rassen im Sinne Gobineaus wirkte wie ein »starker Kata-
lysator«, dem es »gelang«, »alle anderen Werte aufzulösen und zu
zersetzen«.[53]

4. Der letzte charakteristische Zug des totalitären Staates ist die
absolute Macht des Führers und dessen prophetische Rolle:

> »Unsere modernen Politiker wissen sehr wohl, dass große Massen
> viel leichter durch die Gewalt der Einbildung bewegt werden, als
> durch reine physische Gewalt. Und sie haben von diesem Wissen
> ausgiebig Gebrauch gemacht [...]. Prophetie ist ein wesentliches Ele-
> ment in der neuen Technik der Führerschaft. Die unwahrschein-
> lichsten oder sogar unmöglichen Versprechungen werden gemacht;
> das tausendjährige Reich wird immer und immer verkündet [...].«[54]

Cassirer meint, eine Neigung zur »Kunst der Wahrsagung« sei in
Deutschland auch früher zu beobachten gewesen, zwar nicht in der
Politik, sondern in der Philosophie, z.B. in Spenglers *Untergang
des Abendlandes*, ein Buch das 1918 einen »sensationellen Erfolg«
hatte. Spenglers Gedanken über Technik statt Lyrik und über Politik statt Erkenntnistheorie ließen allerlei Deutungen zu, böten Politikern aber auch die Möglichkeit, »eine neue Welt [zu] schaffen und
Herren dieser Welt [zu] werden«.[55] Auch Martin Heidegger, der
»in der Geworfenheit des Menschen eines seiner hauptsächlichen
Charaktermerkmale« sah, wird in diesem Zusammenhang kritisiert, weil seine Ideen wie die von Spengler wegen des Verzichts auf
»theoretische und ethische Ideale« als »geschmeidiges Instrument
in der Hand der politischen Führer gebraucht werden« könnten.[56]

Am Ende von *The Myth of the State* erklärt Cassirer, die Politik
als Theorie sei zu neu, um eine reife Disziplin zu sein. Es gebe in
der Politik noch kein allgemein anerkanntes Wissen. Deswegen sei
der »plötzliche Rückfall in das alte Chaos« stets eine Gefahr:

[53] Ebd. 373 ff.
[54] Ebd. 377 f.
[55] Ebd. 382.
[56] Ebd. 383 f.

»In der Politik haben wir noch keinen festen und zuverlässigen Boden gefunden […]. Wir bauen hohe und stolze Gebäude; aber wir vergessen ihre Fundamente sicher zu machen.«[57]

Magie und mythisches Denken seien aus der wirklichen Politik nicht zu entfernen. Obwohl der Mythos also

»in gewissem Sinne unverwundbar [ist], […] kann [die Philosophie] uns den Gegner verstehen machen. Um einen Feind zu bekämpfen, muss man ihn kennen«.[58]

Nur wenn alle geistigen Kräfte — intellektuelle, moralische, ethische und künstlerische — »in voller Stärke stehen«, wofür die Philosophie zu sorgen habe, dann

»bleibt der Mythus gezähmt und unterworfen. Aber wenn sie einmal ihre Stärke zu verlieren beginnen, ist das Chaos wiedergekommen. Dann beginnt mythisches Denken sich von neuem zu erheben und das ganze kulturelle und soziale Leben des Menschen zu durchdringen.«[59]

4.7 ZUSAMMENFASSUNG

Lange vor ARENDT, FRIEDRICH, BRZEZINSKI und vielen anderen »prominenten« Totalitarismus-Theoretikern hat Cassirer eine eigene, originelle Deutung des Totalitarismus vorgelegt, die aber kaum wahrgenommen wurde. Das ist heute nicht sehr viel anders. Die Frage ist: *warum?* Dafür gibt es meines Erachtens verschiedene Gründe:

1. Cassirers Sprache ist ungewöhnlich und deshalb schwierig für »klassische« Politologen. Er benutzt wie gesagt die übliche politologische Terminologie praktisch gar nicht. Im Zentrum seiner Aufmerksamkeit steht immer die Geistesgeschichte Europas und, wie Birgit RECKI meint, »Cassirer arbeitet ideengeschichtlich, und das findet wenig Anerkennung«.[60] Für Cassirer »gibt es kein Primat sozialer Prozesse« und »kein Primat der Ökonomie — er

---

57 Ebd. 386.
58 Ebd. 388.
59 Ebd. 390.
60 RECKI, in einem Brief an den Vf. vom 28. März 2002.

nimmt das Symbolische in allem Weltverhältnis des Menschen so ernst, dass er in der Konsequenz stattdessen auch die organisierten Formen des Denkens durchaus als (mit)ursächlich für ganze politische Bewegungen ansehen kann«.[61] Diese gleichsam »idealistische« Orientierung Cassirers hat natürlich nicht dazu beigetragen, dass sein Konzept in den Totalitarismus-Debatten des 20. Jahrhunderts berücksichtigt wurde.

2. Cassirer selbst nimmt keinen Bezug auf die damalige Totalitarismus-Diskussion.[62] Das ist ein weiterer Grund, weshalb *The Myth of the State* keine breitere Anerkennung fand. Dessen Titel allerdings spiegelt etwas von Rosenbergs berüchtigtem *Mythos des 20. Jahrhunderts* wieder und ist gewissermaßen eine Reaktion darauf.

3. Cassirers Philosophie als ganze hat längere Zeit wenig Resonanz gefunden. Von den dreißiger Jahren bis in die sechziger dominierten andere Philosophen und philosophische Richtungen: in Deutschland Heidegger und die *Frankfurter Schule*, in den USA und Großbritannien der *Logische Empirismus* und die *Analytische Philosophie*.

4. Das Nazi-Regime hat Cassirer 1933 aus Deutschland vertrieben, und er ist nie wieder zurückgekehrt. Im Exil befand er sich sozusagen zwischen den Kulturen — mit dem offiziellen Deutschland hatte er nichts mehr zu tun, in Großbritannien, Schweden und danach in den USA wurde er eher als Gast wahrgenommen.

5. Schließlich hat zur »Randständigkeit« Cassirers Philosophie auch das »Gerücht vom Neukantianismus« beigetragen. So meint Birgit Recki: »Heidegger hat es mit seinem Wirken der 20er Jahre fertig gebracht, die Subjektphilosophie nachhaltig zu diskreditieren […] und Cassirer ist seither auch immer als einer von diesen Neukantianern betrachtet worden […] [obwohl das nicht stimmt – seit *Substanzbegriff und Funktionsbegriff* hatte Cassirer seine

---

[61] Ebd.
[62] Wie bekannt fand in den USA 1939 die erste interdisziplinäre Tagung über den Totalitarismus statt, auf der eine erste Bilanz der einschlägigen Forschung gezogen werden konnte.

eigenen philosophische Ideen] Aber man hatte eben den Eindruck, es hier mit einem veralteten Denken zu tun zu haben, und das war nicht gerade rezeptionsförderlich.«[63]
Das zuletzt Gesagte gilt nicht nur für Deutschland und Westeuropa. Auch in Russland fand Cassirers Totalitarismus-Deutung keine große Aufmerksamkeit. Zwar wurden schon früh einige Werke Cassirers ins Russische übersetzt,[64] aber seine kulturphilosophische und sozialphilosophische Arbeiten blieben während der kommunistischen Diktatur in der Sowjetunion — wie so viele andere westliche philosophische und politologische Konzepte — der breiteren Öffentlichkeit unbekannt. Heute sind nun einige Bücher Cassirers ins Russische übersetzt,[65] aber die russische Rezeption Cassirers Philosophie konzentriert sich vor allem auf Cassirers Philosophie der Wissenschaft, Kultur- und Sprachphilosophie. Der Sozialphilosoph Cassirer dagegen ist im modernen post-kommunistischen Russland so wenig bekannt wie in Deutschland.

Abschließend möchte ich sagen, dass Cassirers Totalitarismus-Konzept heute deswegen so interessant ist, weil es über seinen direkten Anlass hinausgehend allgemeine und immer noch bestehende Gefährdungen der menschlicher Kultur zum Inhalt hat und die Bedeutung einer rationalen Orientierung im Kampf gegen mythische Vorstellungen beleuchtet. Sein Buch ist das Zeugnis eines Betroffenen des Nazi-Regimes in Deutschland und zugleich eine Analyse der allgemeinen Form eines solchen Regimes. Das persönliche Schicksal Cassirers und seine überragenden Kenntnisse der europäischen Geistesgeschichte, seine originelle philosophische Methodologie — ich meine seinen »Funktionalis-mus« und die da-

---

[63] RECKI, ebd.
[64] Wie z.B. *Substanzbegriff und Funktionsbegriff*, Sankt-Petersburg 1912; *Zur Einsteinschen Relativitätstheorie*, Sankt-Petersburg 1928.
[65] *Kants Leben und Lehre*, Sankt-Petersburg 1997; *Zur Logik der Kulturwissenschaften, Naturalistische und humanistische Begründung der Kulturphilosophie, Die Begriffsform im mythischen Denken, Idee und Gestalt, Versuch über den Menschen*, Moskau 1998; das letzte Kapitel von *The Myth of the State*, Moskau 1993; und alle drei Bände der *Philosophie der symbolischen Formen*, Moskau 2002.

mit verbundene »Neuentdeckung« des Symbol-begriffs — all das macht Cassirers Totalitarismus-Deutung besonders wertvoll. Gerade sein Glaube an die menschliche Vernunft, sein vorsichtiger Optimismus, seine Ideen über harmoni-sches Zusammenleben von verschiedenen Kulturen können in der heutigen postmodernen Welt, in der im Chaos unterschiedlicher Werte und Mentalitäten die Übersicht verloren zu gehen droht, dazu beitragen, die Probleme der Gegenwart besser zu verstehen.

III. Teil
Cassirers politische Philosophie
am Anfang des 21. Jahrhunderts neu gelesen

5. Kapitel
Cassirers Beitrag zum Verständnis des Phänomens des
Totalitarismus

5.1 EINLEITUNG

Im 1. Teil habe ich die Anfangsphase der Totalitarismusdebatte und die sozusagen »klassischen« Deutungen des Totalitarismus vorgestellt. Diese fanden später natürlich auch, weil im Laufe der Zeit etwa das totalitäre Regime in der Sowjetunion immer neue Facetten offenbarte, die in den »klassischen« Deutungen noch nicht hinreichend berücksichtigt schienen. Mit Blick auf 50er Jahre kann man zwar von einer gewissen Liberalisierung des Regimes in der UdSSR sprechen. Denn der Tod Stalins brachte ein Ende des totalen Terrors. Aber der Verlust des unangefochtenen Führers von Partei und Staat ließ auch, anstelle des als »Personenkult« verworfenen Stalinismus, eine neue Ideologie, zumindest aber eine neue »Linie« der Propaganda entstehen: die Ideologie des »real existierenden« Sozialismus. Solche propagandistisch-ideologischen Wendungen zeigten, dass totalitäre Systeme sehr wohl flexibel sein konnten. Diese Flexibilität provozierte Neueinschätzungen des Totalitarismus.

So wurden FRIEDRICHs sechs Merkmale totalitärer Staaten heftig als »zu statisch« kritisiert, weil sein Konzept z.B. die Evolution des russischen Kommunismus ganz außer Acht gelassen habe. Auch ARENDTs *Elemente und Ursprünge totaler Herrschaft* mit ihrer starken Betonung der Rolle von Ideologie und Terrors waren eine Zielscheibe der Kritik. Was die beiden »Klassiker« als Wesensmerkmale des Totalitarismus aufgeführt hätten, seien »allenfalls

[...] Momentaufnahmen des Stalinismus und des Nationalsozialismus«, wobei eine Ideologie wie der Terror »überbetont« worden
sei, so fasst heute Jesse diese Kritik zusammen:

>»Wer die beiden Theorien miteinander vergleicht, kann Parallelen und
> Unterschiede erkennen. Beide sind auf die Hochphasen des Kom-
> munismus und den Nationalsozialismus fixiert. Beide stellen heraus,
> dass es für die ›objektiven Feinde‹ in den Systemen kein Entrinnen ge-
> ben könne. Sie gelangen zu denselben oder ähnlichen Einsichten, ob-
> wohl ihre Perspektiven unterschiedlich sind: Friedrichs Vorgehens-
> weise ist politikwissenschaftlicher Natur, während Arendt eine philo-
> sophische Gesamtschau präsentiert, die sich weniger um die Details
> der Herrschaftsausübung kümmert. Ihre Reflexionen, die deutlicher
> als Friedrichs Konzeptualisierungen das dynamische Element totali-
> tärer Herrschaft einfangen, waren stark geprägt von der Krise des de-
> mokratischen Systems. Arbeitete Friedrich vor allem empirisch-
> deskriptiv, so zeichnete sich der Ansatz Arendts durch eine stärker
> normative Ausrichtung aus«.[1]

Eine »normative Ausrichtung« ist auch für Cassirers Totalitaris-
mus-Deutung charakteristisch. Genau das — und die Allgemeinheit
und Abstraktheit seiner Schlüsselbegriffe »Mythos«, »Symbol« und
»Funktion« — unterscheidet ja eher philosophische Totalitarismus-
Konzepte von den eher empirisch orientierten politologischen
Theorien oder deskriptiven Totalitarismus-Analysen in der Ge-
schichtswissenschaft. In dieser Hinsicht bietet es sich an, Cassirers
Totalitarismus-Deutung mit Voegelins Konzept der »politischen

[1]   Jesse in Kühnhardt & al. 1999, 58 f. — In dieselbe Richtung weist Beyme
       (in Siegel 1998, 23): »Hannah Arendt gebührt das Verdienst der Priorität
       in der Polarisierung des Konzeptes totalitärer Herrschaft. Schon bei ihr
       finden sich Vergleiche zwischen Nationalsozialismus und Kommunismus,
       obwohl sie die Sowjetunion erst nachträglich mit einbezog. Friedrich wur-
       de gelegentlich dafür kritisiert, ihr Konzept in einer theoretisch verarmten
       Version durch den deskriptiven Sechs-Kriterienkatalog vulgarisiert zu
       haben, ohne die weiten historischen und moralischen Dimensionen des
       Arendtschen Werkes zu beachten. Hannah Arendt hat auf einer Kon-
       ferenz der *American Academy of Arts and Sciences* die ›universelle Kom-
       plizenschaft‹ und ›die organisierte Schuld‹ ins Zentrum gestellt, Konzepte,
       die auf dem philosophischen Gespräch mit ihrem Lehrer und Freund Karl
       Jaspers erwuchsen«.

Religionen« zu vergleichen, wie LÜDDECKE gezeigt hat. Er weist darauf hin, dass Voegelin »wie Cassirer von einer Verbindung von Mythos und Technik als einem Spezifikum totalitärer Herrschaft im 20. Jahrhundert« ausgeht und dabei von einer »Technik der Mythenpropaganda« spricht:

> »Der Mythos werde bewusst erzeugt, um Massen affektuell zu binden und in einen politisch wirksamen Zustand der Heilserwartung zu versetzen. Diese Beschreibung ähnelt frappierend Cassirers Ausführungen. Wie auch die von Voegelin herausgearbeitete Veränderung des Wahrheitsbegriffs ihre genaue Parallele bei Cassirer findet«.[2]

Einen bedeutsamen Unterschied sieht Lüddecke allerdings mit Recht darin, dass Cassirer, wie unter anderem an seiner Definition des Menschen als *animal symbolicum* erkennbar ist, im Rahmen der klassischen europäischen Tradition des Rationalismus gearbeitet hat, während Voegelin, indem er den Menschen als *creator-spiritus* bestimmt, als »Schöpfer in dynamischer Entsprechung Gottes«, das Hauptaugenmerk auf die religiöse Dogmatik lenkt:

> »Voegelins politische und kulturkritische Analyse richtet ihre kritische Spitze nicht allein gegen die innerweltliche *ecclesia* der nationalsozialistischen Volksgemeinschaft, sondern trifft zunächst explizit auch jene von Cohen und Cassirer aufgegriffenen aufklärungs- und geschichtsphilosophischen Übertragungen endzeitlicher Symbolik [...]. Im Lichte der Unterscheidung zwischen innerweltlichen und Geist-Religionen spielt diese Differenzierung zwischen universalistischen und partikularistischen Kollektivismen indes keine Rolle mehr. Der grundlegende Vorgang ist in beiden Fällen ein und derselbe. Das Symbol eines geistigen Reiches wird bloß innerweltlich missbraucht«.[3]

---

[2]   LÜDDECKE 2003, 379.
[3]   Ebd. 380 ff. — Meine Einschätzung der Gemeinsamkeiten und Unterschiede zwischen den Analysen Arendts, Voegelins und Cassirers habe ich oben (im 1. Teil) bereits skizziert. Hier geht es um das Verhältnis dieser »philosophisch« inspirierten Ansätze zu den mehr politologischen Totalitarismusanalysen. Neuere Arbeiten wie LÜDDECKE 2003 und MÜLLER 2003 sind für mich eine Gelegenheit die oben mitgeteilte Einschätzung zu prüfen bzw. zu ergänzen.

Manche der heutigen Politikwissenschaftler beurteilen eine solche
»normative Ausrichtung« und die Orientierung auf die Ideengeschichte des philosophischen und politischen Denkens Europas
bei Totalitarismus-Deutungen rundum negativ. So nennt Wippermann in seinem Buch *Totalitarismustheorien* mit dem Untertitel
»Die Entwicklung der Diskussion von den Anfängen bis heute« als
wichtigstes Kriterium der Akzeptabilität eines jeden Totalitaris-
mus-Konzepts dessen Eignung, »die Empirie zu klären«. Daran
und an nichts anderem sei den »Wert einer sozialwissenschaftlichen
Theorie zu messen«.[4] Das ist ein wissenschaftstheoretischer Ge-
meinplatz, aus dem Wippermann nichtsdestoweniger glaubt schließen zu können, dass »normative« Totalitarismus-Konzepte — wie
z.B. das von Cassirer — für die Politikwissenschaft wertlos seien.[5]

Diese Argumentation halte ich für kurzschlüssig. Denn auch ein
»empirisch-orientiertes« Verständnis der Rolle und Funktion von
Totalitarismus-Analysen ist auf ein Vorverständnis dessen angewiesen, welches die relevanten Gesichtspunkte sind, unter denen
man politisch-historische Phänomene zu klassifizieren hat. Dieses
Vorverständnis ist aber von gegebenen normativen Voraussetzungen nicht ohne weiteres zu trennen. Deshalb kann gerade eine abstrahierende und generalisierende Betrachtungsweise, wie sie für die
genannten philosophisch geprägten Ansätze typisch ist, Perspektiven eröffnen, um verschiedene empirische Erscheinungen besser zu
erfassen, zu systematisieren und zu analysieren. Wippermann be-

---

4   Wippermann 1997, 115 ff.
5   »Auf die geistesgeschichtlich orientierten Totalitarismustheorien, die die
     Ursachen des modernen Totalitarismus auf frühere Erscheinungen wie
     den Imperialismus und Rassismus des 19. Jahrhunderts, die Ideen der
     Französischen Revolution, die Theorie Machaivellis, die mittelalterlichen
     Häresien oder gar die spätantike Gnosis zurückführen, trifft dies nur sehr
     bedingt zu. So interessant und geistreich die Deutungen der deutschen
     und europäischen Geistesgeschichte sind, wie sie von Hannah Arendt, Ja-
     cob L. Talmon, Erwin Faul, Eric Voegelin und vielen anderen vorgelegt
     worden sind, so wenig taugen sie für die konkrete Analyse der Funkti-
     onsweise ›totalitärer‹ Staaten der jüngsten Vergangenheit. In der konkre-
     ten Kommunismus- und Nationalsozialismusforschung sind sie daher
     auch so gut wie gar nicht angewandt worden«, - meint Wippermann ebd.

hauptet, eine adäquate Totalitarismustheorie dürfte »keinen ideal-typisch statischen Charakter haben« und sie müsste »die unter-schiedlichsten Voraussetzungen und konträren ideologischen Ziel-setzungen der einzelnen ›totalitären‹ Regime« berücksichtigen. Das ist wohl wahr, aber Wippermann selbst tut wenig, um dieses De-siderat zu erfüllen:

> »Eine derartige ›neue Totalitarismustheorie‹ zu entwerfen, fühle ich mich nicht berufen. Die bisherigen Totalitarismustheorien sind, so mein kritisches Fazit, mehr in ideologiegeschichtlicher als in wissen-schaftlicher Hinsicht interessant, weil sie wenig zur Erklärung der Geschichte des Totalitarismus beigetragen haben, aber viel über die deutsche und europäische Ideengeschichte dieses Jahrhunderts aus-sagen«.[6]

Es kommt hier alles darauf an, was unter einem Beitrag »zur *Erklä-rung* der Geschichte des Totalitarismus« zu verstehen ist. Wenn »Vorhersage und Kontrolle« (*prediction and control*) die Maßstäbe für gelungene Erklärungen setzen, wie es für Naturwissenschaft und Technik sowie für die Sozialwissenschaften zumindest teil-weise zweifellos gilt, ist gleichwohl noch gar nicht klar, wie solche Erklärungen zu einer Erklärung der *Geschichte* einer politischen Erscheinung gebündelt werden könnten. Und es steht nirgendwo geschrieben, dass ideologie- und ideengeschichtliche Faktoren für eine solche historische Erklärung irrelevant oder uninteressant sind. Die von Wippermann eingenommene ausschließlich kritische Ein-stellung gegenüber den bisher geführten Totalitarismus-Debatten scheint mir deshalb, zumal er keine eigenen Alternativen vorschla-gen mochte, essentiell ergänzungsbedürftig zu sein, und zwar gera-de durch solche »ideengeschichtlichen« Deutungsansätze, die vom empirischen Material »weit entfernt« zu sein scheinen wie die von Cassirer oder Voegelin, weil sie für die noch ausstehende Entwick-lung »empirisch« und »praktisch« orientierter Konzepte nützlich sein können.

---

[6] Ebd. 117.

Wie zahlreiche Politologen behaupten, wurde der Totalitarismus-Begriff oft in der öffentlichen Diskussion zu einem »polemischen Kampfbegriff« reduziert. Deshalb habe sich das theoretische Potenzial dieses Begriffes nicht entfalten können, was Bracher schon 1976 angemerkt hat:

> »Es waren in der Tat vorwiegend Vertreter einer liberalen Demokratieauffassung, die mit dem Begriff Totalitarismus den grundlegenden Unterschied zwischen westlichen Demokratien einerseits und modernen Diktaturen sowohl linker wie rechter Prägung [andererseits] definierten: nicht die ideologische ›Qualität‹, sondern der totalitäre Anspruch dieser Diktaturen erschien als das wichtigste Kriterium der Unterscheidung«.[7]

Wenn man sich nur auf empirische Fakten bezieht, wenn es nur um die »Bestimmung von charakteristischen Zügen und Variablen, mit denen es die vergleichende Analyse und Systematisierung von sehr verschiedenen historischen und intellektuellen, ökonomischen und sozialen Voraussetzungen zu tun hat«,[8] geht, hilft das der theoretischen Totalitarismus-Forschung wenig. Dafür ist man auf allgemeine Grundbegriffe und generalisierende Grundsätze angewiesen, die freilich empirisch prüfbar sein müssen. Aber rein empirische Beschreibungen vermeintlich totalitärer Erscheinungen und Vorkommnisse können nicht erklären, warum z. B. in Norwegen kein totalitäres System entstanden ist, wie es sie in anderen europäischen und wohl auch asiatischen Ländern durchaus gegeben hat? Man kann noch mehr dazu sagen: Wenn man nur auf die äußeren Merkmale totalitärer Herrschaft achtet, besteht die Gefahr, dass alles das als ›totalitäres Regime‹ bezeichnet wird, was nicht dem Normalfall einer westlichen liberal-demokratischen kapitalisti-schen Markwirtschaft entspricht.

Zusammenfassend kann man sagen, dass die langjährigen Totalitarismus-Debatten das Folgende gezeigt haben: Das Hauptinteresse der Beteiligten — seien sie Politologen oder Philosophen — war stets hin und her gerissen zwischen zwei Polen: Der eine war bestimmt

---

[7]   Bracher in: Funke 1978, 82 ff.
[8]   Ebd. 94.

durch die Suche nach dem *Wesen* des Totalitarismus, nach gewissen grundlegenden *Gesetzmäßigkeiten* und einer fixen *Definition*. Den anderen Pol bildeten empirische Beschreibungen des Totalitarismus als eines Phänomens, das sich nur in Europa und nur im 20. Jahrhundert gezeigt hat. Die zwischen diesen beiden Polen am meisten erörterte Frage war, inwieweit Faschismus und Kommunismus ihrem Wesen nach ähnlich genug seien, um gemeinsam unter einen relevanten Oberbegriff gebracht werden zu können. Diese Fixierung auf Europa und auf das 20. Jahrhundert hat die Totalitarismus-Debatten eingeengt und keinen Spielraum gelassen für eine geeignete abstrahierende Generalisierung. Das ist auch daran zu erkennen, dass andere Länder wie z. B. China, Singapur oder der Irak kaum in Betracht gezogen wurden.

Einen demgegenüber neuen Aspekt liefert allerdings die Frage nach der Möglichkeit einer Rückkehr des Totalitarismus. Damit kommt die prognostische Funktion politologischer Theoriebildung ins Spiel. JESSE z. B. fragt ausdrücklich, ob die Wiederentstehung des Totalitarismus nach dem 20. Jahrhundert möglich sei; und er diskutiert das mit Blick auf FUKUYAMAS *Ende der Geschichte* (dt. 1992) und HUNTINGTONS *Kampf der Kulturen* (dt. 1996):

> »[Entweder] der Siegeszug der Demokratien [schreitet] voran oder [es] drohen neue totalitäre Gefahren[.] Zwei amerikanische Politikwissenschaftler — Francis Fukuyama und Samuel P. Huntington — haben in den neunziger Jahren dazu spektakuläre Bücher mit unterschiedlichem, ja gegensätzlichem Tenor verfasst. Während der als Politikberater tätige Fukuyama die westliche Demokratie nach dem Untergang des Kommunismus als finale Regierungsform ansieht, spricht der in Harvard lehrende Huntington davon, dass künftig massive Konflikte aus dem Kampf der Kulturen hervorgehen. Die wichtigsten Unterscheidungen zwischen den Völkern seien ›nicht mehr ideologischer, politischer oder ökonomischer Art‹. Huntington sieht dadurch die westliche Kultur, im christlichen Europa und in den USA beheimatet, u. a. durch die islamische bedroht, Fukuyama

hingegen [sieht] den demokratischen Verfassungsstaat nicht in Gefahr«.⁹

Inwieweit solche Prognosen wirklich fruchtbar und glaubwürdig
sein können, hängt nicht zuletzt davon ab, wie man das Phänomen
des Totalitarismus versteht und dieses Verständnis als Arbeits-
hypothese verwendet.

Für die Gegenwart scheint mir das Folgende plausibel zu sein.
Wichtiger als die Suche nach dem »Wesen« des Totalitarismus oder
nach »statischen« oder »empirischen« Beschreibungen des Totalitarismus als ein europäisches Phänomen des 20. Jahrhunderts ist mittlerweile etwas, das man einen »anti-totalitären Konsens« unter den
Politologen verschiedener Länder nennen kann.¹⁰ Das bedeutet,
man hält das Wesen des Totalitarismus für nicht endgültig definier-
bar, sondern begnügt sich mit einer gewissen »Familienähnlichkeit«
(WITTGENSTEIN) der Phänomene, die gewohnheitsmäßig so klassifiziert werden, nämlich als »totalitär«. Dieser Einstellung entspricht
eine Methodologie der Bescheidenheit: Man beschreibt eine Reihe
empirischer Erscheinungen, die zwar *prima facie* zusammenge-
hören, aber bei denen es oft einstweilen nicht möglich ist, den sie
gleichsam zusammenbindenden Grund innerhalb einer allgemeinen
Theorie zu bestimmen. Verschiedene generalisierende Beschreibungen bleiben bis auf weiteres möglich. Einen interessanten Beitrag für solches Verständnis des Totalitarismus, denke ich, kann gerade Cassirers politische Philosophie leisten, deren methodologischen Aspekte ich jetzt ausführlicher betrachten werde.

---

⁹   JESSE: 1917 – 1933 – 1945 – 1989 Das 20. Jahrhundert als Zeitalter des To-
      talitarismus, in: HEYDEMANN / JESSE 1998, 29 ff.
¹⁰ Solche kooperative Arbeit zwischen z.B. deutschen und russischen Wis-
      senschaftler zeigt sich durch gemeinsame Tagungen, Diskussionen und
      Bücher, die letzte Zeit sowie in Deutschland als auch in Russland er-
      schienen sind. Das sind beispielsweise folgende deutsche Publikationen
      (über moderne russischen Totalitarismus-Debatte werde ich unten extra
      sagen): FAULENBACH / STADELMAIER 1993; JESSE 1999; KÜHNHARDT /
      TSCHUBARJAN 1999.

5.2 DIE EIGENTÜMLICHE METHODOLOGIE EINER »KULTUR- PHILOSOPHISCHEN« ANALYSE DES TOTALITARISMUS

Wer heute Cassirers Erkenntnistheorie oder seine Kulturphilosophie darstellen möchte, hat es nicht leicht. Denn gegenwärtig erscheinen in Deutschland so viele Arbeiten, die sich mit diesen Themen in unterschiedlicher Ausführlichkeit beschäftigen, dass kaum eine Möglichkeit bleibt, etwas wirklich Neues dazu zu sagen. Im Vordergrund meiner Arbeit steht sowohl Cassirers politische Philosophie als auch seine Ethik. Dafür ist es aber auch notwendig, Ursprünge und Grundlage seiner sozialphilosophischen Gedanken, die in seiner Kulturphilosophie liegen, wenigstens zu skizzieren. Wiederholungen scheinen mir dabei unvermeidlich zu sein.

Um die Originalität Cassirers aus einem aktuellen Blickwinkel zu charakterisieren, kann man sich ORTH anschließen, der unter anderem das Folgende festhält:

»So wie Cassirer die Kantische Philosophie in den historischen Zusammenhang der Geistesgeschichte seit der Renaissance bis Hegel stellte, so hat er auch die Philosophie mit den neueren Methoden und Resultaten der Einzelwissenschaften, der Natur- und der Geisteswissenschaften, konfrontiert. Er hat früh in diesem Jahrhundert [Orth meint hier das vergangene 20. Jahrhundert] die Notwendigkeit einer Sprachphilosophie erkannt und die Rolle des mythischen Denkens für den geistigen Orientierungshaushalt des Menschen weiterentdeckt, ohne der Rationalität den Abschied zu geben«.[11]

Aber ursprünglich begann Cassirer — wie COHEN und NATORP — als Interpret der Kantischen Transzendentalphilosophie, und zwar insbesondere der Analyse der transzendentalen Subjektivität. Mit Kant und seiner Schule wurde bekanntlich die Erkenntnistheorie (früher auch: Gnoseologie) zum Zentrum der theoretischen Philosophie. Dadurch bekam die Philosophie einen neuen Inhalt und eine neue Aufgabe. KANT fasste den Erkenntnisprozess als eine Tätigkeit auf, die ihre eigenen Gesetze hat; und diese Gesetze wollte er

---

[11]   Orth in seiner Einleitung zu: BRAUN / HOLZHEY / ORTH 1988, 7 f.

vollständig erfassen. Die russische Philosophin Gajdenko beschreibt das Unternehmen so:

> Bei Kant bestimmen »erstmals nicht Charakter und Struktur der zu
> erforschenden Substanz« die Erkenntnisweise, sondern »Charakter
> und Struktur des erforschenden Subjekts« bestimmen die Art des
> Erkenntnis und konstruieren sowohl das Objekt der Erkenntnis als
> auch das Mittel und die Art der Bauweise [des Objekts]«.[12]

Im Rationalismus vor Kant war die zentrale philosophische Disziplin die Allgemeine Metaphysik, die man auch ›Ontologie‹ nannte.
Ihr Grundbegriff war der der Substanz. Kant aber trat gegen jede
Art einer ontologischen Begründung des Wissens auf. Er suchte,
die Einheit des Wissens und seinen allgemeingeltenden und notwendigen Charakter zu begründen, indem er nicht die Einheit der
Substanz, sondern die Einheit der Funktion betonte:

> »Es gibt aber, außer der Anschauung, keine andere Art, zu erkennen,
> als durch Begriffe. Also ist die Erkenntnis eines jeden, wenigstens des
> menschlichen, Verstandes, eine Erkenntnis durch Begriffe, nicht in-
> tuitiv, sondern diskursiv. Alle Anschauungen, als sinnlich, beruhen
> auf Affektionen, die Begriffe also auf *Funktionen*. Ich verstehe aber
> unter *Funktion* die Einheit der Handlung, verschiedene Vorstellungen
> unter einer gemeinschaftlichen zu ordnen. Begriffe gründen sich also
> auf der Spontaneität des Denkens, wie sinnliche Anschauungen auf
> der Rezeptivität der Eindrücke. Von diesen Begriffen kann nun der
> Verstand keinen andern Gebrauch machen, als er dadurch urteilt.«[13]

Gegen die traditionelle Auffassung, dass das Urteilen, da es eine
Verbindung mehrerer Begriffe erfordert, diesen nachgeordnet ist,
hat Kant mit dieser Überlegung die Priorität des Urteilens vor den
Begriffen herausgestellt. Ein Begriff ist ihm zufolge geradezu nichts
anderes als »das Prädikat zu einem möglichen Urteile«.[14] Kant war
der erste, der diese Priorität der Urteilsfunktion deutlich erkannt
hat.[15] Er erhob die Gnoseologie, die bald so genannte Erkenntnis-

---

[12] Gajdenko 1978, 214.
[13] Kant, *KrV* A 68 = B 93 (meine Hvh.).
[14] Kant, *KrV* A 69 = B 94.
[15] Vgl. z.B. Schulthess 1981.

theorie in den Rang des wichtigsten und logisch primären Elements in einem philosophischen System. Damit veränderte er wesentlich die Prämisse aller bisherigen Philosophie, indem er die Erkenntnis als eine nach eigenen Gesetzen verlaufende Tätigkeit betrachtete und eben diese Gesetzmäßigkeiten der Erkenntnis an und für sich zu untersuchen vorschlug.

So bestimmten nicht mehr der Charakter und die Struktur der erkannten bzw. zu erkennenden »Substanz«, sondern vielmehr der Charakter und die Struktur des erkennenden »Subjekts« die Erkenntnismethode. Auf dieser Basis ist sowohl der Erkenntnisgegenstand zu konstruieren als auch die Mittel und das Verfahren der Erkenntnis. Eben darin zeigt sich der Kants »Funktionalismus«, die Vorrang der »Funktion« vor der »Substanz«, besonders deutlich. Im Zuge dieser neuen Aufgabenstellung mussten sowohl die Struktur des Erkenntnisprozesses selbst als auch sein Ursprung, seine Richtung und sein Ziel auf eine andere Weise untersucht werden, als das bisher üblich gewesen war. Den Schlüssel zur Antwort auf alle Fragen der Metaphysik sollte die Analyse des erkennenden »Subjekts« zur Verfügung stellen. Wurde unter der ontologischen Betrachtungsweise des »substantiellen Denktyps« das Subjektive vor allem als Hindernis, als etwas gesehen, das den wirklichen Zustand der Dinge »verfälscht« und »verdunkelt«, so gilt es nunmehr, sogar den Unterschied zwischen dem Subjektiven und Objektiven ausgehend vom Subjekt selbst und seiner Tätigkeit festzustellen.

Diesem Zweck dient die bekannte Unterscheidung zwischen dem empirischen und dem transzendentalen Subjekt. Dasjenige Subjekt, dessen unter bestimmten Prinzipien stehende Tätigkeit die gegenständliche Welt gleichsam entstehen lässt und die deshalb zu den »Bedingungen der Möglichkeit« jeder objektiven — nach Kant: wissenschaftlichen — Erkenntnis gehört, ist das transzendentale Subjekt. Die Produkte seiner Tätigkeit haben anders als die Produkte der Tätigkeit eines empirischen Subjekts einen allgemeingültigen, notwendigen Charakter: Es sind die *a priori* erkennbaren Strukturen der Realität. Dass diese nicht durch »Widerspiegelung« stofflich vorhandener Gegenstände und deren Verbindungen entstehen, sondern als Konstruktionen einer spontanen Tätigkeit des Verstandes angesehen werden, wobei insbesondere die Verbindungen, Beziehungen oder Relationen zwischen Gegenständen auf eine ursprünglich synthetische Denktätigkeit zurückgeführt werden, ist der Kerngedanke der von Kant propagierten »kopernikanischen Wende« in der Philosophie.

In dieser Verlagerung des Schwerpunkts innerhalb der Logik von der *Substanz* auf die *Beziehungen* sahen die Neukantianer insbesondere der Marburger Schule das Hauptverdienst Kants. Hermann Cohen, der Hauptrepräsentant dieser Schule, schreibt in diesem Zusammenhang:

> »Es gehört zu den tiefsten Eingriffen in alle geschichtliche Metaphysik, dass Kant den Begriff der Substanz zur Vorbedingung der Relationskategorien gemacht hat. In aller bisherigen Metaphysik bildet die Substanz ebenso den Mittelpunkt wie den Ausgang. In der Kritik dagegen erscheint sie als synthetischer Grundsatz, erst an der dritten Stelle, welche von den Grundsätzen der Analogien eingenommen wird. Und nicht einmal als ein selbständiges Grundverhältnis nach der Schablone von Substanz und Akzidenz wird die Substanz anerkannt, sondern nur die Vorbedingung sei sie für die eigentlichen Verhältnisse, die Analogien, die Proportionen, die Gleichungen, welche vermittels der Kausalität und der Wechselwirkung vollziehbar werden«.[16]

Cohen, Natorp und Cassirer hatten als Ausgangspunkt für ihre eigenen philosophischen Systeme die Kantische Transzendentalphilosophie, wobei ihr Hauptziel war, sich von dem bis dahin in der Erkenntnistheorie vorherrschenden substanziellen Denktyp zu befreien. Cohen lehnte kategorisch nicht nur den vorkantischen, sondern auch den (durch Fichte, Schelling und Hegel repräsentierten) postkantischen Ontologietyp ab. Er war der Auffassung, jede substanzielle Wissensbegründung, in welcher Form sie auch vorgenommen werde, müsse früher oder später ihre Haltlosigkeit offenbaren. Eine derartige Wissensbegründung komme vor allem in dem Versuch zum Ausdruck, die Struktur des Seins außer-

---

[16] Cohen: *Kants Theorie der Erfahrung.* Berlin 1918, S. 787.

halb und letztlich auch unabhängig von der eigentlichen natur-
wissenschaftlichen Erkenntnis zu bestimmen. Diese Art, das Sein
metaphysisch zu konstruieren, sah COHEN sowohl in den Sub-
stanzlehren des vorkantischen Rationalismus als auch in den Fichtes Lehre vom »absoluten Subjekt« oder in HEGELS Konzept der
zum Subjekt gewordenen Substanz.

KANT wollte, Cohen zufolge, dieser Art substanzieller Wissensbegründung ein Ende setzen und suchte die Einheitlichkeit des
Wissens, also seinen allgemeinen und notwendigen Charakter zu
begründen, indem er sich nicht auf *die Einheit der Substanz*, sondern auf *die Einheit der Funktion* stützte. Das transzendentale
Subjekt Kants sei gar nichts anderes, als eben diese *funktionelle
Einheit*. Anders als DESCARTES, SPINOZA oder LEIBNIZ, die alle die
Quelle der Einheit des Wissens in einer einheitlichen Substanz
meinten finden zu können, habe Kant, so Cohen, den Grund der
Einheit des Wissens in der Einheit der funktionellen Tätigkeit des
transzendentalen Subjekts entdeckt, was ihm die Möglichkeit er-
öffnete, innerhalb der Sphäre der wissenschaftlichen Kenntnis
selbst zu bleiben und diese nicht in einer spekulativ-konstruierten
Realität zu verankern. So habe er sich ausschließlich auf Erkenntnisse der Wissenschaft selbst und auf die funktionelle Einheit ihrer
methodologischen Prinzipien und theoretischen Konstruktionen
stützen können.

Die Neukantianer verwandeln das zentrale Thema der Kanti-
schen Philosophie — die Möglichkeit einer apriorischen Synthese
als Synthese verschiedenartiger Elemente — in ein rein logisches
Problem, indem sie den für Kant prinzipiellen Unterschied zwi-
schen Sinneswahrnehmung und Verstandeserkenntnis aufheben.
Die transzendentale Synthese wird nach der Lehre der Marburger
Schule durch einen ursprünglichen Denkakt verwirklicht. Dieses
Denken stellt sich bei COHEN nicht mehr als die Verknüpfung der
Daten einer sinnlich erfahrenen Vielfalt zu einer Einheit dar. Es
offenbart sich vielmehr als ein Schaffensakt. Dem Gebäude der
Wissenschaft liegt ein ursprünglicher Denkakt zugrunde, der so-
gar Gegensätzliches miteinander verbindet.

Die transzendentalen Synthesis wird also als ein rein logischer Akt, der gleichwohl produktiv ist, gedeutet. Durch diese Interpretation kann man sich an die Vorstellungen Hegels erinnert fühlen. Doch die Neukantianer erklärten diesen logischen Akt nicht zu einem solchen, der die Substanz des Seins selbst hervorbringt. Der Akt der Synthesis bleibt bei ihnen *Einheit der Funktion.* Er wird nicht zur Einheit der Substanz. Denn er soll nicht mehr sein als ein die *Verknüpfung,* die *Beziehung* herstellender Akt. Der Bezug auf etwas Anderes ist das wichtigste definierende Merkmal des ursprünglichen Denkaktes. Denken beginnt genau dort, wo eben dieser Bezug auf anderes, auf das Entgegengesetzte anhebt. Das ist das Schaffen einer Verknüpfung, einer Beziehung zu anderem. In diesem Sinne tritt das Denken als kontinuierliche Vermittlung auf.

In dieser Rolle findet das Denken seine reinste Verkörperung im Akt der Zeichenbildung. Dessen Wesen nämlich ist dieses Herstellen der Verknüpfung »mit anderem« oder »der Bezug auf anderes« in reinster Form. Die Bildung eines Symbols ist nun auch nach Cassirer der erste Denkakt:

> »Es zeigt sich, dass alle theoretische Bestimmung und alle theoretische Bewältigung des Seins daran gebunden ist, dass der Gedanke, statt sich unmittelbar der Wirklichkeit zuzuwenden, ein System von Zeichen aufstellt, und dass er lernt, diese Zeichen als ›Stellvertreter‹ der Gegenstände zu gebrauchen. In dem Maße wie diese Funktion der Stellvertretung sich durchsetzt, beginnt erst das Sein zu einem geordneten Ganzen, zu einem klar überschaubaren Gefüge zu werden.«[17]

So tritt in Cassirers Philosophie der Symbolbegriff als weiterer zentraler Begriff auf, woran schon eine Differenz zu Cohen und Natorp sichtbar wird. Obwohl Cassirer, als er sich mit Fragen der Erkenntnistheorie und dem Funktionsbegriff zu beschäftigen begann, sich zunächst noch im Rahmen der Marburger Schule des Neukantianismus bewegte, ist sein Rekurs auf den Symbolbegriff

---

[17] Cassirer: *Philosophie der symbolischen Formen*, Bd. 3. Berlin 1929, 53.

die Brücke zu seiner Kulturphilosophie, die als sein wichtigster origineller Beitrag zur Philosophie gilt. Bis heute assoziiert man dem Namen ›Cassirer‹ vor allem die weltweit bekannte *Philosophie der symbolischen Formen*. Seine ursprünglich im Kontext der Erkenntnistheorie angesiedelte Theorie des Symbols war dafür die wichtigste Voraussetzung.

Symboltheoretische Fragestellungen hat Cassirer schon seit 1917 verfolgt.[18] Mit seinem Symbolbegriff versuchte er

> »das Ganze jener Phänomene zu umfassen, in denen überhaupt eine wie immer geartete ›Sinnerfüllung‹ des Sinnlichen sich darstellt; - in denen ein Sinnliches, in der Art seines Daseins und So-Seins, sich zugleich als Besonderung und Verkörperung, als Manifestation und Inkarnation eines Sinnes darstellt. Hier- zu bedarf es nicht, dass beide Momente als solche schon scharf auseinander getreten sind, dass sie in ihrer Andersheit und Gegensätzlichkeit *gewusst* werden. Diese Form des Wissens bezeichnet nicht den Anfang, sondern erst das Ende der Entwicklung«.[19]

Eine allgemeine Theorie des Symbols entwickelt Cassirer im 1. Band seiner *Philosophie der symbolischen Formen* unter dem Titel »Die Sprache«. In der die »Problemstellung« exponierenden Einleitung dazu findet man das folgende Schema:

1. Der Begriff der symbolischen Form und die Systematik der symbolischen Formen;
2. Die allgemeine Funktion des Zeichens. — Das Bedeutungsproblem;
3. Das Problem der »Repräsentation« und der Aufbau des Bewusstseins;
4. Die ideelle Bedeutung des Zeichens. — Die Überwindung der Abbildungstheorie.

Cassirer beruft sich übrigens auf Heinrich HERTZ' *Prinzipien der Mechanik*, in denen er ein neues Ideal der Erkenntnistheorie formuliert fand. Cassirer zufolge hatte Hertz nämlich erklärt, die

---

[18] Vgl. KROIS 1988, 17.
[19] CASSIRER, *PsF* III, 109.

»wichtigste Aufgabe unserer Naturerkenntnis [sei], dass sie uns be-
fähige, zukünftige Erfahrungen vorauszusehen: — das Verfahren aber,
dessen sie sich zur Ableitung des Zukünftigen aus dem Vergangenen
bediene, bestehe darin, dass wir uns ›*innere Scheinbilder oder Symbole*‹ der äußeren Gegenstände machen, die von solcher Art sind, dass
die denknotwendigen Folgen der Bilder stets wieder die Bilder seien
von den naturnotwendigen Folgen der abgebildeten Gegenstände«.[20]

Ausführlich zitiert Cassirer aus Hertz' *Prinzipien der Mechanik*,[21]
um zu belegen, dass dieser in seiner Erkenntnis- und Zeichentheorie
einen anderen Begriffs des Bildes exponiere als den traditionellen
und so »die Wendung von der ›Abbildtheorie‹ der physikalischen
Erkenntnis zu einer reinen ›Symboltheorie‹ [...] vollzogen« habe.[22]
An die Stelle inhaltlicher *Ähnlichkeit* zwischen Bild und Sache sei
ein »höchst komplexer logischer Verhältnisausdruck«, eine »allgemeine intellektuelle *Bedingung*« getreten:

> »Ihr Wert liegt nicht in der Abspiegelung eines gegebenen Daseins,
> sondern in dem, was sie als Mittel der Erkenntnis leisten, in der Ein-
> heit der Erscheinungen, die sie selbst aus sich heraus erst herstellen.«[23]

Cassirer meint, es sei unmöglich, den Zusammenhang zwischen
Ding und Zeichen als Verhältnis der Abspiegelung im Sinne einer
inhaltlichen Identität zwischen »Bild« und Ding zu erklären. Mathematik und Physik operierten mit logischen Konstrukten, die

---

[20] Cassirer, *PsF* i, 5.
[21] Hertz 1894, 1 (zit. in Cassirer, ebd. 5 f.): »Ist es uns einmal geglückt,
aus der angesammelten bisherigen Erfahrung Bilder von der verlangten Beschaffenheit abzuleiten, so können wir an ihnen, wie an Modellen in kurzer Zeit die Folgen entwickeln, welche in der äußeren Welt erst in längerer
Zeit oder als Folgen unseres eigenen Eingreifens auftreten werden [...].
Die Bilder, von welchen wir reden, sind unsere Vorstellungen von den
Dingen; sie haben mit den Dingen die eine wesentliche Übereinstimmung,
welche in der Erfüllung der genannten Forderung liegt, aber es ist für ihren
Zweck nicht nötig, dass irgend eine weitere Übereinstimmung mit den
Dingen haben. In der Tat wissen wir auch nicht und haben auch kein Mittel, zu erfahren, ob unsere Vorstellungen von den Dingen mit jenen in irgend etwas anderem übereinstimmen, als allein in eben jener *einen* fundamentalen Beziehung«.
[22] Cassirer, *PsF* iii, 25.
[23] Cassirer, *PsF* i, 6.

keine abspiegelte Ähnlichkeit mit der zu bezeichnenden Realität hätten. Dank einer Funktion von Symbolen, die sich zuerst in den exakten Wissenschaften deutlich entfaltet habe, werde auch das Wesen des menschlichen Verständnisses der Welt und überhaupt das Verhältnis des Menschen zur Welt klarer, nämlich durch seinen »medialen« Charakter:

> »Statt mit der dogmatischen Metaphysik nach der absoluten Einheit der Substanz zu fragen, in die alles besondere Dasein zurückgehen soll, wird jetzt nach einer Regel gefragt, die die konkrete Mannigfaltigkeit und Verschiedenheit der Erkenntnisfunktionen beherrscht und die sie, ohne sie aufzuheben und zu zerstören, zu einem einheitlichen Tun, zu einer in sich geschlossenen geistigen Aktion zusammenfasst«.[24]

So wird die Einheit von Funktion- und Symbolbegriff zum *Credo* Cassirers, zur Grundlage seiner eigenen Methodologie für Natur- und Geisteswissenschaften. Aber das ist nicht alles. Eine große Rolle in seiner Philosophie spielt auch der Mythosbegriff.

Der II. Band der *Philosophie der symbolischen Formen* stellt unter dem Titel »Das mythische Denken« Gegenstände und Probleme »einer Philosophie der Mythologie« besonders ausführlich dar. Obwohl der Begriff des Mythos in vielen seiner anderen Arbeiten auftaucht,[25] gewinnt er zentrale Bedeutung doch erst wieder in seiner letzten Schrift, *The Myth of the State*. Wie PLÜMACHER betont, versteht Cassirer den Mythos als ein

> »komplexes *Symbolsystem*, das rituelle Handlungen und eine eigentümliche Form der Wahrnehmung wie auch die Erzählungen umfasste, für die gewöhnlich der Begriff des Mythos steht. Er thematisiert dieses System als eine ›*Lebensform*‹, die eine besondere Formung der Erfahrung einschließt. Die mythische Erzählung ist in seinem Verständnis des Mythos nur ein Teil und spezieller Ausdruck einer Bewusstseins- und Lebensform«.[26]

---

[24] Ebd. 8.
[25] Das sind z.B. CASSIRER 1925, 1931, 1944, um nur die wichtigsten zu nennen.
[26] PLÜMACHER 2003, 176 ff.

Der Mythos sowie die Religion sind nach Cassirer Ur-Phänomene, aus denen sich später andere symbolische Formen wie der Kunst, der Sprache oder der Wissenschaft entwickeln. In *The Myth of the State* setzt Cassirer Akzente dann schon anders:

> »Die angesichts des Faschismus aufgeworfene Frage, wie es möglich werden konnte, dass ›Mythen‹ und Prinzipien mythischen Denkens die in langer Kulturentwicklung herausgearbeiteten ›rationalen‹ Strukturprinzipien des Denkens wieder dominieren, veränderte auch die Interpretation des kulturhistorischen Mythos. Cassirer macht darauf aufmerksam, dass Grundmotive der faschistischen Ideologie im 19. Jahrhundert entwickelt wurden und die faschistische Ideologie somit eine Vorgeschichte hat. Doch es blieb die Frage, weshalb diese Ideologien kulturell dominant werden konnten«.[27]

Es ist wirklich eine interessante und wichtige Frage, warum der Totalitarismus in einigen europäischen Ländern wie Deutschland und Russland so erfolgreich sein konnte, während er anderen Ländern, wie z.B. Frankreich oder Großbritannien, weitgehend erspart blieb. Dies hier weiter zu verfolgen hieße allerdings, schon in die Bewertung von Cassirers Totalitarismus-Konzept einzutreten, was ich später noch ausführlich diskutieren werde.

Wenn man versucht, Cassirers Kulturphilosophie als eine Grundlage seiner Totalitarismus-Deutung besser zu verstehen, ist eine Auseinandersetzung mit seinem Hauptwerk, der *Philosophie der symbolischen Formen*, unumgänglich. Dieses ist ein sozusagen bereits »klassischer« Text, an dem Schritt für Schritt verfolgen kann, wie eine gleichsam konventionelle Transzendentalphilosophie zu einer Kulturphilosophie transformiert wird. Cassirer analysiert darin nicht nur die Rolle der Sprache und des Mythos als ursprünglicher Modalitäten menschlicher Erfahrung im Laufe der Entwicklung der Zivilisation, er entwickelt dort auch systematisch eine allgemeine Theorie der Kultur. Hatte Cassirer sich früher auf Fragen der Erkenntnistheorie konzentriert, so ging es ihm später um die Pluralität der symbolischen Formen der gesamten Kultur, die er als

---

[27] Ebd. 187.

Ausdruck der Spontanität und der Vielfalt des menschlichen Geistes erklärt.

Den Terminus ›symbolische Form‹ verwendete Cassirer zum ersten Mal 1921 in einer Diskussion über die unterschiedliche Gestalt der Naturwissenschaft bei NEWTON, GOETHE und EINSTEIN. Der Realismus, so seine These, sei nicht in der Lage den Sinn der Sachen zu »verstehen«, weil er nur auf die »sachliche Wirklichkeit« gerichtet sei. Um den Horizont zu erweitern, stellte er mit der *Philosophie der symbolischen Formen* eine »systematische« Philosophie vor, die mehr sein sollte als nur Erkenntnistheorie und auch andere Phänomene der Kultur miteinbezog. In diesem Sinne betont KROIS:

> »Cassirer erwähnt als symbolische Formen: Mythos, Sprache, Technik, Recht (meist zusammen mit ›Sitte‹), Kunst, Religion, Wissenschaft (oder ›Erkenntnis‹), Historie und auch einmal ›Wirtschaft‹«.[28]

Diese Phänomene der menschlichen Kultur hat Cassirer allerdings nicht mit demselben Grad der Ausführlichkeit erforscht: So sind in der *Philosophie der symbolischen Formen* (1923-29) ausführlich die Sprache, das mythische Denken und die Wissenschaft erörtert worden, im *Essay on Man* (1944) außer diesen noch die Religion, die Kunst und die Geschichte. Das Recht, die Sitten und die Moral thematisiert er in der wenig bekannten Arbeit über *Axel Hägerström* (1939). Die Wirtschaft ist nur einmal im zweiten Band der *Philosophie der symbolischen Formen* erwähnt. Mit dem Begriff der Technik beschäftigt sich Cassirer in dem Artikel »Form und Technik« (1930). Wie man daran schon erkennt, lässt sich ein streng systematischer Katalog der verschiedenen Erscheinungen der Kultur, wie ihn Krois und andere Interpreten aufstellen, aus Cassirers Texten allein schwerlich herausziehen.[29]

Cassirers Überzeugung nach entwickeln sich alle symbolische Formen aus einer symbolischen Grundlage — aus dem Mythos: Alle symbolische Formen

---

[28] In: BRAUN / HOLZHEY / ORTH 1988, 19.

[29] Siehe dazu: KNOPPE 1992, GRAESER 1994, ORTH 1996, SCHWEMMER 1997, PAETZOLD 2002, RUDOLPH 2003, FERRARI 2003, SANDKÜHLER / PÄTZOLD 2003 u.a.

»treten nicht sogleich als gesonderte, für sich seiende und für sich erkennbare Gestaltungen hervor, sondern sie lösen sich erst ganz allmählich von dem gemeinsamen Mutterboden des Mythos los. Alle Inhalte des Geistes, so sehr wir ihnen systematisch ein eigenes Gebiet
zuweisen und ihnen ein eigenes autonomes ›Prinzip‹ zugrunde legen
müssen, sind uns rein tatsächlich zunächst nur in dieser Verflechtung
gegeben. Das theoretische, das praktische und das ästhetische Bewusstsein, die Welt der Sprache und der Erkenntnis, der Kunst, des
Rechts und der Sittlichkeit, die Grundformen der Gemeinschaft und
die des Staates: Sie sind ursprünglich noch wie gebunden im mythisch-
religiösen Bewusstsein«.[30]

Obwohl die Frage nach der Systematik oder der Hierarchie der
symbolischen Formen bei Cassirer offen bleibt, kann man behaupten, Sprache und Technik seien, chronologisch gesehen, die
»ersten« symbolischen Formen. Diese beiden strukturieren und beeinflussen das mythische Denken in der archaischen Gesellschaft.
Sprache und Technik stellen auch die Grundlage für die Entstehung
und Entwicklung anderer symbolischer Formen dar: Zum einen
entsteht die Wissenschaft dank der klassifizierenden Funktion der
Sprache, der Entdeckung der Gesetze und der Unabhängigkeit der
Natur vom menschlichen Willen (wobei auch die »empirische«
Komponente in der Entwicklung der Wissenschaft und entsprechend die »technische« oder »körperliche« Einmischung des
Menschen in die Prozesse der Natur eine wichtige Rolle spielt).
Zum anderen entsteht die Kunst aus dem Phänomen des »Kultus«,
aus der objektivierenden poetischen Kraft des Wortes und aus bestimmten technischen Fähigkeiten. Cassirer betont nachdrücklich,
die symbolischen Formen seien kein *mixtum compositum* verschiedener Kulturerscheinungen, sondern sie seien

> »verschiedene Straßen, die zu einem gemeinsamen Mittelpunkt führen
> – und nach meiner Auffassung ist es die Aufgabe der Philosophie der
> Kultur, diesen Mittelpunkt ausfindig zu machen und zu bestimmen«.[31]

---

[30] Cassirer 1924, in: Cassirer 1997, 112 ff.
[31] Cassirer 1996, 10.

Es ist heute unumstritten, dass die *Philosophie der symbolischen Formen* das Fundament ist, auf dem Cassirer alle seine späteren Arbeiten zur Kulturtheorie errichtet hat.[32] Die Hauptidee, die er darin zu entwickeln sucht, ist die folgende: Obwohl die Phänomene der Kultur so unterschiedlich und oft autonom sind, gibt es eine Grundlage, die alle inhaltlichen Differenzen vereint – nämlich die schöpferische Energie des menschlichen Geistes, die diese Phänomene eigentlich schafft. Diese schöpferische geistige Energie hat nur der Mensch, dessen Natur sich bei der Schaffung des vielseitigen Universums der Kultur zeigt. Deswegen wendet sich Cassirer, nach der Betrachtung der Probleme der Philosophie der Kultur, zur philosophischen Anthropologie: Dies ist seine Definition des Menschen als *animal symbolicum*. In *The Myth of the State* weist er dann auf die negativen Seiten dieser schöpferischen Fähigkeit hin: auf die Entstehung der totalitären Herrschaft.

Nach Cassirer schafft der Mensch die symbolischen Formen aus archaischen Mythen, antiker und mittelalterlicher Metaphysik, aus primitiven Kulthandlungen. Alles das bildet auch die Grundlage für die spätere Entwicklung des theoretischen Bewusstseins. Die rationale Funktion des Denkens bestehe darin, dank des Strebens der Menschen zum »Wesen« der Dinge vorzudringen. So wird das Bewusstsein allmählich von anschaulichen empirischen Elementen »befreit«, und es entsteht schließlich das theoretische Wissen. In seiner vierbändigen Studie *Das Erkenntnisproblem in der Philosophie und Wissenschaft der neueren Zeit* stellte Cassirer die Rolle und die Bedeutung metaphysischer Konzepte in der rationalistischen Philosophie und Wissenschaft der Neuzeit dar. Später in der *Philosophie der symbolischen Formen* analysierte er den Prozess der Selbstentwicklung des menschlichen Bewusstseins, das sich in der Schaffung der symbolischen Formen der Kultur zeigt. Für Cassirer ist die *Philosophie der symbolischen Formen* vor allem die Philosophie des freien schöpferischen menschlichen Geistes. Seine Kulturphilosophie ist keine rein metaphysische Philosophie und keine

---

[32] Das sind z.B. CASSIRER 1921a, 1922c, 1939a, 1942 u. 1979.

psychologische Philosophie – Cassirers Kulturphilosophie hat mit dem isoliert betrachteten Sein oder mit dem isoliert betrachteten Bewusstsein nichts zu tun. SCHWEMMER umschreibt vor diesem Hintergrund das Besondere der Philosophie Cassirers folgendermaßen:

> »Das Verhältnis von Vielheit und Einheit, von symbolischen Formwelten und formendem Geist werde ich von zwei Seiten her in den Blick zu bringen versuchen. Einmal gehe ich von einer Betrachtung des gestaltenden *Tuns* aus, so wie es Cassirer zwischen dem *Ausdrucksverhalten* des Menschen und der *Schaffung eines Werkes* in seinen verschiedenen Aspekten sich entwickeln sieht. Der andere Weg führt über eine Betrachtung des *»Symbolprozesses«*, damit ist der Prozesses, der die Dynamik der Symbolisierung zunächst in unserem Bewusstsein – unseren Gefühlen, Wahrnehmungen und Vorstellungen – und dann in den viele Strecken mit pragmatischen Konzeptionen in der Philosophie gemeint. Der zweite Weg charakterisiert die besondere symboltheoretische Konzeption Cassirers«.[33]

Cassirer meint, wir verstünden die symbolische Form nicht, wenn wir nur die empirische Realität betrachten oder psychologische Methoden bzw. metaphysische Betrachtungsweisen verwenden: Denn das Wesen der symbolischen Form sei die schöpferische Tätigkeit des menschlichen Geistes. Im »Symbolisierungsprozess« nun unterscheidet Cassirer die folgenden drei Stufen: Ausdrucks-, Darstellungs- und Bedeutungssphäre.[34]

In der Ausdrucksphase nimmt der Mensch die Welt als ein Vielfalt von Erlebnissen und Eindrücken wahr. Bevor der Mensch die Welt als einen Komplex von Dingen versteht, nimmt er die Welt als »reine« Wahrnehmung wahr. Aus diesen Urphänomenen der Ausdrücke sind Mythos und Kunst entstanden. Die Sprache bedeutet schon eine »Drehung« und einen Übergang in eine neue Dimension — die sogenannte Darstellungssphäre. Diese gehört schon zu einem logisch-begrifflichen Stadium, weil die Definition

---

[33] SCHWEMMER: »Die Vielfalt der symbolischen Welten und die Einheit des Geistes«, in: FREDE / SCHMÜCKER 1997, 7 ff.
[34] Vgl. PAETZOLD 1993, 49 ff.

der Dinge das Ziel ist. Gleichwohl ist dieses Stadium noch unmittelbar mit der Ausdruckswelt verbunden.

Der Prozess der Objektivierung in der Entstehung und in der Entwicklung der Sprache – wenn die sprachliche »innere Selbstbefreiung« kommt – weist drei Phasen auf:

1. das mimische Stadium — die Sprache hat physiognomischen Charakter: verschiedene Elemente der Sprache unterscheiden sich voneinander durch ihre Lautqualitäten und ihre Dauer;

2. das analoge Stadium — eine Übergansphase, die schon aus dem mimischen Stadium herausführt, weil das Verhältnis der Laute zueinander ein Verhältnis zwischen den Dingen darzustellen beginnt;

3. das eigentlich »intellektuelle« Stadium — dieses letzte Stadium ihrer Entwicklung erreicht die Sprache erst, wenn sie ein rein symbolisches System geworden ist.

Diese drei Stadien in der Entwicklung sprachlicher Formen spiegeln den Weg des »Geistes« wieder: vom mimischen über das analoge Stadium zur symbolischen Phase. Der Geist findet seine vollendete schöpferische Autonomie nur in der symbolischen Phase. Was den theoretischen Begriff angeht, so steht auch hier am Anfang ein mimisches Stadium. Bei der Bildung von theoretischen Begriffen geht es um die Bewegung von den Dingen zu den Ideen und um Bindungen zwischen den Ideen und der empirischen Welt im Sinne von PLATO. Danach kommt die — der Physik KEPLERS, GALILEIS und NEWTONS entsprechende — »Analogiephase«, in der die unmittelbare Korrelation zwischen sinnlichen Erfahrungsobjekten und abstrakten wissenschaftlichen Begriffen allmählich verschwindet. In Cassirers *Philosophie der symbolischem Formen* wird gezeigt, wie die empirische Komponente der menschlichen Erkenntnis mit der Entwicklung des Wissens immer abstrakter und schließlich durch die abstrakte Form ersetzt wird. So entsteht die theoretische Wissenschaft. Genau in diese Richtung geht auch die Entwicklung der Kultur, denn die Entfernung des menschlichen Denkens von den empirischen Objekten in der Kunst, in der Literatur usw. bedeutete auch die Befreiung des riesigen schöpferischen

Potenzials menschlichen Geistes. Das sei die Hauptbedeutung des Symbols als Medium im Prozess der Umwandlung der Welt von unmittelbaren Eindrücken zu der Welt des reinen geistigen Ausdrucks. In diesem Sinn hat das Symbol eine ideelle Bedeutung, es stellt die Gesamtheit von möglichen Wesenszügen der Realität dar, die sich dank symbolisierender Funktion des Bewusstseins in eine abgeschlossene und feste Einheit der Form organisieren. Cassirer versucht, in seiner Kulturphilosophie zu zeigen, wie

> »hinter jedem bestimmten Kreis von Symbolen und Zeichen – mag es sich nun um sprachliche oder mythische, um künstlerische oder intellektuelle Zeichen handeln – immer zugleich bestimmte *Energien* des Bildens stehen. […] Die echte Substanzialität des Geistes aber besteht nicht darin, dass er sich alles sinnlich-symbolischen Inhalts als eines bloßen Zufalls entledigt, dass er ihn wie eine leere Schale fortwirft, sondern dass es sich in diesem widerstehenden *Medium* behauptet. Für die Philosophie […] kann daher niemals das Leben selbst, vor und außerhalb aller Geformtheit, das Ziel und die Sehnsucht der Betrachtung bilden; sondern für sie bilden Leben und Form eine untrennbare Einheit. Denn erst durch die Form und ihre Vermittlung nimmt die bloße Unmittelbarkeit des Lebens die Gestalt des *Geistes* an […]«.[35]

Wenn man heute Cassirers Kulturphilosophie einzuschätzen versucht, sieht man, dass Cassirer bestimmte Momente aus Kants und Hegels Kulturphilosophie akzeptiert und weiterentwickelt hat. Die Kultur als nachhaltige und konsequente Entwicklung der Freiheitsidee gewinnt bei Cassirer (nicht zuletzt dank seiner persönlichen Lebensumstände) freilich größere Bedeutung. Für ihn verwirklicht sich die Freiheit des Geistes und entsprechend das menschliche Bewusstsein in jeder Bewegung des Denkens, Willens oder Gefühls. Solch eine Intention des Denkens führt von passiven Zuständen des Bewusstseins zu bestimmten Aktivitäten und verschiedenen Formen der kulturellen Tätigkeit der Menschen, wodurch ein vielfältiges Universum der menschlichen Kultur entsteht.

---

[35] Cassirer 1923b, in: Cassirer 1997, 200. — Das Wort ›Medium‹ ist im Original nicht hervorgehoben.

So beginnt Cassirer mit der analytischen Beschreibung verschiedener Formen dieser geistigen schöpferischen Tätigkeit und betrachtet dabei Sprache, Kunst, Religion und Wissenschaft als die symbolischen Formen dieser Tätigkeit. Die ausführliche Darstellung dieser Formen dient später als Grundlage für ihre Synthese; und die Synthese der symbolischen Formen bedeutet für Cassirer (wie schon gesagt) Schaffung des Universums der Kultur durch die »symbolisierende« kreative Fähigkeit des Menschen.

Die Entwicklung seines Denkens führte Cassirer von der Erkenntnistheorie über die Kulturphilosophie und die philosophische Anthropologie bis zur politischen Philosophie als ethischen Vollendung seines philosophischen Systems. Die jeweils zentralen Themen waren in einer groben chronologischen Reihenfolge: *Funktion – Mythos – Symbol – Kultur – Mensch – Politik.* Nicht nur in der *Philosophie der symbolischen Formen,* sondern auch in seinem Aufsatz »Naturalistische und humanistische Begründung der Kulturphilosophie«(1939) und in der *Logik der Kulturwissenschaften* (1942) geht es dann eher um die »Produkte« der Kultur. Er analysiert in diesen Arbeiten sowohl symbolische Formen, die das ganze Universum der menschlichen Kultur erschaffen, als auch die gemeinsamen Prinzipien, nach denen diese autonomen symbolischen Formen eine feste Einheit der Kultur bilden. Im *Essay on Man* konzentrierte sich Cassirer dagegen auf das Subjekt, auf den Menschen, der diese Vielfalt symbolischer Formen schafft. Später ging es ihm um die Politik als eine empirische Gegebenheit, in der sich das geistige Potential des Menschen als *animal symbolicum* entfaltet. In diesem Zusammenhang tauchen Fragen auf nach den Gefahren, die die Entwicklung der Zivilisation mit sich bringt. Damit werden auch ethisch-moralische Momente in Cassirers Philosophie sichtbar, deren Relevanz für sein Denken allerdings in der Forschung nicht unumstritten ist. Aus diesem Grund werde ich im Folgenden, die Rolle der Ethik in seinen Schriften genauer betrachten.

5.3 ZUR FRAGE NACH DER ETHIK IN CASSIRERS PHILOSOPHIE

Welche Rolle die Ethik in der Philosophie Cassirers spielt, ist eine offene, auch unter den Kennern seines Nachlasses kontrovers diskutierte Frage. Jagersma bemerkt dazu:

>»Einige Cassirerinterpreten sehen es als eine gravierende Lücke [...], daß er nicht expliziter und präziser [...] auf die Moralphilosophie eingegangen ist. Obwohl er sich keineswegs völlig über philosophische Ethik ausschweigt, sucht man tatsächlich in seinem Gesamtwerk vergeblich nach einem ausschließlich der Moralphilosophie gewidmeten Buch oder wenigstens nach einem Aufsatz, der eine systematische Behandlung moralischer Themen und eine Einschätzung der Ethik als symbolischer Form böte.«[36]

Wie gravierend dieser äußerliche Mangel ist, wird von verschiedenen Autoren unterschiedlich beurteilt. Auf die Positionen, die Habermas, Recki, Krois, Schwemmer, Paetzold, Graeser und Jagersma hierzu bezogen haben, will ich jetzt eingehen.[37]

Habermas bezieht das Thema *Ethik* auf den »Symbolisierungsprozess«, der Cassirer zufolge die ganze menschliche Zivilisation formt:

>»Offensichtlich war Cassirer der Meinung, dass die Philosophie der symbolischen Formen als solche einen moralisch-praktischen Gehalt hat, der die Ausarbeitung einer eigenständigen Ethik erübrigt. Aber diesen Gehalt gibt sie erst preis, wenn man sie nicht als eine auf die Kultur im ganzen bezogene Theorie der Erkenntnis begreift, sondern als eine Theorie des Zivilisationsprozesses, und wenn man dabei den Prozess der Zivilisation zugleich humanistisch, nämlich als Bewegung der Zivilisierung versteht.«[38]

Durch Symbole distanziert sich der Mensch immer mehr von der Natur. Deshalb glaubte Cassirer der »symbolischen Vermittlung seines Lebensvollzugs« sei »die Richtung einer humanen Lebensführung vorgezeichnet«. Allerdings lehnte er es ab, das damit ins

---

[36] Jagersma 2003, 278.
[37] Vgl. Habermas 1997; Recki 1979; Krois 1987, 142-71; Schwemmer 1997, 127-95; Paetzold 1995, 157-90; Graeser 1994, 108-14; Jagersma 2003.
[38] Habermas 1997, 101.

Auge gefasste Humanitätsideal nur — wie seiner Meinung nach die Philosophen des 18. Jahrhunderts — als ein bloß ethisches Ideal anzusehen, oder, wie HABERMAS urteilt:

>»Was die Klassiker, so meint er einmal ›im Namen der Humanität‹ gesucht haben, liegt ›nicht innerhalb der Grenzen der sittlichen Form‹. Eine Theorie, die mit dem Prozess der Symbolisierung zugleich den humanen Sinn von Zivilisierung überhaupt aufklärt, leistet schon von Haus aus, was eine philosophische Ethik leisten soll.«[39]

Damit schreibt Habermas Cassirer eine starke Behauptung zu: Die angemessene Symbol- oder Kulturtheorie enthält *qua talis* schon alles, was von einer philosophischen Ethik vernünftigerweise zu erwarten ist. Es wird zu prüfen sein, ob das zum einen exegetisch haltbar ist und ob es zum anderen der Sache nach zu überzeugen vermag.

Habermas bezieht sich beiläufig auch auf Cassirers *Myth of the State*. Dabei betont er, dass jene »normativ-gehaltvollen Bildungsprozesse«[40] (die der Cassirer zugeschriebenen These nach im Prozess der Symbolisierung enthalten sein sollen) nicht mit garantierter Stabilität einfach nach einem festen Programm abliefen, sondern labil seien und unter bestimmten historischen Umständen sogar kollabieren könnten.

Auch SCHWEMMER, der Cassirer in seiner Monographie gezielt als »[e]in[en] Philosoph[en] der europäischen Moderne« darstellt, bezieht das, was Cassirers Ethik sein könnte, auf *The Myth of the State*, allerdings nicht ohne darauf hinzuweisen, wie »spärlich« die »Äußerungen zur Ethik und zur praktischen Philosophie« bei Cassirer seien:

>»Zwar will sein letztes Buch *The Myth of the State* […] eine kulturhistorische Erklärung der Rolle bieten, die der Mythos oder das mythische Denken in den verschiedenen Formen der politischen Organisation des menschlichen Handels spielt, und dabei insbesondere ›die Technik der modernen politischen Mythen‹ analysieren. Aber auch in dieser durch sein eigenes Schicksal als jüdischer Emigrant in

---

[39] Ebd. 102.
[40] Ebd. 103.

der Zeit des Nationalsozialismus für ihn existenziell bedeutsamen Studie bleibt Ernst Cassirer in erster Linie ein Kulturphilosoph. Was er analytisch herausarbeitet, sind Phänomene und Strukturen symbolischer Formen und damit kultureller Zusammenhänge.«[41]

Diese Zusammenhänge, so Schwemmer, »begründen zwar eine politische Philosophie«, aber:

> »sie sind keine Begründung oder Untersuchung der gedanklichen Prinzipien oder Impulse, Maßstäbe oder Perspektiven, die das moralisch Gute oder Gebotene definieren sollen. Mit anderen Worten: Sie ergehen sich nicht in einer moralphilosophischen Untersuchung.«[42]

Wie viele andere Cassirer-Forscher bezieht sich Schwemmer bei der Erörterung der Frage nach der Ethik in Cassirers Philosophie außerdem auf die weniger bekannte *Hägerström*-Studie, die Cassirer 1939 im Exil in Schweden geschrieben und veröffentlicht hat. Gerade mit Bezug auf diese Studie aber betont GRAESER (ganz ähnlich wie SCHWEMMER), dass Cassirer die Moralhilosophie »nie als solche systematisch behandelt« habe. Seine Ethik beschränke sich

> »im wesentlichen auf jene Ausführungen, die sich in der Abhandlung *Axel Hägerström, Eine Studie zur schwedischen Philosophie der Gegenwart* finden. Da Cassirer hier freilich in erster Linie die Positionen des großen alten Mannes der schwedischen Philosophie herauszuarbeiten versucht und sie auf ihre Voraussetzungen hin prüft, wäre es falsch, in dieser Studie etwa eine systematische Entfaltung eigener Thesen zu erwarten. Doch ist vorstellbar, wie eine solche Entwicklung von Cassirer skizziert worden wäre.«[43]

Mit der letzten Bemerkung spielt Graeser[44] auf das Buch *Cassirer, Symbolic Forms and History* (1987) von KROIS an. Unter der Überschrift »Morality and law« enthält dieses Buch ein Kapitel, in dem der Autor zu zeigen versucht, dass und warum moralphilosophischen Themen, allem äußeren Anschein zum Trotz, in Cassirers Denken eine derart zentrale Rolle zukommt, dass man sogar von

---

[41] SCHWEMMER 1997, 127.
[42] Ebd. 128.
[43] GRAESER 1994, 108.
[44] Vgl. ebd. 205.

der Ethik als einer eigenen symbolischen Form sprechen könne. Dass Cassirer selbst dies nicht explizit entwickelt hat — und schon gar nicht in der *Philosophie der symbolischen Formen* —, gesteht natürlich auch Krois zu. Aber er meinte, diese Perspektive aus der Anlage des Werkes und anderen Schriften Cassirers rekonstruieren zu können. Unter diesen anderen Schriften hob er vor allem die *Hägerström*-Studie hervor, die er als Cassirers »Hauptschrift zur Ethik« ansah,[45] was auch Jagersma, der Krois im übrigen nicht so fern steht, als »etwas übertrieben« einschätzt.[46]

In zugespitzter Form hat auch Recki davor gewarnt, die *Hägerström*-Studie überzubewerten:

> »man *über*schätzt die Gelegenheitsarbeit über Axel Hägerström, die im schwedischen Exil ersichtlich aus Urbanität geschrieben ist, wenn man hier gar Cassirers eigene Ethik vermutet. Diese eigene Ethik hat er nie geschrieben.«[47]

Als Befund über die Beschaffenheit des Werks von Cassirer ist die Feststellung von Recki nicht zu bestreiten: Es gibt keine Arbeit von Cassirer, die man mit hinreichender Plausibilität als »eine eigene Ethik« bezeichnen könnte.

Nun könnte es so aussehen, als wäre die Meinungsverschiedenheit zwischen Recki und Krois einfach darauf zurückzuführen, dass hier zwei unterschiedliche Forschungsperspektiven aufeinanderprallen: eine mehr historisch orientierte (Recki) und eine stärker systematisch ausgerichtete (Krois). Und man könnte versucht sein, Recki mit Bezug auf die historisch-philologische Datenlage Recht zu geben, aber zugleich den Versuch von Krois positiv bewerten, das in Cassirers Kulturphilosophie enthaltene moralphilosophische Potenzial durch eigene Überlegungen sichtbar zu machen. Man hätte es dann mit einer Kontroverse zu tun, wie sie in der philosophischen Diskussion oft auftritt und selten zu einem befriedigenden Schluss kommt. Denn die Grenze zwischen einer, bezogen auf

---

[45] Krois 1987, 142-71; Krois 1988, 30.
[46] Jagersma 2003, 294.
[47] Recki 1997, 66.

die historischen Daten, vertretbaren Interpretation auf der einen Seite und einer freihändigen »Spekulation« auf der anderen ist niemals scharf bestimmbar. Recki hätte—unter dieser Annahme— darüber geschrieben, was Cassirer in der Ausarbeitung seiner Philosophie faktisch getan hat, während Krois sich mehr dafür interessiert hätte, was Cassirer dabei hätte tun können.

Aber die zugrundeliegende Annahme ist falsch, weil man Frau Recki nicht nachsagen kann, dass sie das moralphilosophische Potenzial der Cassirerschen Kulturphiloso-phie nicht wahrgenommen habe. Das Gegenteil trifft zu. Zwar besteht sie mit Bezug auf die *Philosophie der symbolischen Formen* darauf, dass dort die Ethik als eigener Gegenstand nicht vorkomme:

> »Weder in der Fassung der zwanziger noch in jenen der vierziger Jahre behandelt der Autor unter den symbolischen Formen ausdrücklich die *Moral*—oder wenigstens das *Recht*. Hier liegt ein schwerer Mangel [...].«[48]

Aber hierbei geht es nur um die Rolle der Ethik oder Moral als eine eigene symbolische Form; und der konstatierte Mangel ist deshalb »ein schwerer«, weil, wie Recki schreibt, Cassirers »gesamtes Denken ethisch imprägniert ist.«[49] Auf die Frage, weshalb »Cassirers nachdrücklich betontes Interesse am Moralisch-Praktischen nicht mehr zu Buche schlägt,«[50] gibt Recki gerade nicht eine Antwort, die nur (zufällige) historische Umstände berücksichtigt, sondern eine, die den systematischen Kern des Cassirerschen Denkens berührt:

> »Weil dieses Interesse immer schon auf eine Weise zu Buche geschlagen hat, die eine angemessene systematische Würdigung in der Folge unmöglich zu machen scheint.«[51]

Diese These steht vor dem Hintergrund einer umfassenden Würdigung der ethischen »Imprägnierung« der gesamten Kulturphilosophie Cassirers. Deren Grundgedanken gibt sie folgendermaßen wieder:

[48] Recki 1997, 61 f.
[49] Ebd. 72.
[50] Ebd.
[51] Ebd.

»Die Moral ist das zentrale Medium der menschlichen Selbstverständigung, weil sie die Möglichkeit der Orientierung im Handeln durch normative Bewertung trägt. Was *der Mensch* ist, wird man niemals vollständig beschrieben haben, wenn man seinen Vorstellungen von dem, was er sein will und sein soll, nicht Rechnung trägt. Mindestens die Spannung zwischen diesem Sein und jenem Sollen ist es, die sich im Handeln austrägt — und die Vorstellung vom Sollen im System der praktischen Bewertungen, die man mit dem Begriff der Moral identifizieren darf. Aber auch was eine *Kultur* ist, muß der Theorie entgleiten, welche die Moral als das kulturelle Subsystem der Normen und Werte übergeht.«[52]

Der Schlüssel zum Verständnis dieser engen Verknüpfung zwischen Kultur und Moral ist Cassirers Bestimmung der Auswirkungen, die die Sprache als Symbolsystem auf die Entwicklung des Bewusstseins der Menschen und auf ihr praktisches Verhalten hat, wie er sie z.B. in »Die Sprache und der Aufbau der Gegenstandswelt« (1932/33) vorgenommen hat.[53] Zwei der dabei vertretenen Thesen hebt RECKI hervor.

Der ersten These zufolge ermöglicht die Sprache den Menschen jene »Distanzierung« von den realen Dingen, die eine notwendige Bedingung für die Entstehung der theoretischen Wissenschaften und für die eigene »Selbstbestimmung« sei.

Die zweite These liest sich in der Reformulierung von Recki (der wohl auch KROIS[54] zustimmen könnte) folgendermaßen:

»In der stets intersubjektiv, also sozial vermittelten Erfahrung des *Anspruchs*, richtig zu sprechen, macht der Mensch die erste und grundlegende Bekanntschaft mit dem, was eine Norm ist [...]. Normativität überhaupt und damit das strukturelle Element der Moral ist auf diese Weise sprachlich und damit eben genuin subjektiv wie intersubjektiv vermittelt.«[55]

Normativität ist aber nur ein »*strukturelles*« — man könnte auch sagen: nur ein formales — »Element« der Moral: Nicht überall, wo

---

[52] Ebd. 62.
[53] Jetzt in CASSIRER 1985.
[54] Vgl. KROIS 1987, 156 f.
[55] RECKI 1997, 63 f.

Menschen *irgend* eine Norm anerkennen, hat man es bereits mit einer Moral im eigentlichen Sinne zu tun und schon gar nicht mit einer, die man sich zu eigen machen könnte. Es gibt schließlich viele Normen, denen andere folgen, die man selbst aber aus moralischen Gründen verwirft. Das formale Merkmal der Normativität allein macht noch keine Moral. Erst die inhaltlich *richtigen* Normen ergeben das, was man eine ›Moral‹ oder eine ›Ethik‹ nennen kann.

Freilich gehört zu den Regeln oder Normen, unter denen jeder Symbolgebrauch steht, der Ausschluss vollkommener Beliebigkeit. Das heißt: Gewisse minimale Anforderungen der Konsistenz und Kohärenz sind selbst mit der ganz formal bleibenden Normativität, die jeden Symbolgebrauch strukturell kennzeichnet, von Anfang an verbunden. Ob sich daraus jedoch entwickeln lässt, was für moralische Normen erfordert wird, ist zumindest nicht ohne weiteres ersichtlich.

In der moralphilosophischen Diskussion der Moderne ist eine emotivistische Deutung moralischer Ansprüche und Urteile immer wieder zur Begründung der These verwendet worden, es gebe eine unvermeidliche Relativität moralischer Bewertungen, die von keiner wissenschaftlichen Ethik beseitigt, sondern nur beschrieben werden könnte. Axel Hägerström stand dieser Auffassung nahe; der von Kant herkommende Cassirer hat dem die Behauptung »der Möglichkeit der *Objektivität moralischen Urteilens*«[56] entgegengesetzt. Ausdrücklich fragt Cassirer in seiner *Hägerström*-Studie, »in welchem Sinne innerhalb der *praktischen Sphäre* eine ›objektive‹ Erkenntnis möglich ist«, und er behauptet, die Begriffe »Einheit und Universalität« lieferten das hier nötige Kriterium der Objektivität.[57] Dabei bezieht sich Universalität, so Cassirer,

> »nicht auf das Vorstellen, sondern auf das Wollen; sie betrifft nicht die logische Einheit von Denksetzungen, sondern die Einheit von Zielsetzungen. Jedes Moralsystem schließt derartige Zielsetzungen in

---

[56]   Recki 1997, 64.
[57]   Cassirer 1939, 78 f.; vgl. Recki 1997, 65.

sich ein, und jedes betrachtet sie in irgend einer Weise als objektiv verbindlich«.[58]

Einen Menschen versteht Cassirer als ein »soziales Wesen«, das von fest definierten Ordnungen und Regeln einer bestimmten Gemeinde abhängt. Solche soziale »Bindungen« werden innerhalb einer Gemeinde immer fester und größer bis zu dem Zeitpunkt, zu dem verschiedene Gemeinden »einander begegnen« und zueinander »in Beziehungen treten«, woraus ein Problem entstehen kann:

> »Denn was vom Standpunkt der einen Gemeinschaft galt, gilt nicht von dem der anderen. Diese Divergenz kann hier, in der Welt des Wollens und Tuns, nicht durch Begriffe aus der Welt geschafft werden; sie muss durch Kämpfe entschieden werden. Jeder Einzelkreis sucht sich zu behaupten, und er sucht, was ihm entgegensteht, zu vernichten und zu unterdrücken. Aber es zeigt sich, dass selbst diese physische Unterdrückung nicht möglich ist, ohne dass dabei der Sieger in eine bestimmte ideelle Abhängigkeit vom Besiegten gerät. Denn jede Expansion, jede Erstreckung des Handelns und Wollens über einen weiteren Kreis, ist implizit bereits eine Lockerung der Normen, die für den engen und engsten Kreis galten«.[59]

Cassirer zieht dabei auch PLATOS Lehre über die »widersprechende Wahrnehmungen«, die einen »Anfang« des theoretischen Denkens bilden (weil ein Widerspruch gelöst werden soll) und KANTS Ideen zur Geschichtsphilosophie in Betracht. Bei Kant schaffe gerade der »Antagonismus« der menschlichen Triebe letztendlich die soziale Ordnung, die im Laufe der menschlichen Geschichte »zu immer weiteren und umfassenderen Einheiten« gedeihe, womit auch stets weiter reichende und weiter verbreitete ethische Vorstellungen gehörten. Cassirers Hauptthese ist, dass die philosophische Ethik diese auf Erweiterung des *scopus* angelegte Entwicklung abschließt, »indem sie es wagt, die Frage nach einem universellen Bezugssystem aufzustellen«.[60] Den universell geltenden Bezugspunkt für ein solches System findet Cassirer in den naturrechtlich begründe-

---

[58] CASSIRER, ebd.
[59] Ebd. 78 f.
[60] Ebd.

ten Idee der Humanität, der Menschenrechte und eines Gesell-
schaftsvertrages:

>»Das Wesen aller Vorstellungen vom Gesellschaftsvertrag ist, daß der
Mensch sich durch das Versprechen auf die Zukunft hin verhalten
kann. Es handelt sich dabei um keinen Willensakt, sondern ein kon-
stituierendes Moment des Menschen als *animal symbolicum*. Die Idee
der Menschenrechte hat nur dann Sinn, wenn es so etwas wie eine Humanität gibt, etwas, das in jedem Menschen verwirklicht wird. Dieses
Maß ist für Cassirer der Begriff des *animal symbolicum*.«[61]

Nun meint zwar auch RECKI, dass Cassirer wichtige Bedingungen
für die Begründung einer Ethik erörtert,[62] aber sie besteht — im
Unterschied zu den einschlägigen Interpretationen von KROIS und
PAETZOLD—darauf, er habe keineswegs ein moralphilosophisches
System entwickelt:

>»Einer für mehr als einen Cassirer-Interpreten plausiblen Meinung ist
mit Blick auf das Ausbleiben eben dieses Werkes und seiner kon-
zeptionellen Folgen entschieden zu widersprechen: Man *unter*schätzt
die Einsichten, die der Autor der Schrift über *Kants Leben und Lehre*
bereits zwei Jahrzehnte zuvor hatte, wenn man hier erst seine ›Wende
zur Ethik‹ [so meint PAETZOLD 1995, 157-191] sieht – man *über*schätzt
die *Gelegenheitsarbeit* über Axel Hägerström, die im schwedischen
Exil ersichtlich aus Urbanität geschrieben ist, wenn man hier gar Cassirers eigene Ethik vermutet [wie KROIS 1987, 142-171 betont]. Diese
eigene Ethik hat er nie geschrieben.«[63]

Als weiteres Argument verweist Recki auf die Tatsache, dass in dem
»symbolischen Universum der Kultur« Cassirers die Moral als eine
einzelne symbolische Form keinen Platz finde, obwohl es die Gelegenheit dazu gegeben hätte. Im *Essay on Man* (1944) nämlich hätte
Cassirer seine *Philosophie der symbolischen Formen* in diesem Sinn

---

[61] KROIS 1988, 30.
[62] RECKI 1997, 66: »Cassirer führt die Elemente einer moralphilosophischen
Grundlegung an. Er stellt die gleichermaßen sprach- wie handlungstheo-
retischen Bedingungen einer in Recht und Moral benötigen Normativität
heraus«.
[63] RECKI 1997, 66.—Das Wort ›Gelegenheitsarbeit‹ ist im Original nicht
hervorgehoben.

erweitern und ergänzen können. Recki kritisiert in diesem Zusammenhang besonders die folgende Behauptung von Krois:

>»For Cassirer the ethical point of view is a symbolic form. Within this symbolic form he distinguishes between social morality (*Sittlichkeit*) and law (*Recht*). Cassirer's ethical theory includes a theory of moral consciousness that identifies different stages of moral thinking (that is, different levels of criteria by which actions are judged from a moral point of view) and a normative theory of the ought, centering upon the natural law doctrine of inalienable human rights.«[64]

Diese These hält Recki nicht für überzeugend. Vielmehr glaubt sie, gerade Rekonstruktion, die Krois versucht habe, um den Beitrag einer ethischen bzw. moralphilosophischen Komponente zum Aufbau des Systems der symbolischen Formen — Mythos, Religion und Wissenschaft — zu bestimmen, sei – recht verstanden – gerade ein Argument »gegen seine These«,

>»da sie das Problem erkennen lässt, dass darin besteht, dass die Moral im Rahmen dieses Ansatzes *zum einen* als normatives Moment der Orientierung in den anderen symbolischen Formen begriffen ist und *zum anderen* als genuine symbolische Form zu begreifen wäre«.

Nun ist nicht zu bestreiten, dass bei Cassirer keine ausführliche und systematische Darlegung einer Ethik zu finden ist. Es bleibt für Cassirer-Interpreten nur die Option, die sparsamen Äußerungen zu moralphilosophischen Fragen auf eigene Art zu erweitern. Selbst Recki schätzt Cassirers ethische Entwürfe als ungenügend ein, um über eine systematisch dargestellte ethische Lehre zu reden. Sie nennt es eine »systematische Lücke« in der *Philosophie der symbolischen Formen* und betrachtet die *Axel Hägerström* Schrift nur als eine *Gelegenheitsarbeit*, die im Exil unter bestimmten Lebensumständen geschrieben wurde und nicht eine zentrale Rolle im System von Cassirers Philosophie »Erkenntnistheorie – Kulturphilosophie – philosophische Anthropologie – politische Philosophie« spielt und entsprechend nicht überschätzt werden soll.

---

[64] Krois 1987, 142.

»Auf die Frage, woran es dann liegt, dass Cassirers nachdrücklich betontes Interesse am Moralisch-Praktischen nicht mehr zu Buche schlägt, kann es, nachdem damit die naheliegenden systematischen Hinderungsgründe durchgespielt und ausgeschlossen sind, nur noch eine Antwort geben: Weil dieses Interesse schon immer auf eine Weise zu Buche geschlagen hat, die eine angemessene systematische Würdigung in der Folge unmöglich zu machen scheint. Der Impuls zur praktischen Selbstbestimmung findet sich nämlich in der großen Kulturanthropologie von Anfang an so begriffen, dass freilich das Moment ihrer normativen Orientierung begrifflich im Vagen bleiben muss«.[65]

Im Band 3 »Nachgelassene Manuskripte und Texte« von Cassirer, der »Geschichte. Mythos« heißt und erst 2002 publiziert worden ist, findet man ein kurzes Manuskript über die Ethik, in der er das »Leben« als ein »reines u[nd] typisches Ausdrucksphänomen« charakterisiert.

»Ein wahrgenommener, in objektiven Merkmalen fixierbarer Gegenstand spricht uns als lebendig, als ›Leben‹ an – Dieses ›Ansprechen‹ ist ein Grundphänomen – wir finden es im Tier, in der Pflanze u.s.f.[.] Aber *menschliches*, insbesondere ›persönliches‹ (ethisches) Sein enthält noch ein ganz anderes Moment – Es ist kein bloß *passives* Angesprochen *werden*[,] es ist ein aktives *Ansprechen*, ein aktiver *Anspruch*, der sich hierin ausdrückt [.] Wir *fühlen* uns in ihm angesprochen[,] wir empfinden u[nd] erfassen nicht nur fremdes ›Leben‹ – sondern wir setzen uns mit ihm in eine *wechselseitige* Verbindung – wir setzen uns mit ihm ›*auseinander*‹.«

Solche Korrelativität sei für Cassirer eine »Grundform der ethischen Gemeinschaft«. Dieses »Anerkennen«, [dieses] Wechselverhältnis sei

»gegenseitig – wir *geben* und *nehmen*[,] es ist eine Form der eth[ischen] *Ansprache* u[nd] *Aussprache* – der ›Auseinandersetzung‹ zwischen Ich und Du«.[66]

Hier sieht man, dass Cassirer die Fragen der Ethik immer im Zusammenhang mit der philosophischen Anthropologie betrachtet.

---

[65] Recki 1997, 72.
[66] Cassirer 2002, 198 ff.

Ganz allgemein kann man sagen, dass der Begriff der symbolischen Form bei Cassirer definitiv eine normative Komponente enthält. Das sind vor allem die Normen für den symbolischen Gebrauch. Die symbolische Interpretation nach Cassirer (und auch nach ganz normaler menschlicher Vernunft) ist nicht etwas Natürliches, dessen Vorbild man in der Natur oder bei Tieren finden kann. Die symbolische Interpretation ist eine ganz andere Art als die in der Natur gegebene Gesetze. Eine solche Interpretation wurde vom Anfang an—von ihren ursprünglichen primitiven Erscheinungen in der archaischen Gesellschaft bis hin zu entwickelteren komplizierten theoretischen Konstrukten in der modernen Wissenschaft oder abstrakten Werken der postmodernen Kunst—von den Menschen kreiert. Daher redet Cassirer über das *symbolische* Universum der menschlichen Kultur—im Unterschied zur Welt der Tiere, in der nur Instinkte herrschen.

Symbole in Cassirers Sinn geben normative Aspekte unterschiedlicher Lebensformen wieder; und, wie er besonders in *The Myth of the State* ausführt, kann es nicht nur den »richtigen«, »normalen« oder sozusagen »natürlichen« Symbolgebrauch geben, sondern es kann während tiefer sozialer und politischer Krisen auch zu einem pathologischen Symbolgebrauch kommen, der die Kräfte der Ratio unterdrückt. Das ist geradezu die Hauptidee von Cassirers Deutung des Totalitarismus.

Pathologie des Symbolgebrauchs bedeutet für Cassirer, dass die konstruktiven normativen Ansprüche zurückfallen und dadurch ein quasi-archaisches Modell der Gesellschaft entsteht, in dem der »schlechte« Mythos—»schlecht«, weil er das rationale Denken komplett ersetzt—vollkommen die Oberhand gewinnt. In der Mitte des 20. Jahrhunderts ist dieser pathologische Rückfall in den Mythos indes verbunden gewesen mit dem Gebrauch modernster Technik, was die »schlechten« Seiten des Mythos nur verstärkt hat.

In totalitären Staaten spielt die gut gerüstete Armee eine besonders große Rolle. Um eine solche Armee zu erschaffen, braucht man hoch entwickelte produktive Kräfte – und das hängt wiederum vom Einsatz der Technik ab – diese Idee über die Rolle der

Technik in totalitären Staaten betont Cassirer immer wieder. Aber der Einsatz der Technik benötigt seinerseits den massiven Einsatz der Wissenschaft. Hier kann man wieder konstatieren, dass die symbolischen Normen (und Formen) der Wissenschaft und die symbolischen Normen des Mythos überhaupt nicht zusammen passen, sie widersprechen einander und schließen einander aus. Als ob in der archaischen Gesellschaft immer das rationalen Denken gegen das mythischen Denken kämpfte und mit dem Sieg des rationalen theoretischen Denkens die moderne Wissenschaft entstand. In der totalitären Gesellschaft geht die Zeit gewissermaßen zurück: Als groteskes Beispiel kann man die Bücherverbrennung im faschistischen Deutschland nennen.

Die Massenwirksamkeit einer geschickt als »modern«, d.h. als zeitgemäß präsentierten Ideologie ist ein weiterer Punkt, auf den Cassirers Totalitarismus-Deutung zielt. Im Herausstellen dieses Aspektes ist er zwar nicht der einzige — viele der späteren Philosophen und Politologen betonten die entscheidende Rolle einer solchen Ideologie bei der Formation totalitärer Gesellschaften —, aber er begründet diese These als einer der ersten, und das sehr gründlich. Denn er stützt sich einerseits auf die europäische Ideengeschichte und andererseits auf seine Theorie der symbolisierenden Funktion des menschlichen Bewusstseins.

In einem totalitären Staat gibt es viele Menschen, die lange Zeit an eine solche Ideologie glauben, obwohl sie falsch ist. Die herrschende offizielle totalitäre Ideologie und die entsprechende Gesellschaftsordnung bedeuten aber nicht automatisch, dass für die Mehrheit der Bevölkerung der Totalitarismus als gesellschaftliches Modell eine Zeitlang gewissermaßen attraktiv sein muss. Wachsende Schwierigkeiten, Terror gegen »Dissidenten«, ökonomisches Chaos, das Verbot und die Verachtung traditioneller Werte u. dgl. weisen auf die unvermeidliche Instabilität und die entsprechend kurze Lebensdauer totalitärer Regime hin. Aber für kurze Zeit kann ein totalitäres System trotz aller Schwierigkeiten durchaus effektiv funktionieren und dabei sogar einige positive Züge erkennen lassen. Ich meine die Industrialisierung des rückständigen

Russland, welche die Bolschewiki in, wie man in der UdSSR sagte, »historisch kurzer Zeit« zustande brachten, obwohl der stalinistische »Archipel GULAG«, die totale Arbeitsverpflichtung u. dgl. für diesen Erfolg, dessen tatsächliches Ausmaß überdies umstritten ist, ohne Zweifel ein zu hoher Preis waren. Auf solche Widersprüche zielt Cassirers Totalitarismus-Deutung, die den Rückfall in die archaische Barbarei, in der pathologischer Symbolgebrauch und Mythos ihre negativen Kräfte entfalten, als dessen Hauptmerkmal exponieren.

Aus heutiger Perspektive muss man freilich auch sagen, dass der Begriff der Rationalität nicht nur für etwas uneingeschränkt und bedingungslos Positives steht. Daher wurde dieser Begriff besonders im 20. Jahrhundert von verschiedenen dem »Leben« oder der konkreten »Existenz« mit großer Emphase und mit Pathos huldigenden philosophischen Bewegungen ins Visier genommen. Leben *vs.* wissenschaftliche Rationalität — das ist eine Gegenüberstellung, die Cassirer nicht verstanden hat. Für ihn war und blieb die Wissenschaft eine symbolische Form dar, die sich durch ihre höhere Rationalität gegenüber denjenigen Formen auszeichnete, an deren Stelle sie getreten war. Der Forschritt in der Wissenschaft war demnach eine immanente Entwicklung. Dabei wird die Wissenschaft jedoch komplizierter und abstrakter, was zu Problemen führen kann. Allgemein gesehen, würden wohl alle Leute zustimmen, dass die komplizierten raffinierten Technologien eine immer höhere Effizienz aufweisen können. Doch die modernen wissenschaftlichen rationalen Technologien sind ohne Zweifel viel wirksamer als der alte archaische Glauben an Wunder. Die archaische Denkweise, die verspricht, dass einem die komplizierten reflexiven Anstrengungen des Denkens »erspart« bleiben könnten, bleibt im Prinzip jedoch, und zwar bis heute, als eine wegen der versprochenen Abkürzung verlockende Alternative zur rationalen Reflexion und dementsprechend attraktiv. Hier muss man einräumen, dass eine solche »Alternative« in sich nicht dumm und daher so gefährlich ist. Eine »mythische« Lösung der Probleme wird noch gefährlicher, wenn die Lösung für eine gewisse Zeit eine scheinbare Verbesserung der Situation bringt, wie Cassirer klar gesehen hat.

Zum Schluss dieses Abschnitts möchte ich mich dem neusten Stand der Cassirer-Forschung zuwenden: dem von Jagersma verfassten Kapitel »Ethik, Recht und Politik« im aktuellen Handbuch zur Philosophie Cassirers. Jagersma stellt dort neben den Meinungen anderer Forscher[67] auch seinen eigenen Standpunkt zur Frage nach Cassirers Ethik vor. Er hebt folgende zwei Momente hervor: Erstens, meint er, Cassirers Begriff ethischer Normativität habe eine komplexe Struktur:

> »Obwohl die Frage nach dem Status der Ethik in seiner Philosophie oft reduziert auf die Frage wird, ob das Ethische eine Symbolform darstellt, — worüber die Meinungen auseinander gehen —, kann man in seinem Werk mindestens zwei Charakterisierungen des Gebiets ethischer Normativität ausmachen. Indem Cassirer diese zwei Dimensionen des Ethischen, die im übrigen eng miteinander zusammenhängen, deutlich voreinander unterschied und sich in zunehmenden Maße auf eine der beiden Charakterisierungen konzentrierte, sah er sich weniger genötigt, eine eigene ›Sittenlehre‹ auszuarbeiten«.[68]

Die zweite Besonderheit der Ethik Cassirers sieht Jagersma darin, dass Cassirer sich, statt für die Fragen nach der systematischer Analyse der Ethik, für die Frage nach der »*Repräsentation des Ethischen*« interessierte: Für ihn war vor allem wichtig, wie ethische Prinzipien »in den verschiedenen Kulturgebieten zum Ausdruck gebracht werden« können:

> »Man könnte sogar die These vertreten, Cassirers Konzept einer Philosophie der symbolischen Formen als solche sei ethisch motiviert, da jede symbolische Form als Repräsentation einer ethischen Form aufgefasst wird. Allerdings nehmen in dieser Hinsicht das Gebiet des Rechts, das Gebiet der Technik und das der Politik als Verkörperungen ethischer Normativität ein Schlüsselrolle ein«.[69]

---

[67] Erwähnt werden Habermas, Baumgardt, Strauss, Lipton, Krois, Paetzold und Recki: vgl. Jagersma 2003, 276-96.
[68] Jagersma 2003, 280 f.
[69] Ebd.

Diese These stützt Jagersma auf die Meinungen von LIPTON[70] und KROIS. Für Jagersma ist offenbar die systematische Methodologie der Analyse auch attraktiver als eine rein historische Betrachtung der Tatsachen. Er schreibt dazu:

>»Die Tatsache, dass die Ethik von Cassirer nicht als eine eigenständige symbolische Form behandelt wird, kann man [...] verständlich machen, indem man zeigt, wie sich gleichwohl in seiner Philosophie *Normativität* über die ganze Skala der symbolischen Formen erstreckt. Folglich hat jede symbolische Form eine gewisse normative Funktion, so dass es nicht notwendig ist, sondern es sogar problematisch wäre, wenn man Normativität so behandelte, als ob sie mit einer bestimmten Form innerhalb des Spektrums der symbolischen Formen identifiziert werden könnte«.

Jagersma betrachtet Cassirers Universum der symbolischen Kultur als ein »Vehikel der Realisierung menschlicher Freiheit«, als ein Gebiet, wo die menschlichen kreativen Kräfte sich entfalten können. Es geht dabei auch darum, dass jede einzelne symbolische Form einen bestimmten Rahmen und Grenzen für sein sozusagen »Ausdruckspotential« hat: »Jede symbolische Form hat die ›Eigengesetzlichkeit‹ zu respektieren, die die Autonomie jeder anderen darstellt«. Und wenn gerade dieses »Bilanz« zerstört wird, wächst die Gefahr der Entstehung totalitärer Regime:

>»Wenn eine der symbolischen Formen dazu tendiert, eine andere Form zu negieren, indem sie auf reduktionistische Weise die ganze Wahrheit für sich selbst reklamiert, dann impliziert dies Cassirer zufolge eine Verletzung des moralischen Prinzips«.[71]

---

[70] Er zitiert dabei LIPTONS Behauptung: »Even though Cassirer's work covered a wide range of subjects, he did not specifically formulate an ethical position until after his departure from Germany in 1933. This omission was critical because ethics is the application of philosophical principles to common (concrete) life situations. [...] Perhaps Cassirer never specifically formulated an ethics because in his mind ethics, politics, and philosophy were the same thing – the application of pure reason to human affairs« – LIPTON 1978, 15 f.

[71] JAGERSMA 2003, 292.

So kann man wohl sagen, dass die Ethik in der Philosophie Cassirers nicht nur eine normative Funktion erfüllt, sondern zugleich eine Grundlage für die Toleranz, Pluralität und menschlichen Freiheit überhaupt bildet. Der Begriff der Freiheit hat nicht nur für seine *Philosophie der symbolischen Formen* eine sehr große Bedeutung, sondern auch für *An Essay on Man* und *The Myth of the State*. Als Hauptaufgabe der Kultur definiert Cassirer die Verwirklichung der Freiheit auf der Erde, der »echten Autonomie, die nicht technische Herrschaft des Manschen über die Natur, sondern die moralische Herrschaft über sich selbst bedeutet«.[72] So ein universalistisches Verständnis der Ethik ist Cassirers wichtiger Beitrag in der Entwicklung der ethischen Philosophie, was auch für seine politische Philosophie gilt.

5.4 ZUSAMMENFASSUNG

Um Cassirers Totalitarismus-Deutung in Ansehung seiner eigentümlichen Methodologie zu würdigen, habe ich mich bisher auf die Rolle der Ethik in seiner politischen Philosophie beschränkt. Zum Abschluss des Kapitels möchte ich zwei Gesichtspunkte ergänzen, die ebenfalls die methodische Eigenart dieser Deutung betreffen:
1. Cassirer betont immer wieder eine bestimmte Korrelation zwischen Mythen und Rationalität, zwischen mythischen und rationalen Komponenten des menschlichen Bewusstseins. Sein Fazit ist: Es sei zwar nicht möglich, den mythischen Modus des Denkens endgültig zu eliminieren, doch sollten wir solche marginalen, bisweilen aber auch dominanten Erscheinungen des Bewusstseins immer »im Auge behalten«, erforschen und theoretisch so klar wie möglich machen, um sie in bestimmten Grenzen zu halten. Dies sei eine echte Aufgabe für eine Philosophie, die ein generalisierendes Wissen hervorbringen wolle.
2. Cassirer richtet seine Aufmerksamkeit auf eine »Neugeburt« der Mythologie im 20. Jahrhundert: Mythen und Ideologeme hätten

---

[72] CASSIRER 1942, 104.

anscheinend eine Religion ersetzt, die ihre weltanschaulichen, geschweige denn ihre erklärenden und legitimierenden Funktionen
schon lange nicht mehr erfülle. Hier findet man, wie oben schon
angedeutet, sichtbare Parallelen zu VOEGELINS Gedanken über
Politische Religionen.
Die gewissermaßen Cassirersche Themen-Kette *Mythologie — Religion — Ideologie — Pluralismus — Demokratie* ist heute, am Anfang
des 21. Jahrhunderts, alles andere als unaktuell. Unter ›Demokratie‹
ist dabei durchaus die so genannte »westliche Art« zu verstehen (und
es ist ein Teil der gegenwärtigen Probleme, dass es z.B. muslimische
Autoren gibt, die ins Zentrum des gesellschaftlichen Lebns ganz andere Werte stellen, nämlich religiöse Dogmen aus dem *Koran* und
damit verbundene traditionelle muslimische Vorstellungen). Wenn
man sich anschaut, was an den in dieser Kette zusammengestellten
Themen heute kontrovers diskutiert wird oder als aktuelles Problem
wirksam ist, hat man nicht den Eindruck, dass es faschistische,
kommunistische oder »klassische« kapitalistische Ideologien sind,
die hier die größte Relevanz beanspruchen könnten. Wie erst in der
(oft ›postmodern‹ genannten) globalisierten Welt nach 1989 so recht
sichtbar geworden ist, hat das 20. Jahrhundert eine weit verbreitete
Einstellung hervorgebracht, die auch auf einer Art von Mythos beruht. Ich meine damit das Versprechen, dass Wohlstand, bezogen
auf die Verfügbarkeit bestimmter Konsumgüter und Dienstleitun-
gen, massenhaft möglich ist. Die diesem Versprechen oder Mythos
korrespondierende Einstellung einer großen Zahl von Menschen ist
eine Spielart des Hedonismus. In modernen westlichen Gesellschaften dreht sich, wie schwer zu bestreiten ist, wenn nicht alles, so doch
das meiste statt um politische oder religiöse Themen um das Vergnü-
gen, den »*fun*-Faktor«. Sehr charakteristisch finde ich z. B. das moderne Theaterstück *Shoppen und Ficken*, in dem Ziele und Interessen
des modernen Menschen, so wie er einem aus den durch Werbung
geprägten Medien weltweit aggressiv entgegentritt, fast vollständig
auf die im Titel plakativ genannten Tätigkeiten reduziert gezeigt
werden. Es ist an dieser Stelle nicht uninteressant, eine Einschätzung

des aktuellen geistigen Klimas insbesondere im Westen zu zitieren, die ich dem Nachrichtenmagazin Der Spiegel entnommen habe:

»woran [...] glaubt der Westen [...] jenseits [...] seiner glitzernden Konsumwelt und technischen Brillanz? Was ist den Menschen zwischen Athen und Lissabon, Berlin und New York wichtig, außer Arbeit und Brot, Genuss und Komfort? Die Demokratie, gewiss. Aber dann? Kommt dann Gott? Welcher Gott? Ist ein Gott-Sucher weniger wert als ein Gott-Besitzer? Und bleibt für jene, die an Gottes Existenz zweifeln, wirklich ›nichts‹ übrig—eine durch Wohlstand und allerlei Laster versüßte Lehre? ›Geld und Kapital‹, wie der Soziologe Oskar Negt auf einer Podiumsdiskussion der Berliner ›Akademie der Künste‹ meinte? Das Geld als ›der einzige Glaube‹, ›gefährlicher‹ als der religiöse Fundamentalismus, wie der Schriftsteller Peter Handke erklärt hat?«.[73]

Die Welt, auf die sich diese besorgten Fragen beziehen, kannte Cassirer natürlich noch nicht. Die Welt von 1945, als er starb, sah noch ganz anders aus. Aber wie berechtigt sind die hier ausgedrückten Sorgen eigentlich?

Die Existenz einer »glitzernden Konsumwelt« ist nicht unabhängig von der »technischen Brillianz«. Diese verlangt ein Mindestmaß an auch wissenschaftlicher Ausbildung für nicht eben wenige Menschen. Das Bild der modernen Gesellschaft als einer Horde von Dummköpfen, die nur auf primitive sinnliche Vergnügungen aus sind, ist deshalb von vornherein ein ganz unrealistisches Zerrbild. Die »technische Brillianz« erfordert außerdem bestimmte Formen der Kooperation hinreichend gut ausgebildeter Menschen. Vieles spricht dafür, dass die langfristig effizientesten Formen dieser Kooperation, wenn sie in den politischen Raum hinein gleichsam verlängert werden, eher zu Formen eines demokratischen und pluralistischen Rechtsstaates führen als zu einem hierarchisch organisierten »totalen Staat« der, den Eingebungen und Visionen eines einzelnen Führers folgt.

Ein Merkmal moderner Technik ist ihre Abhängigkeit von der Wissenschaft. Umgekehrt ist die moderne Wissenschaft in einem

---

[73] Mohr/Saltzwedel/Schmitter/Schreiber 2001, 56.

hohen Maße von der Technik abhängig: Zahlreiche Forschungs-
projekte sind nur durchführbar aufgrund technischer Investitionen,
die beinahe industrielle Ausmaße annehmen. Diese gut bekannten
Tatsachen unterstreichen einen Sachverhalt, über den man sich vor
dem Beginn der wissenschaftlichen Revolutionen der Neuzeit und
vor dem Siegeszug der modernen Technik vielleicht noch täuschen
konnte: Wissenschaft beruht wesentlich auf komplexer Kooperation; sie kann nicht ausschließlich das Produkt einzelner schöpferischer Genies sein. Deshalb sind die Normen wissenschaftlicher Rationalität auch nicht bloß Normen dafür, wie ein einzelner Geist für
sich zu denken und zu schlussfolgern hat, sondern sie sind wesentlich Normen für den Dialog, die Auseinandersetzung zwischen
wissenschaftlich tätigen Individuen und für die Gestaltung ihrer unverzichtbaren Kooperation.

Nun folgt aus den Normen wissenschaftlicher Rationalität nichts
Bestimmtes, das für jede Art des Zusammenlebens und -wirkens von
Menschen unbedingte Geltung hätte. Aber man behauptet nicht zu
viel, wenn man sagt: In wissenschaftlichen Auseinandersetzungen
zählt *idealiter* allein die sachliche Autorität. Faktisch spielt in jeder
wissenschaftlichen Diskussion natürlich auch persönliche Autorität
eine gewisse Rolle. Diese ist den Normen wissenschaftlicher Rationalität zufolge aber nur deshalb und insoweit akzeptabel, als man
unterstellen kann, dass sie gleichsam eine Abkürzung zu dem er-
öffnet, was nach sachlicher Autorität geboten ist. Die als Norm und
Ideal angesetzte Ausschließlichkeit sachlicher Autorität für den wissenschaftlichen Diskurs bedeutet aber nichts anderes, als dass dieser
Diskurs—wiederum *idealiter*—ein Diskurs zwischen prinzipiell
gleichermaßen freien Individuen ist. Dem entspricht für praktische
Diskurse die Norm, dass deren Ergebnisse zwischen prinzipiell gleichermaßen freien Individuen auszuhandeln sind. Im Sinne von John
RAWLS kann man die berühmte Parole von 1789—*liberté, egalité,
fraternité*—als Chiffre für die Richtung nehmen, in die Diskurse im
Geiste wissenschaftlicher Rationalität normativ orientiert sind.[74]

---

[74] Vgl. RAWLS 1977.

Mir ist es wichtig zu betonen, dass Cassirer mit seiner *Philosophie der symbolischen Formen* als grundlegenden Wert des klassischen europäischen Rationalismus diese normative Orientierung zur Geltung bringt. In Gestalt einer kulturtheoretischen und -historischen Analyse revitalisiert er die normativen Intentionen der Aufklärung auf eine *nicht naive Weise* für das 20. Jahrhundert. Dieser Versuch macht sein Konzept zu einem der interessantesten und originellsten Beiträge der Philosophie des letzten Jahrhunderts.

Diese Tendenz ist auch an Cassirers öffentlichem Wirken gut erkennbar: Er trat öffentlich auf gegen Hauptpostulate der Philosophie, die das normative Erbe der Aufklärung zu diskreditieren versuchte (besonders gegen HEIDEGGERS Version eines »Existenzialismus«). Während zu seiner Zeit die klassische rationale Tradition des europäischen Denkens mit einer gewissen Plausibilität als »veraltet« und »überwunden« denunziert werden konnte, suchte Cassirer das Gegenteil zu erweisen. Bekanntlich waren Vorbehalte gegen diesen Rationalismus speziell in Deutschland sogar Teil eines besonderen nationalen Selbstverständnisses. Der positiv verstandene deutsche »Sonderweg«, wie ihn z.B. Thomas MANN bis etwa 1918 pries, sollte sich gerade dadurch auszeichnen, dass er Ideen wie Pluralismus, Rationalität und Demokratie für etwas der deutschen Kultur Unzuträgliches hielt, die ihre überlegenen Ausdrucksformen in der Dichtung und Musik speziell der Romantik gefunden haben sollte. Parallelen eines solchen »Sonder«-Bewusstseins findet man bei den russischen Slawophilen, die einen russischen »Sonderweg« propagierten: einen Weg, der mit der rationalistischen Tradition des europäischen Westens wenig zu tun haben sollte. Die russisch-orthodoxe Kirche, die Moral und die Werte der traditionellen Gemeinschaft im Gegensatz zu den individualistischen Ideen der »westlichen« Aufklärung — das waren die Ideale der Slawophilen. Modische Aufrufe zur Rückständigkeit gab es aber nicht nur in den beiden größeren Kulturen des europäischen »Ostens«, vereinzelt fand die Verkündung des »Endes« des Rationalismus überall ihre Anhänger.

Die Gegner des Rationalismus meinten, die Philosophie der Aufklärung hätte den Menschen auf seine *ratio* reduziert, obwohl er doch neben seiner Vernunft und seinem logischen Denken auch durch irrationale Wünsche und Gefühle bestimmt sei zu einem oft impulsiven Handeln. Die Botschaft des klassischen Rationalismus hat aber, wie gesagt, vor allem einen *normativen* Gehalt. Es sind weniger gewisse (vielleicht falsche) Hypothesen darüber, wie Menschen in ihrem Innern »funktionieren«, als vielmehr bestimmte Normen und Werte — diejenigen nämlich, für die der Aufruf »Freiheit, Gleichheit und Brüderlichkeit« stehen sollte —, die das »Licht« der Aufklärung zum Strahlen bringen sollte.

Diese Seite der Aufklärung hat jedenfalls Cassirer als in erster Linie interessant und wichtig herausgestellt. Diese *normativen* Gehalte hat er gewiss nicht mit den Mutmaßungen eines *deskriptiven* Rationalismus verwechselt, die man in der Tat für falsch halten kann. Normativer Rationalismus, das heißt: Bestehende politische und soziale Verhältnisse werden an Maßstäben gemessen, die als *vernünftig* gelten. Dieses kritische Potenzial des Rationalismus hat bekanntlich HEGEL noch als einen »herrliche[n] Sonnenaufgang« zu schätzen gewusst.[75] In Bezug auf Cassirers Totalitarismus-Konzept scheinen mir vor diesem Hintergrund zwei Punkte besonders wichtig zu sein:

1. Die Kategorien seiner politischen Philosophie sind an den normativen Kern der Aufklärung gebunden.
2. Die Begriffe, mit denen er den Totalirismus beschreibt und analysiert, sind sehr viel allgemeiner und abstrakter, als in der politologischen Literatur üblich ist.

Wegen der Allgemeinheit und Abstraktheit ihrer zudem normativ getönten Begriffe steht Cassirers Diagnose sogar in einem Gegensatz zu vielen politologischen Konzepten, die als rein empirisch-deskriptive Instrumente gedacht sind, die eine erklärende und unter Umständen sogar prognostische Funktion erfüllen sollen. Hier ist der eigentliche Grund dafür zu sehen, weshalb Cassirer von den

---

[75] Vgl. HEGEL 1970, 529.

Standardanalysen des Totalitarismus in der Politikwissenschaft so weit entfernt ist.

Gemeinhin gilt der Gebrauch sehr allgemeiner oder abstrakter und zudem normativer Begriffe im Rahmen einer auf die empirische Realität zu beziehenden Theorie als eine methodische Untugend. Ich möchte demgegenüber zu bedenken geben, ob Cassirers kulturphilosophische Methodologie nicht gerade wegen ihrer Abstraktheit ein besseres Verständnis des Totalitarismus ermöglicht.

Wie ich im 5. Kapitel schon betont habe, ist es einfacher, einen »anti-totalitären Konsens« zu erreichen, als das »Wesen« des Totalitarismus theoretisch zu erfassen. Cassirers kulturphilosophische Begriffe wie *Mythos, Symbol* und *Funktion* sind nun aber sehr gut geeignet, genau diesen Konsens zu artikulieren. Eine transparente Artikulation dieses Konsenses fächert den anti-totalitären Blickwinkel gleichsam auf, und das zu tun ist ein realistischeres Unternehmen als die Suche nach einem »Phantom«-Konzept, welches das »Wesen« des Totalitarismus definitiv enthüllt. Alle mit dieser Absicht entwickelten Vorschläge sind, wie wir gesehen haben, sehr heterogen und in Teilen sogar einander widersprechend, was das Verständnis des Phänomens Totalitarismus nicht befördert, sondern die Diskussion darüber eher verwirrt hat. Cassirers kulturphilosophische Begriffe dagegen sind wie dafür geschaffen, die unterschiedlichen normativen Überzeugungen, die das Erscheinen der totalitären Systeme bis heute sozusagen »herausfordert«, zu generalisieren und so einen *wirklich bedeutsamen* Beitrag zu einem tieferen *Verständnis* dessen zu leisten, was man ›Totalitarismus‹ nennt.

»Pathologie des Symbolgebrauchs« — diese These Cassirers eignet sich sowohl für die Analyse des deutschen Faschismus als auch für die des russischen Bolschewismus oder auch des chinesischen »Sozialismus«. Sie ist aber nicht so sehr an bestimmte empirische Kriterien gebunden wie z.B. die »sechs Merkmale des totalitären Staates« von Friedrich und Brzezinski (die ja ihr Totalitarismus-Konzept wegen seiner empirischen Orientierung immer wieder überarbeiten und »modernisieren« mussten).

Es wäre allerdings falsch, hier zu sagen, dass Cassirer einfach durch Generalisierung und Abstraktion das empirisch nicht zu ermittelnde »wahre Wesen« des Totalitarismus gefunden hätte. Die Pointe seiner generalisierenden und abstrahierenden Diagnose ist eine andere: Totalitäre Systeme lassen sich *als solche* noch am besten beschreiben, wenn man sie als grobe *Abweichungen* von einer gegebenen Norm auffasst. Dem entspricht der oft nicht recht berücksichtigte Umstand, dass ein *in sich selbst* und *nicht* nur *via negationis* normativ bestimmter Begriff des Totalitarismus gar nicht formulierbar ist. Über Systeme totalitärer Herrschaft kann man im allgemeinen lediglich sagen, dass sie gewisse Werte (wie etwa die Menschenrechte) bis hin zur völligen Eliminierung *verletzen.* Der Totalitarismus hat sozusagen *kein eigenes positives Wesen* — wobei ich ›positiv‹ nicht in einem affirmativ wertenden Sinne verstehe, sondern als Gegenbegriff zu ›negativ‹ im Sinne von ›privativ‹.

Die Frage nach den so genannten »geistigen« Wurzeln des Totalitarismus führt immer wieder zu heftigen Kontroversen. Gobineaus Rassenlehre und Alfred Rosenbergs berühmt-berüchtigtes Buch sind zweifellos dem Kontext totalitären Denkens zuzurechnen, aber ihr Ungeist weckt Zweifel, ob sie zu den »geistigen« Produkten zu zählen sind. So löst es bei vielen auch Empörung aus, wenn im selben Atemzug Geister wie Hegel und Nietzsche genannt werden, die von anderen trotzdem als Vorläufer oder Wegbereiter eines totalitären Denkens genannt werden. Popper ist bekanntlich so weit gegangen, die Vorgeschichte des Totalitarismus des 20. Jahrhunderts über eine lange Kette sehr prominenter »falscher Propheten« bis auf den »Zauber Platos« zurückzuführen.[76]

Auch wenn die Traditionskette, die Popper zusammengestellt hat, manches für sich haben mag, so gilt doch für alle derartigen Zusammenstellungen, dass sie in einem hohen Maße von einer Interpretation der betreffenden Autoren abhängen und insbesondere von einer Entscheidung darüber, welche Teile ihres Werkes zentral und welche nur marginal sind. Wenn die Interpretationsspielräume

---

[76] Vgl. Popper 1992 u. 1992a.

groß genug sind, können einzelne Autoren auch für verschiedene und sogar gegensätzliche Traditionen in Anspruch genommen werden.

Nun sind im Falle philosophischer Texte die Interpretationsspielräume oft sehr groß. Deshalb ist es kein Wunder, dass Gestalten wie Hegel oder Nietzsche nicht ohne jede Plausibilität in die »geistige« Vorgeschichte des Totalitarismus eingereiht werden können, aber eben auch in die Vorgeschichte »geistiger« Erscheinungen, die weniger problematisch sind als der Totalirismus. Offensichtlich ist NIETZSCHE den politischen und weltanschaulichen Diskursen, die mit dem Aufkommen totalitärer Formen politischer Herrschaft verbunden sind, näher als etwa HEGEL; und er lässt sich deshalb durch Hervorhebung bestimmter Partien seines Werkes leichter in den »Dunstkreis« des Totalitarismus rücken als dieser. Andererseits kann man Hegel und erst recht noch ältere Autoren, gerade weil sie den modernen politischen Diskursen ferner stehen, leichter der Vorgeschichte totalitären Denkens zurechnen, wenn man nur die »richtigen« Passagen ihrer Werke für zentral erklärt und entsprechend interpretiert. Zugespitzt formuliert, lässt sich meines Erachtens sagen: Letzten Endes kann man in (fast) jedem älteren philosophischen Werk durch geeignete interpretatorische Anstrengungen Spuren eines totalitären Denkens finden, weil es an Bekenntnissen zu den Normen, deren Verletzung für totalitäre Systeme des 20. Jahrhunderts typisch ist, darin aus historischen Gründen fehlt.

Auch Cassirer hatte natürlich seine Lieblingskette von Philosophen, die er als Pioniere und Wegbereiter der von ihm geschätzten Traditionen angesehen hat. Aber er wäre der Letzte gewesen, der bestritten hätte, dass die »Auswahl« seiner »Helden« auf einer Interpretation beruht. Die Auswahl relevanter Texte, deren Auslegung und deren Gebrauch, um bestimmte Traditionen fortzusetzen oder sich von anderen abzusetzen, ist darüber hinaus eine wesentliche Dimension des Symbolgebrauches und deshalb ein zentrales Thema für den Kulturphilosophen Cassirer.

Sätze sind leicht zitierbar, und wenn sie aus dem Kontext gerissen werden, kann es zu den erstaunlichsten Interpretationen kommen. Deshalb sind einzelne Sätze als symbolische Handlungen immer sozusagen *plastisch*. Dieser Umstand ist auch für die Wiederkehr mythischer Denkmuster, die nach Cassirer für das Aufkommen des Totalitarismus typisch sind, von großer Bedeutung: Die Wiederkehr des Mythos wird durch nichts anderes als die prinzipielle Plastizität des Symbolischen ermöglicht.

Theoretische Betrachtungen auf diesem Niveau der Allgemeinheit sind unter Politologen nicht üblich. Aus ihrer Perspektive gelten sie sogar als verdächtig. Man könnte sagen, dass symbolische Formen für die Politologie als Gegenstand »zu groß« sind oder zu weit entfernt von der Realität, die in der Politikwissenschaft beschrieben und erklärt werden soll. Umgekehrt sind die Merkmale totalitärer Herrschaft, die von der Mehrzahl der Politologen genannt werden, aus der distanzierteren Perspektive Cassirers eher Äußerlichkeiten. In seiner Deutung des Totalitarismus spielen sie nur eine untergeordnete Rolle. Für Cassirer war es nicht so wichtig, möglichst *alle* empirischen Merkmale des Totalitarismus aufzuführen, wichtiger war es ihm, den Totalitarismus von Grund auf zu *verstehen*.

Eine soziale Realität zu verstehen erfordert in jedem Falle eine Identifikation der normativen Orientierung der Mitglieder der betreffenden Gesellschaft. Normen lassen sich aber nicht identifizieren, ohne sie zu den eigenen Normen in Beziehung zu setzen. Das von Cassirer gegenüber dem Totalitarismus verfolgte intellektuelle Projekt ist deshalb eines, in dem die normative Komponente nicht ausgeblendet werden kann.

Nun wollen aber Politologen als Sozialwissenschaftler soziale Realitäten nicht primär bewerten, sondern mit unparteiischer Objektivität registrieren, wie politische Prozesse ablaufen. Müssen dafür die eigenen normativen Überzeugungen nicht doch ausgeblendet werden? So scheint es. Doch es ist nicht so leicht, die normativ bewertenden und die objektiv neutral registrierenden Teile in einer auf Verständnis ausgerichteten Beschreibung sozialer Realitäten sauber voneinander zu trennen.

Nehmen wir an, ein westlicher Politikwissenschaftler, der die Unterschiede zwischen dem politischen System des Westens und anderen politischen Systemen objektiv darzulegen versucht, sei nichtsdestoweniger davon überzeugt, das westliche System sei das »bessere« System. Diese Überzeugung kann er auf gewisse Rechtsgrundsätze stützen wie z.B. das Recht auf die freie Entfaltung der Persönlichkeit, die im westlichen System verankert sind, in den anderen dagegen nicht. Dann vertritt er eine normative Überzeugung, mit der er in einer Menschenrechtsfrage Partei nimmt und sein methodisches Ideal der Unparteilichkeit aufgibt. Um das zu vermeiden, könnte er auch versuchen, seine Überzeugung, das westliche System sei »besser«, auf objektive Daten zu stützen. Vielleicht glaubt er, das westliche System mit seiner Orientierung an gewissen Grundrechten sei »besser«, weil es seine größere Effizienz bewiesen habe und der Lebensstandard im Westen höher sei.

Selbst wenn es unstrittig wäre, dass eine so verstandene Effizienz einen wirklich neutralen und wertfreien Maßstab für die »Güte« eines politischen Systems darstellt, ergäbe sich sofort die Konsequenz, dass es eine offene empirische Frage bleibt, ob die bisher gemessene »Güte« bzw. Effizienz des westlichen Systems nicht vielleicht übertroffen werden könnte durch Systeme, die gewisse Grundrechte gerade nicht respektieren.

Falls sich nun das politische System in, sagen wir, China oder Singapur im genannten Sinne als effizienter erweisen sollte, ohne westliche Rechtsstandards übernommen zu haben, was müsste ein auf Unparteilichkeit bedachter Politikwissenschaftler daraus schließen? Er könnte jedenfalls nicht länger glauben, dass der Status der Grundrechte eine neutrale und objektive Rechtfertigung durch Effizienz erhält. Er müsste sich vielmehr entscheiden: Entweder setzen die Grundrechte einen eigenen normativen (also nicht neutralen) Maßstab, demgegenüber Effizienzüberlegungen irrelevant sind, oder aber die Effizienz wird zum alleinigen (weil einzig objektivierbaren) Maßstab, dem die Orientierung an Grundrechten weichen muss. Wie aber kann ein Standpunkt, der gewisse Grundrechte der höheren Effizienz gleichsam opfert, denen gegenüber, die hartnäckig auf ihren Grundrechten bestehen, als ein *nicht normativer*, sondern *unparteiisch objektiver* Standpunkt vertreten werden? Offenbar gar nicht. Denn jemandem ein Recht, das er beansprucht, zu verweigern oder abzusprechen heißt natürlich, selbst normativ Partei zu ergreifen.

Die in dieser Überlegung sichtbar werdende Problematik wird in der Regel dadurch verdeckt, dass man sich darauf verlässt, die Orientierung an Grundrechten und die Effizienz würden schon immer sozusagen harmonieren. Wer zwischen einer (vermeintlich parteiischen) Anerkennung oder Übernahme von Normen einerseits und dem (vermeintlich unparteiischen) Feststellen objektiver Tatsachen andererseits strikt unterscheidet, muss indes zugeben, dass die Harmonie zwischen dem Respekt vor Grundrechten und der Effizienz bestenfalls ein empirisch zu ermittelndes Faktum ist. Daher kann die Berufung auf eine *ex hypothesi* objektiv ermittelbare Effizienz niemals ein Ersatz für das Vertreten gewisser normativer Grundsätze sein. Wenn ein solches Vertreten »parteiisch« ist, dann kann man nur antworten: um so schlimmer für die Unparteilichkeit. Die normative Parteilichkeit, für die ich damit, Cassirer folgend, plädiert habe, scheint mir gerade angesichts aktueller Kontroversen im Hinblick auf die Erscheinungsformen des religiösen Fundamentalismus von größter Bedeutung zu sein.

6. Kapitel

Auswirkungen und Bedeutung von Cassirers

Totalitarismus-Deutung im modernen Russland

6.1 Einleitung

Im letzten Kapitel der Arbeit werde ich mich Russland zuwenden: den dort geführten Totalitarismus-Debatten und der Rezeption, die Cassirers Philosophie dort gefunden hat. Schließlich möchte ich auch mögliche Zusammenhänge zwischen Cassirers Totalitarismus-Deutung und den Totalitarismus-Konzepten russischer Wissenschaftler erörtern. Als Russe möchte ich einen neuen Blickwinkel für deutschsprachigen Leser anbieten und Cassirers Totalitarismus-Verständnis aus einer anderen Perspektive beleuchten, als es in Deutschland üblich ist. Deshalb gebe ich im 2. Abschnitt dieses Kapitels eine chronologisch geordnete systematische Übersicht der russischen Totalitarismus-Debatten, die es bisher in der deutschsprachigen Literatur so nicht gibt.[1]

Der Zusammenbruch der kommunistischen Diktatur nach 1989 hat den Aufbau einer neuen, demokratischen politischen Ordnung in Russland zumindest möglich gemacht. Eine besondere Bedeutung hat die Eröffnung dieser Möglichkeit für die Geistes- und Sozialwissenschaften. Denn alle der Forschung in diesen Wissenschaften gewidmeten Einrichtungen waren in der Sowjetunion, wie allgemein bekannt ist, stark ideologisch geprägt und gebunden. Im Laufe der ganzen etwa 70 Jahre währenden Phase der sozialistischen Herrschaft konnten die Humanwissenschaften sich nur innerhalb

---

[1] Es gibt zwar einige deutsche Publikationen russischer Autoren zu diesem Thema, aber in allen diesen Arbeiten ist das Problem des Totalitarismus leider nur fragmentarisch behandelt; vgl. dazu u.a. Drabkin 1993, Orlow 1993, Mercalowa 1993, Tschubarjan 1999, Boronznjak 1999, Buldakov 1999, Mercalowa 1999, Gadschijew 1999, Murasov / Witte 2003.

des auf Marx, Engels, Lenin und für eine Zeit lang auch auf Stalin zurückgeführten Paradigmas des Historischen Materialismus bewegen. Diese ideologische Fesselung hat nicht nur dazu geführt, dass humanwissenschaftliche Themen, die die öffentlichen Debatten speziell in Westeuropa und Nordamerika nachhaltig geprägt haben, in Russland vielfach tabuisiert blieben. Ebenso war die realistische Einschätzung des eigenen politischen Systems wegen der Fixierung auf den philosophisch-weltanschaulichen Orientierungsrahmen des Marxismus-Leninismus so gut wie ausgeschlossen.

Der Disput über den Totalitarismus, der in der Politwissenschaft und in der politischen Philosophie der westlichen Welt im 20. Jahrhundert aus jeweils gegebenem Anlass seine wechselnden Konjunkturen hatte, hat daher, wenn man die russischen Stimmen dazu in Betracht zieht, eine ganz eigene Gestalt. Was den Totalitarismus betrifft, so kann bis zum Beginn der Ära der *Perestrojka* von einem regelrechten Dialog darüber zwischen Wissenschaftlern aus dem Westen und solchen aus dem seinerzeitigen sozialistischen Ostblock kaum die Rede sein.

6.2 DIE TOTALITARISMUS-DEBATTE IN RUSSLAND

Im Hinblick auf die Totalitarismusdebatten lassen sich für Russland die folgenden drei Etappen unterscheiden:

1. Im ersten Drittel des 20. Jahrhunderts entwickelten russische Forscher und Theoretiker in der Emigration ihre ganz eigenen Konzepte und Einschätzungen des »Totalitarismus« im bolschewistischen Russland.

2. Die nächste Periode, die man als *Quasi*-Totalitarismusdebatte bezeichnen muss, umfasst die Zeit des bolschewistischen Russland und des »entwickelten Sozialismus« in der Sowjetunion. Die offizielle Propaganda stellte damals die Kritik des Imperialismus, des Faschismus und des Kapitalismus in den Vordergrund, während sie das eigene sozialistische System als die »fortschrittlichste Staatsform« der menschlichen Geschichte charakterisierte.

3. Eine eigentlich so zu nennende Totalitarismusdebatte im Dialog mit westlichen Philosophen und Politologen begann in Russland erst mit der Zeit von *Glasnost* und *Perestrojka* Ende der 1980er Jahre.

Die erste Etappe ist in der russischen Philosophie und Politologie zur Zeit am wenigsten untersucht, obwohl sie viele interessante Ideen enthält. Nach der Meinung einiger der modernen russischen Totalitarismus-Forscher[2] entwickelten gerade diese Philosophen eigene höchst seriöse Totalitarismus-Konzepte, und das sogar früher als diejenigen ihrer westlichen Kollegen, denen die »klassisch« genannten Totalitarismus-Theorien zu verdanken sind. Das Lob bezieht sich auf die Vertreter der sogenannten »liberal-konservativen« Strömung der ins Exil gegangenen russischen Philosophie, also Berdjaew, Bulgakow, Novgorodcev, Struwe, Fedotow und Frank. Die Verschärfung des bolschewistischen Regimes in den 20er und 30er Jahren hatte sie in die Emigration getrieben, wo sie ihre Konzepte des Totalitarismus entwickelten. Ob und inwieweit damals Kontakte zu westlichen Politologen und Philosophen bestanden, muss hier offen bleiben. Aber man kann mit Sicherheit behaupten, dass diese russischen liberal-konservativen Denker besondere Konzepte der Entstehung und Entwicklung des Totalitarismus *in Russland* entwickelten. Dabei sind sie von einer spezifisch russischen geistigen Tradition ausgegangen, was ihre Konzepte in Struktur und Inhalt bestimmt hat.

Wichtige Impulse erhielten sie durch die aktive Aneignung von Grundideen der kommunistischen Ideologie im bolschewistischen Russland der 20er bis 30er Jahre, was damals für die russische kommunistische Opposition typisch war. Die folgenden Punkte erschienen ihnen als Grundlage dieser Ideologie: Die Erfindung eines Gesamtsystems von »Gesetzen«, denen die menschliche Geschichte unterliegen und die eine neue politische, ökonomische und geistige Staatsordnung determinieren sollten. Dieses System determinierender »Gesetze« verstanden sie als eine absolut universelle Erschei-

---

[2]   Das sind z.B. Kara-Mursa 1995, Orlow 1998a.

nung, aus dem sich das höchste Ziel und der Sinn der Existenz der Gesellschaft sollte ableiten lassen. Dementsprechend war eine radikale Änderung der gegebenen traditionellen Gesellschaft und ihrer Menschen unvermeidlich. Es herrschte ein stark auf die zukünftige Entwicklung der Gesellschaft ausgerichtetes, geradezu futuristisches Denken vor. Der Preis für diese aus den historischen Gesetzmäßigkeiten erschlossenen Zukunft war die Verneinung der Autonomie des einzelnen Menschen, der primär als Teil des Ganzen, einer Klasse oder Rasse, verstanden wurde und die systematische Reduzierung der Komplexität realer sozialer Prozesse im Dienste der Subsumtion unter die vorgegebenen Gesetze. Überdies wurden alle sozialen Prozesse bevorzugt nach einem Freund-Feind- oder »Schwarz-Weiß«-Schema gedeutet. Die vorherrschende Auslegung der Geschichte sah diese als einen kompromisslosen totalen Kampf zwischen Gut und Böse an, wobei das Gute wie das Böse jeweils mit bestimmten nationalen oder sozialen Gruppen assoziiert wurden.

Alle diese Ideen, die zunächst nur als rein theoretische Optionen die intellektuelle Atmosphäre in Russland am Ende des 19. und zu Beginn des 20. Jahrhunderts beherrscht hatten, bekamen mit der Oktoberrevolution 1917 auch eine praktische Funktion. Die russischen Philosophen, die bis dahin mögliche Folgen und überhaupt das Potenzial der kommunistischen Ideologie, also Ideen untersucht hatten, ergab sich daraus, dass sie nunmehr auch reale politische Phänomene zu analysieren hatten. Für die meisten von ihnen lag es nahe, ihre Erforschung des realen Totalitarismus, mit dem sie jetzt konfrontiert waren, damit zu beginnen, dass sie die Frage zu beantworten suchten, welches die geistigen, politischen und soziokulturellen Voraussetzungen dieses ganz realen Totalitarismus waren. So war es typisch für die russischen liberal-konservativen Philosophen, dass sie vor allem die »kommunistische« Variante totalitärer Herrschaft am Beispiel des bolschewistischen Russland studierten, und zwar — auch das war typisch für diese Strömung — mit einem besonderen Interesse für die soziokulturellen Voraussetzung für die Entstehung dieses Totalitarismus gerade in Russland.

Als wichtigste Beispiele für das, was dabei diskutiert und in Erwägung gezogen wurde, kann man die folgenden Thesen nennen:[3]

1. Novgorodcev, Bulgakow, Berdjaew betrachteten den totalitären russischen Bolschewismus als Folge der gesamteuropäischen Krise zwischen 1918 und 1920;

2. Berdjaew, Fedotow (in seinen früheren Arbeiten) und Struwe (in seinen späteren Arbeiten) verstanden den russischen Totalitarismus vor allem als eigene russische soziokulturelle Krise;

3. Frank und Struwe sahen den russischen Totalitarismus als Koinzidenz der beiden o.g. Krisen in der Zeit des entstehenden Bolschewismus;

4. Fedotow beschreibt die russische Version des Totalitarismus als soziokulturelle Krise, die zusammenfiel mit der Beschleunigung des Prozesses der Modernisierung in Russland bei einem starken Zerfall der Strukturen der traditionellen Gesellschaft, was eine soziale Anomalie hervorgerufen habe.[4]

Begründet haben die russische Philosophen der liberal-konservativen Richtung ihre Deutungen folgendermaßen: Novgorodcev, Bulgakow und Berdjaew sahen die Voraussetzungen bei der Entstehung des Phänomens des Totalitarismus in einer stark geprägten ökonomischen und technischen Orientierung der europäischen Zivilisation. Der Zerfall der mittelalterlichen religiösen Kultur habe zur »Atomisierung« und »Individualisierung« der westeuropäischen Gesellschaft geführt; so sei eine Masse »standardisierter« Individuen entstanden. Dies und die parallel dazu entstandenen Theorien des Fortschritts und von der Souveränität der Gesellschaft sowie die »Vermischung« rationaler und irrationaler Elemente der europäischen intellektuellen Tradition – so verstanden Novgorodcev, Bulgakow und Berdjaew vor allem den Marxismus – habe das ganz neue Phänomen einer totalitären Gesellschaft hervorgebracht.

---

[3] In diesem Teil meiner Arbeit über der Nachlass von russischen liberal-konservativen Philosophen beziehe ich mich auf Solowjew 1997.

[4] Vgl. Solowjew 1995, 9 ff. und DERS. 1997, 43 ff.

Die andere Gruppe der damaligen liberalen Konservativen — ich meine BERDJAEW, FEDOTOW (in seinen früheren Arbeiten) und STRUWE (in seinen späteren Arbeiten) — sah die Grundlagen des »russischen« Totalitarismus eher in dem besonderen Geist und Charakter des russisch-orthodoxen Messianismus, der die russische Mentalität beeinflusst habe, und für diesen seien neben Maximalismus und Utopismus auch gewisse revolutionäre Momente typisch. Zudem nannten sie die »eschatologische Stimmung« der russischen Bevölkerung, die von der orthodoxen Religion ausgeht und als Kontrast dazu das Phänomen der *Intelligenzija*,[5] die im zaristischen Russland im wesentlichen aus Linksradikalen bestand, jedenfalls aus Leuten, die gegen die offizielle staatliche Ideologie opponierten.

Die dritte Gruppe der russischen Liberal-konservativen Philosophen, FRANK und STRUWE, thematisierten die Krise der westeuropäischen Zivilisation, die für West-Europa keine große Gefahr bedeutet hätte, weil diese Zivilisation in der Lage wäre, solche gefährlichen Selbstzerstörungsmomente zu neutralisieren. Aber was Russland betraf, war das dort entstehende gesellschaftliche Bewusstsein nicht fähig, die schädlichen radikalen gesellschaftspolitischen westlichen Ideen nüchtern beurteilen, sondern zeigte sich bereit, diese Ideen direkt im realen Leben zu verwirklichen. Aufgrund der anderen Rahmenbedingungen sei es im zaristischen Russland zu einer in ihrem Wesen soziokulturellen Krise gekommen: zum »Zusammenstoß« zwischen der europäisierten Elite und der traditionalistischen Masse der Bevölkerung (bekanntlich stellten damals die Bauern die Mehrheit der russischen Bevölkerung). Diese soziokulturelle Krise habe zu einer revolutionären Situation ge-

---

[5] Das ist im Russischen anders als im Deutschen, wo das Wort eine abwertende Bedeutung, eine geläufige und ganz neutrale Sammelbezeichnung für alle Menschen, die eine höhere Bildung, z.B. ein Hochschulstudium, absolviert haben. Sie deckt also eher das ab, was man im Deutschen ›die Akademiker‹ nennt, also mehr als das, was unter ›Intellektuellen‹ verstanden wird.

führt, und die Oktoberrevolution 1917 etablierte daraufhin das stärkste und konsequentste totalitäre System in Europa.

Das letzte hier zu erwähnende Totalitarismus-Konzept der russischen Liberal-konservativen aus dem ersten Drittel des 20. Jahrhunderts stammt von FEDOTOW. Teilweise wiederholte er Ideen von FRANK und STRUWE, darüber hinaus aber stellte er auch die Notwendigkeit einer Modernisierung des damaligen Russlands heraus. Diese Modernisierung habe die schon gegebenen soziokulturellen Widersprüche nur verschärft. Fedotow betrachtete als Beispiel für sein Totalitarismus-Konzept im übrigen nicht nur Russland, sondern auch Italien und Deutschland.

So beschrieben einige der russischen liberalen Konservativen den Totalitarismus als ein gesamteuropäisches Phänomen, das in Russland nur seine eigene Variation hervorgebracht hat, während andere sehr deutlich den spezifisch »russischen« Charakter des Totalitarismus in der UdSSR betonten als etwas, das aus den Tiefen der »russischen Seele« gekommen sei. Im Grunde genommen war eine solche Tendenz bei den Philosophen dieser Richtung immer angelegt, aber bei BERDJAEW, Fedotow (in seinen früheren Arbeiten) und Struwe (in seinen späteren Arbeiten) fand die »russische Idee« einen besonders starken Ausdruck.

Es fällt natürlich auf, dass die beschriebene liberal-konservative Strömung der russischen Philosophie kein gemeinsames Konzept des Totalitarismus ausgearbeitet hat. Aber in der westlichen Philosophie und Politologie gibt es ja bis heute auch kein allgemein anerkanntes derartiges Konzept. Das mag auf die Kompliziertheit und Vielschichtigkeit des Problems, totalitäre Herrschaft als solche zu verstehen, hindeuten. Vergleicht man die hauptsächlich empirisch ausgerichteten westlichen Versuche, den Totalitarismus zu charakterisieren, mit der beschriebenen Strömung der russischen Philosophie, so zeigt diese, aller Uneinheitlichkeit zum Trotz, einen spezifischen Zug in ihrer Suche nach dem Sinn historischer Prozesse und dem Wesen politisch-sozialer Phänomene. Genau die Suche nach einem solchen, fast möchte man sagen: transzendenten, *Sinn* des Totalitarismus bedingte die Formulierung von drei Haupt-

deutungen dieses Phänomens innerhalb der beschrieben liberal-
konservativen Strömung:
1. einer »religiösen«,
2. einer »national-staatlichen«,
3. einer »revolutionstheoretischen« Deutung.
Diese werde ich im Folgenden nacheinander kurz näher darstellen.

1. Eine »religiöse« Deutung geben unter anderen BERDJAEW (1917,
1918a, 1918b, 1937), BULGAKOW (1909) und FRANK (1923, 1924,
1946). Sie betrachteten den Totalitarismus vor allem als eine religiöse Tragödie, die das menschliche Bedürfnis nach einer ganzheit-
lichen Beziehung zum Leben zeige. Mit einer solchen religiös-
anthropologischen Analyse wird die Unterscheidung zwischen sozialen, philosophischen, historischen und manchmal auch theologischen (wie z.b. bei Bulgakow) Fragestellungen verwischt. Das
zeigt sich speziell darin, dass Bulgakow seine Ideen bevorzugt metaphysisch begründet, und auch in Berdjaews radikaler Deutung
der sozialen Fragen. So betonte Bulgakow die negative Rolle der
Jugendlichen in der Oktoberrevolution 1917 und im neuen bolschewistischen Staat:

> »Dieses scheußliche Verhältnis, wenn die Urteile und Meinungen der
> ›studierenden Jugendlichen‹ Leitbilder für die ältere Generation wer-
> den, wendet [...] die natürliche Ordnung der Sachen und ist genau
> gleich verderblich für die älteren, wie auch für die jugendlichen
> [...].«[6]

Seiner Meinung nach muss man natürlich die Jugendlichen als die
Zukunft des Landes ansehen, aber in einer

> »geistigen Abhängigkeit von ihnen sein, sich bei ihnen einzuschmei-
> cheln, [...] ihre Meinung als Kriterium zu nehmen — das zeugt von
> geistiger Schwäche der Gesellschaft [...]. Das Ideal des christlichen
> Heiligen wurde hier in ein Bild des revolutionären Studenten ver-
> wandelt [...].«[7]

---

[6] BULGAKOW 1909, 47 f.
[7] Ebd.

Die Deformation des Marxismus in Russland und die totalitären
Vorstellungen der russischen Revolutionäre beschrieb Berdjaew
folgendermaßen:

> »Ein Revolutionär hat eine integrale Weltanschauung, in der Theorie
> und Praxis organisch verschmolzen sind. Die Totalität in allem ist
> Hauptmerkmal des revolutionären Verhältnisses zum Leben. Der kri-
> tische Marxismus konnte dieselben End-Ideale wie der revolutionäre
> Marxismus haben [...], aber er hat verschiedene autonome Sphären
> anerkannt, er hat keine Totalität zugelassen [...]. Die russischen Revo-
> lutionäre waren in der Vergangenheit immer totalitär. Die Revolution
> war für sie eine Religion und Philosophie, nicht nur ein Kampf, der
> mit der sozialen und politischen Seite des Lebens verbunden ist. Nun
> musste man einen russischen Marxismus herausarbeiten, der diesen
> revolutionären Typ und diesem revolutionären totalitären Instinkt
> entsprach. Das sind Lenin und Bolschewiki [...]. Die kommunistische
> Revolution in Russland führte zum totalitären Marxismus, Marxismus
> wurde als Religion des Proletariats exekutiert, aber im Gegenteil zu al-
> lem, was Marx über der Entwicklung der menschlichen Gesellschaften
> gesagt hatte [...]. Der Bolschewismus ist viel traditioneller, als man
> denkt, er ist mit der Besonderheit des russischen historischen Prozes-
> ses gewachsen. Die Russifizierung und Orientalisierung des Marxis-
> mus ist vollzogen.«[8]

Frank charakterisierte die russische Revolution als ein Resultat
des Anliegens eines atheistisch-revolutionären Radikalismus der
Intellektuellen mit politischer Aktivierung der niedrigsten Klassen
im zaristischen Russland:

> »Zwei Ströme sind ineinander geflossen, und in ihrer Einheit haben sie
> eine gewaltige revolutionäre Kraft gebildet, die sich im Moment der
> Abschwächung des Staates unter dem Einfluss eines langen Kriegs auf
> das alte russische Staatswesen und die Kultur gestürzt und diese ver-
> nichtet hat. Diese beiden Ströme haben sich nicht zufällig gekreuzt; sie
> sind einander näher gekommen und zusammengeflossen wegen der
> Kraft, der inneren Schwerkraft und einiger ursprünglicher geistiger
> Verwandtschaft zwischen ihnen; oder genauer: Sie waren am Anfang
> nur zwei Momente derselben Bewegung. Das ist eine war der ideo-
> logische Prozess der Heranreifung und Verbreitung des atheistisch-

---

[8]   Berdjaew 1937, 87 f.

revolutionären Radikalismus, das andere Moment war der sozial-politische Prozess der Demokratisierung Russlands, d.h. das Auf-wachen zur Aktivität und der Eintritt der untersten Klassen in das ge-sellschaftspolitische Leben: der Bauernschaft und der ihr nahe stehen-den Schichten der Bevölkerung.« [9]

Wie man sehen kann, betrachten diese Autoren ganz verschiedene Aspekte des Problems des Totalitarismus. Das dabei Wichtigste war für sie ihre eigene orthodoxe Weltanschauung und die dieser entsprechende Art der Einschätzung und Analyse sozialphiloso-phischer Fragen.

2. Die so genannte »national-staatliche« Deutung geht zurück auf den bekannten russischen politischen Denker und Funktionär STRUWE, der auch der Autor des ersten Manifests der 1898 gegrün-deten russischen Sozialdemokraten war. Im Laufe der Entwicklung seiner politischen Weltanschauung sollte Struwe seine sozialistische und marxistische Position allerdings ändern, und später wurde er zu einem Kritiker des totalitären Systems im bolschewistischen Russland. Als ehemaliger Marxist konnte er die innere Struktur, die Arbeitsweise der Staatsverwaltung und die Ideologie des totalitä-ren Staates besonders kompetent beschreiben und beurteilen.

STRUWE (1919, 1920, 1921, 1923, 1924) betrachtete die totalitäre Herrschaft als Vereitelung der Modernisierung Russlands, als Bruch der nationalen kulturellen Tradition und als Zerstörung der historischen Formen des russischen Staatswesens. Der Totalitaris-mus sei, so Struwe,

»eine historisch ganz neue Kombination des Polizeistaates mit der Diktatur einer Partei, die sich auf eine revolutionäre Ideologie stützt, auf Demagogie, kombiniert mit Gewalt und Lüge sowie der Herr-schaft des in dieser einen Partei organisierten Mobs.« [10]

Sein Entstehen in Russland verdankte dieses Regime »dem Bürger-krieg, und es festigte sich mit Hilfe eines unglaublichen Terrors, der beinahe zur ›totalen‹ Vernichtung aller potentiellen Gegner des

---

[9] FRANK 1923, 8.
[10] STRUWE 1924, II.

neuen Regimes geführt hatte«. Der bolschewistische Terror als ein wichtiges Charakteristikum des totalitären Systems in Russland bereitete nicht nur dem inneren, sondern auch dem äußeren Kampf gegen Bolschewismus große Schwierigkeiten:

> »Der Terror in Verbindung mit der ökonomischen Macht des Staates und die künstlich herbeigeführte Isolation gegen die äußere Welt machte die revolutionäre Bekämpfung der sowjetische Macht sehr schwierig, wenn nicht unmöglich.«[11]

3. Die »revolutionstheoretische« Deutung stammt von FEDOTOW (1930, 1931, 1933, 1936, 1937, 1943). In ihrem Zentrum steht der Begriff der *totalitären Revolution*. Diese Revolution bereitet nicht nur die Entstehung und Festigung eines neuen politischen Regimes vor, sie bildet auch einen prinzipiell anderen Typ von Beziehungen zwischen den verschiedenen Sphären menschlicher Tätigkeiten aus. Im totalitären Staat beginnt die Politik die geistige Kultur, die Gesellschaft und die Wirtschaft zu dominieren. Die Politik herrscht jetzt auch im privaten Bereich: Es geht um die Herrschaft der Ideologie auf allen sozialen Ebenen.

Was den neuen Menschentyp im bolschewistischen Russland angeht, schrieb Fedotow, dass für solche Menschen

> »die Beziehung mit dem Kollektiv, mit der Partei«

das Wichtigste war, man musste

> »sich in eine kleine Zelle verwandeln, nichts fühlen, seine Persönlichkeit töten — das war der einzige Weg, Leben und Tätigkeitsvermögen zu bewahren. Ist das möglich — und zwar nicht für eine Ameise, sondern für ein menschliches Wesen? Ja, es ist möglich, aber nur unter einer Bedingung: in ungebrochener Tätigkeit, im Kampf, in der Bewegung. Nur wenn die Maschine stoppt — wie zur Zeit der NEP — öffnen die menschlichen Zellen sich [...]. Der ›Bolschewismus‹ ist im Krieg geboren, und bis zum heutigen Tag ist er ein Haudegen geblieben im Kampf an verschiedenen Frontabschnitten: der Wirtschaft, der

---

[11] Ebd.

Technik, der Lebensart, der Kunst, der Wissenschaft, der Religion. Immer und überall ist die Vernichtung des Feindes das Hauptziel«.[12]

Für FEDOTOW bedeuteten Totalitarismus und Bolschewismus also einen

> »Kampf um des Kämpfens willen, eine leere Dynamik, einen zwecklosen Lauf, die Zerstörung für das Schaffen, das Schaffen für die Zerstörung. Selbst der Wille zur Macht, die Berauschung der Kraft des Kollektivs, zwecklose Kraft, ist die andere Seite desselben Pathos des Kampfs und der Zerstörung. So, stellt sich der Bolschewismus in letzter Analyse dar als unexistierende, von allem Menschlichen wegzerrende, tötende Arbeit eines mechanischen Motors, der für die Zerstörung geschaffen wurde. Der Geist des Bolschewismus ein ist Geist der Nicht-Existenz.«[13]

Aber bei allen Unterschieden zwischen den Totalitarismus-Konzepten der russischen liberalen Konservativen gibt es auch Gemeinsamkeiten. Alle diese Autoren betrachteten den Totalitarismus als eine eigentümliche »Ideokratie«, die an die Stelle des in der Neuzeit entstandenen liberal-demokratischen Staatsmodells getreten sei. Daher waren sie sich trotz der großen Palette an Meinungen, die sie vertreten haben, in der Gesamteinschätzung der wesentlichen Charakteristika des Totalitarismus ebenso einig wie in dessen negativer Bewertung als ein großes Übel für Russland und für andere Länder.

Wie bereits erwähnt wird das intellektuelle Erbe der liberal-konservativen Philosophen des ersten Drittels des 20. Jahrhunderts heute von vielen modernen Totalitarismus-Forschern in Russland hoch geschätzt, wie eine Aussage von SOLOWJEW bezeugt:

> »Vielen Thesen [...] liegen praktisch moderne Vorstellungen über das Phänomens des Totalitarismus zu Grunde—darunter: die Idee von der Herrschaft der Ideologie in allen des Lebensbereichen [...], von der völligen Absorption der Gesellschaft im totalitären Staat, vom besonderen Typ der charismatischen Herrschaft, von der Rolle der Par-

---

[12] FEDOTOW 1933, 37 ff.—Die Abkürzung ›NEP‹ bezieht sich auf die so genannte »Neue ökonomische Politik«, die für eine kurze Zeit von 1921 bis zum Ende der 1920er Jahre im bolschewistischen Russland bestimmte Elemente der kapitalistischen Wirtschaftsweise zuließ.

[13] Ebd.

tei im totalitären System, vom Verlust [...] der persönlichen Autonomie, vom völligen Bruch mit der alten kulturellen Tradition und,
letzten Endes, vom definitiven Verlust der Freiheit bei atomisierten
Individuen, ohne traditionelle Wurzeln und Beziehungen, ihre vollständige Auflösung im gesichtslosen Kollektiv, die Zerstörung und
Herabwürdigung der Basis ihrer menschlichen Persönlichkeit.«[14]

Bemerkenswert an den Beiträgen der russischen liberalen Konservativen ist ferner, dass sie nicht nur in rein empirischer Manier die
Merkmale des Totalitarismus aufgezählt haben, sondern versuchten, seine Grundlagen und sozusagen sein Wesen zu analysieren,
indem sie soziokulturelle und historische Aspekte der Entstehung
und Entwicklung des Totalitarismus in ihre Überlegungen einbezogen. Eine Erörterung politischer Phänomene, ohne die soziokulturelle Dimension zu berücksichtigen, hielten sie für inadäquat.

Die nächste große Periode der Totalitarismus-Debatten in Russland möchte ich als die Phase der »*Quasi*-Totalitarismus-Debatten«
bezeichnen. Sie umfasst die Zeit des bolschewistischen Russlands
und der Sowjetunion bis zur Ära der *Perestrojka* 1985. Nach der
Oktoberrevolution 1917 in Russland musste die Opposition allmählich das Land verlassen, weil die wachsende Macht des bolschewistischen Regimes alle Möglichkeiten der freien Meinungs-
äußerung beseitigte. Die offizielle Propaganda im bolschewistischen Russland entwickelte ihre Ideen über den Klassenkampf und
über den »verfaulenden und zerfallenden« Imperialismus und Kapitalismus des Westens.

Eigentlich erschienen die Termini ›Totalitarismus‹ und ›totalitär‹
in Russland erst nach dem Zweiten Weltkrieg, und bis etwa 1989
benutzte man sie nur zu propagandistischen Zwecken für die Charakterisierung faschistischer und pro-faschistischer Regime in
West-Europa.[15] Aber sogar dann verwendete man sie sparsam. Die
sowjetischen Ideologen bevorzugten andere Vokabeln: ›aggressiv‹,
›terroristisch‹, ›imperialistisch‹, ›autoritär‹, ›diktatorisch‹. Soweit sie
in einem kritischen Sinne von einer *Diktatur* sprachen, mussten sie

---

[14] Solowjew 1995, 12 ff.
[15] Vgl. dazu Jarzewa 1989, 42 ff.

stets betonen, dass die »Diktatur der Bourgeoisie«, eine »Diktatur der Minderheit«, also eine *reaktionäre* Diktatur gemeint sei, um eine Verwechslung mit der guten, weil *fortschrittlichen* »Diktatur des Proletariats« nach Möglichkeit auszuschließen.

Es war für mich selber interessant zu erfahren,[16] dass es auch im Westen, speziell in der Bundesrepublik Deutschland, keine »grenzenlose« und »bedingungslose« Meinungsfreiheit gibt, zumindest nicht so, wie es sich in der ehemaligen Sowjetunion die meisten Leute vorgestellt haben. In der Zeit des Kalten Krieges, nachdem die KPD 1956 als verfassungswidrig verboten worden war, wurde jede Art von Propaganda für diese Partei strafrechtlich verfolgt. Später, als es mit der neugegründeten DKP wieder eine an der Sowjetunion und der DDR orientierte kommunistische Partei gab, deren Existenz toleriert wurde, und daneben zahlreiche andere auf die unterschiedlichste Weise dem Marxismus verpflichtete Gruppen und Grüppchen gab, riskierten alle, die in solchen Organisationen aktiv waren, als so genannte »Verfassungsfeinde« zumindest den Ausschluss von bestimmten Positionen im öffentlichen Dienst. Von Beamten verlangt man sogar, dass sie sich aktiv für den Bestand der »freiheitlich-demokratischen Grundordnung« einsetzen, was bestimmte Formen der fundamentalen oder radikalen Kritik des herrschenden »Systems« definitiv ausschließt. Außerdem ist in der Bundesrepublik Deutschland (BRD) die Äußerung einer ganz bestimmten falschen Tatsachenbehauptung offiziell unter Strafe, nämlich die Verbreitung der These von der so genannten »Auschwitz-Lüge«. Alles das sind gewisse Einschränkungen der Meinungsfreiheit, deren Berechtigung ich hier gar nicht in Zweifel ziehen möchte. Mir geht es nur um die folgende Beobachtung: Sowohl ein »offenes« westliches politisches System wie z.B. in der BRD als auch der »real existierende« Sozialismus in der UdSSR oder der DDR waren offenbar darauf angewiesen, der Meinungsfreiheit

---

[16] Ich beziehe mich auf eine von der Weichmann-Stiftung organisierte wissenschaftliche Tagung in Hamburg im März 2004, an der ich teilnehmen durfte.

Schranken zu setzen; und sie haben das jeweils unter vollkommen anderen propagandistischen Voraussetzungen auch getan: im Westen bei gleichzeitiger Propagierung von Meinungsfreiheit und Offenheit als besonders schützenswerten Gütern, im Osten wegen der »führenden Rolle der Partei der Arbeitsklasse«, der »historischen Errungenschaften des Sozialismus« u. dgl.

Wie die Grundsatzdebatten im Zusammenhang mit der so genannten »Auschwitz-Lüge« gezeigt haben, wird die Frage, welche Schranken der Meinungsfreiheit zur Sicherung eines freiheitlichen Systems erlaubt sind, im Westen selbst kontrovers diskutiert. Es gibt Liberale, die das deutsche Recht in diesem Punkt für unvereinbar mit liberalen Prinzipien halten. Daraus folgt, dass auch für das westliche System nicht ausgeschlossen werden kann, dass die das System tragende und rechtfertigende Weltanschauung, die »offizielle Ideologie« (in der Sprache des »real existierenden« Sozialismus), aus Gründen der Selbsterhaltung eingeschränkt oder korrigiert werden muss. Natürlich ist das Missverhältnis zwischen der »offiziellen Ideologie« sowie der entsprechenden Propaganda einerseits und den Anforderungen der Wirklichkeit andererseits im »real existierenden« Sozialismus wie auch in anders gefärbten totalitären Systemen ungleich krasser und augenfälliger. Und das wirft die Frage, inwieweit der Staat zu solchen »Korrekturen« legitimiert ist und welcher Methoden er sich dabei bedienen darf, in einer besonders scharfen Form auf. Denn manchmal implizieren solche »Korrekturen« den bedingungslosen Terror gegen das eigene Volk (wie im bolschewistischen Russland), manchmal die Ausrottung der »Fremdvölkischen« im eigenen Land (wie im nationalsozialistischen Deutschland), manchmal auch nur »schmutzige« Kriege gegen andere Völker (wie z.B. der von den UN nicht sanktionierte Krieg der USA im Irak). Aber jetzt möchte ich mich wieder den »Totalitarismus-Debatten« in der Sowjetunion zuwenden.

Die 2. Auflage der *Большой Советской Энциклопедии* [Großen Sowjetischen Enzyklopädie] von 1956 bezeichnete den »totalitären Staat« als eine »Abart des bürgerlichen Staates, mit offener terroristischer Diktatur der reaktionärsten imperialistischen Elemente«.

Als Beispiele dienten das nationalsozialistische Deutschland und das faschistische Italien.[17] Die 3. Auflage dieser *Enzyklopädie* von 1977 bot schon eine ausführlichere Kennzeichnung. Als Merkmale des »totalitären Staates« genannt wurden unter anderem die

> »vollständige (totale) Kontrolle des Staates über alle Sphären des Lebens der Gesellschaft, die Verstaatlichung aller legalen Organisationen, die unbegrenzte Vollmacht der Behörden, das Verbot demokratischer Organisationen, die Aufhebung der konstitutionellen Rechte und Freiheiten, die Militarisierung des gesellschaftlichen Lebens«.[18]

Gleichzeitig aber kannte man, was mit Bezug auf unser Thema natürlich besonders interessant ist, noch eine andere Bedeutung des Terminus ›Totalitarismus‹: Die offizielle sowjetische Ideologie des Jahres 1977 verstand unter Totalitarismus eine »Richtung des bürgerlichen politischen Denkens, das den Etatismus und die Autokratie rechtfertigt«.[19] Damit waren philosophische Konzeptionen des Staates und staatlicher Herrschaft wie die von HOBBES und HEGEL gemeint.

Aber die »klassischen« teils politologischen, teils philosophischen Totalitarismus-Konzepte, die seit Mitte der 1940er Jahre von westlichen Geistes- uns Sozialwissenschaftlern entwickelt wurden, nannte die *Große Sowjetische Enzyklopädie* überhaupt nicht, und zwar vermutlich schon deshalb nicht, weil nach diesen Konzepten auch das Sowjetsystem das typische Beispiel eines totalitären Systems war.

JARZEWAS Meinung nach betrachtete die offizielle sowjetische Gesellschaftswissenschaft nicht die Realität, sondern die »toten Dogmen des *Kurzen Lehrgangs*«. Mit diesem Lehrgang ist die vom Zentralkommitee der KPdSU 1938 gebilligte und angeblich von STALIN selbst verfasste Broschüre *Geschichte der KPdSU (B)* —

---

[17] *Большая Советская Энциклопедия* [Große Sowjetische Enzyklopädie], 1956, Bd. 43, 67.
[18] *Большая Советская Энциклопедия* [Große Sowjetische Enzyklopädie], 1977, Bd. 26, 124.
[19] Ebd.

Kurzer Lehrgang gemeint:[20] ein recht einseitiges Lehrbuch der Geschichte der Kommunistischen Partei, das lange Zeit alle Parteimitglieder praktisch auswendig kennen mussten. Sowjetische Gesellschaftswissenschaftler beschäftigten sich mit immer denselben antithetischen Gegenüberstellungen:

> »privates Eigentum – gemeinsames Eigentum, sozialistische (richtige) Formation – kapitalistische (ausbeutende) Formation usw. Jede Gegenüberstellung der sowjetischen Gesellschaft mit dem faschistischen Deutschland – und die Parallelen sah man deutlich, beginnend mit dem Namen der Partei Hitlers – wurde streng tabuisiert«.[21]

So ging es im kommunistischen Russland bis ungefähr zur Zeit der *Perestrojka* 1985. In der 4. Auflage des *Советского Энциклопедического словаря* [Sowjetischen Enzyklopädischen Wörterbuchs] von 1986 bestimmte die offizielle sowjetische Propaganda wohl zum letzten Mal den Begriff des Totalitarismus ganz im Ernst als einen Begriff, den »bürgerlich-liberale Ideologen zur kritischen Beurteilung der faschistischen Diktatur« eingeführt hätten. Es wurde allerdings auch nicht verschwiegen, dass »die antikommunistische Propaganda« diesen Begriff auch »aktiv gegen die sozialistischen Staaten« einsetzen würde, um diese »verleumderisch mit ›totalitären‹ Regimes gleichzusetzen und der ›demokratischen‹, ›freien‹ Gesellschaft gegenüberzustellen«.[22]

Aber es wäre einseitig zu behaupten, dass in der Sowjetunion nur die offizielle Propaganda geherrscht hätte. Seit den 1970er Jahren machten vermehrt Sowjetbürger von sich reden, die das damalige System kritisierten. Nach der Meinung des bekannten russischen Historikers ORLOW spielten diese so genannten »Dissidenten« dadurch

> »eine große Rolle für das gesellschaftliche Bewusstsein, dass sie überhaupt existierten. Sie zerstörten die Angst, die die Gesellschaft gebun-

---

[20] Vgl. STALIN 1951.

[21] JARZEWA 1989, 42 ff.

[22] *Советский Энциклопедический словарь* [Sowjetisches Enzyklopädisches Wörterbuch] 1986, 1347.

den hatte — von den Ministern bis zu den Pionieren — und sie lockerten damit eine der beiden Hauptstützen des totalitären Regimes.«[23]

Zu den »prominenten« russischen »Dissidenten« zählte man damals beispielsweise SACHAROV, SOLSCHENIZYN und SINOWJEW. Übrigens war die Bezeichnung ›Dissidenten‹ für diese Leute die durchaus herabsetzend gemeinte Bezeichnung der offiziellen Medien. »Dissident«, das sollte so klingen wie ›krankhafter Querulant‹. Solche Leute waren in psychiatrische Anstalten einzuweisen, wenn sie es nicht vorzogen, in die Emigration zu gehen.

Doch eigentlich war es schon ein Phänomen des »Spätsozialismus« in der Sowjetunion, wenn die alten sozialistischen und kommunistischen Dogmen ihre völlige Unfruchtbarkeit, Künstlichkeit und ihren Mangel an Lebendigkeit dadurch zeigten, dass sogar im Inneren der totalitären Gesellschaft ihre Kritiker auftreten konnten. Zu dieser Zeit »entstand die so genannte ›Geheimliteratur‹«[24] — auf Russisch *Samisdat*: Dissidenten und andere »Freidenker« unterliefen die ideologisch motivierte Zensur, indem sie verbotene Texte in Typoskriptform selbst vervielfältigten und verbreiteten. Allerdings war die Wirkung dieser Literatur auch begrenzt. Sie beschränkte sich vor allem auf die größten russischen Städte wie Moskau und Leningrad (z. Zt. St. Petersburg), und sie betraf bei weitem nicht die gesamte Sowjetunion.

Dass bereits 1973 praktisch unter Ausschluss der Öffentlichkeit für den »nur für den Dienstgebrauch« unter Wissenschaftlern eine Anthologie über »bürgerliche und reformistische Konzeptionen des Faschismus« erschienen war, die immerhin Einblicke in die westliche Totalitarismusdebatte bot, habe ich oben bereits erwähnt.[25] Natürlich kann ich hier nicht versuchen, eine ausführliche Analyse der Ursachen des Zerfalls des sowjetischen Systems zu geben. Aber mir scheint es hinreichend plausibel zu sein, dass alle diese Erscheinungen — die »Dissidenten«, die »Geheimliteratur« und

[23] ORLOW 1998b, 213 ff.
[24] GADSCHIJEW 1996, 86.
[25] S. o., im 2. Kapitel, S. 59.

auch die erste gleichsam offizielle Anthologie von Klassikern der
westlichen Totalitarismus-Diskussion — als Indizien für eine zunehmende Instabilität der herrschenden totalitären Staatsordnung
der Sowjetunion gedeutet werden können und in der Tat allmählich
deren Ende vorbereitet haben.

Eine eigentlich so zu nennende Totalitarismus-Debatte begann
in Russland, (wie eingangs schon gesagt) erst Ende der 1980er Jahren mit Gorbatschow und der von ihm proklamierten Zeit von
Glasnost und *Perestrojka*. Erst jetzt

> »bekam der Begriff des ›Totalitarismus‹ wieder ein Bürgerrecht in un-
> serer Literatur. Wir begannen mit diesem Begriff zu argumentieren,
> und unsere Realitäten und das System zu verstehen. Die ersten Arbei-
> ten zu diesen Aspekten der Sowjetunion erschienen in den späten
> achtziger Jahren, aber die meisten dieser Arbeiten waren nicht von
> professionell-wissenschaftlicher Natur, sondern trugen mehr die
> Handschrift von Journalisten«.[26]

Die erste große offene wissenschaftlich-theoretische Konferenz
hierzu fand in Moskau vom 3.–5. April 1989 im Institut für Philosophie der Russischen Akademie der Wissenschaften statt.[27] Im selben Jahr erschien der Sammelband *Тоталитаризм как исторический феномен* [Totalitarismus als historisches Phänomen], der
die dort gehaltenen Vorträge und die darüber geführten Diskussionen dokumentierte, sowie der Sammelband *Марксизм и социальная революция* [Marxismus und die soziale Revolution],[28] der
teilweise auch der Problematik totalitärer Herrschaft gewidmet ist.
Im Jahr darauf wurde ein Sammelband zum Thema *Тоталитаризм
и социализм* [Totalitarismus und Sozialismus] publiziert, außerdem
erschienen 1992 bzw. 1993 (wie oben schon erwähnt) die ersten
vollständigen Übersetzungen ins Russische von Poppers' *Die offe-*

---

[26] Gadschijew 1996, 86 f.
[27] An dieser Konferenz nahmen zahlreiche Philosophen, Historiker, Wirt-
       schaftswissenschaftler und Politologen aus Russland, Deutschland, Polen
       und den USA teil.
[28] *Тоталитаризм как исторический феномен* [Totalitarismus als historisches Phä-
       nomen]. Moskau 1989; *Марксизм и социальная революция* [Marxismus und die
       soziale Revolution]. Moskau 1989.

ne Gesellschaft und ihre Feinde sowie von ARONs *Demokratie und Totalitarismus*. Damit wurden die ersten bedeutenderen wissenschaftlichen Monographien zur westlichen Totalitarismus-Diskussion im postkommunistischen Russland allgemein zugänglich.

1992 erschien unter dem Titel *Квинтэссенция 1991* [Quintessenz 1991] ein philosophischer Almanach, der ein Kapitel »Взгляд на систему [Blick auf das System]« enthält und mehrere Artikel über den Totalitarismus. Besonders interessant war der Leit- und sozusagen Programm-Artikel »От классовых приоритетов к общечеловеческим ценностям [Von Klassenprioritäten zu allgemein-menschlichen Werten]« von STEPIN, GUSEJNOW, MESCHUJEW und TOLSTICH. Stepin war damals – und ist bis heute – Direktor des Instituts für Philosophie der Russischen Akademie der Wissenschaften in Moskau, das in sowjetischer Zeit unter der Aufsicht des Zentralkomitees der KPdSU die offizielle Ideologie der UdSSR mitformulierte, und auch die anderen Autoren waren bekannte Mitglieder dieses Instituts. Hier wurde also von führenden Philosophen und Ideologen der Sowjetunion als neue *offizielle* Doktrin eine »weltanschauliche Wende« und eine »qualitativ neue geistige Perspektive« für die noch *sowjetische* Gesellschaft verkündet, worüber vorher, d.h. seit dem Beginn von *Glasnost* im Jahre 1985, vor allem Journalisten gesprochen hatten. So kehrten die dogmatisierten und ideologisierten Geisteswissenschaften in der Sowjetunion allmählich zu den Normen des freien Meinungsaustauschs und der Diskussion zurück.

Im Jahre 1993 veröffentlichte das Moskauer Institut für wissenschaftliche Informationen in den Geistes- und Sozialwissenschaften die zweibändige Anthologie *Тоталитаризм: что это такое?* [Der Totalitarismus: Was ist das?] mit einer ganzen Reihe von Beiträgen zu den unterschiedlichsten Totalitarismus-Konzepten teils westlicher, teils moderner russischer Autoren mit einer umfangreichen analytischen Einleitung. 1995 publizierte ein Autorenkollektiv vom Institut für Philosophie der Russischen Akademie der Wissenschaften eine vierbändige *Теорию познания* [Theorie der Erkenntnis]. Deren vierter Band, »Познание социальной реальности

[Erkenntnis der sozialen Realität]«, enthält ein Kapitel »Открытое общество. Методологические аспекты [Offene Gesellschaft. Methodologische Aspekte]«, dessen Autor, Porus, sich vor allem auf Poppers Buch *Die offene Gesellschaft und ihre Feinde* bezieht, um dessen Konzept der »offenen Gesellschaft« für das postkommunistische Russland nutzbar zu machen. Ich muss betonen, dass dieses vierbändige Werk als ein Lehrbuch für geisteswissenschaftliche Studenten gedacht war. Daran sieht man deutlich, dass auch das stark ideologisierte sowjetische Bildungssystem allmählich offener und demokratischer wurde.

Selbst habe ich 1990 bis 1995 an der Staatlichen Lomonossov-Universität Moskau Philosophie studiert und konnte diesen Prozess sozusagen »hautnah« beobachten. Analysieren allerdings kann ich diese Erfahrungen erst jetzt aus einem gehörigen historischen Abstand. Meine Generation hat schon nicht mehr Marxismus-Leninismus studiert, wenn sie Philosophie studierte. Es war zwar nicht verboten, sich mit Marx und Lenin zu beschäftigen, aber nach 73 Jahren »Sowjetmacht« hielt sich das Interesse in Grenzen. Als philosophischer Autor war Marx für uns einfach einer in der Reihe der anderen westlichen Philosophen, ohne dass seine Lehren irgendwie hervorgehoben wurden. Wir haben auch einen ganz »neutralen« Überblick über die Geschichte von Philosophie vermittelt bekommen. Aber eine ausgearbeitete Analyse der totalitären Züge des Sowjetsystems oder eine neue Doktrin der Entwicklung postkommunistischen Russland gab es damals noch nicht. Genauer gesagt veränderte sich gerade in dieser Zeit, also zwischen dem Ende 1980er bis ungefähr zur Mitte 1990er Jahre, die Staatsideologie vom Sozialismus zu einem Kapitalismus westlichen Stils.

Aber zurück zur russischen Totalitarismus-Debatte! Ein Jahr später, 1996, erschien eine große kollektive Arbeit von Mitarbeitern des Instituts für Allgemeine Geschichte der Russischen Akademie der Wissenschaften unter dem Titel *Тоталитаризм в Европе XX века: из истории идеологий, движений, режимов и их преодоления* [Totalitarismus in Europa des 20. Jahrhunderts: Aus der Geschichte Ideologien, Bewegungen, Regime und deren Überwindung] sowie ein Sammelband *Тоталитаризм и тоталитарное сознание* [Totalitarismus und totalitäres Bewusstsein]. Das erstgenannte Buch[29] war wirklich ein monumentales Projekt, das nicht nur den russischen Bolschewismus oder den deutschen Faschismus als historische Phänomene umfassend analysieren sollte, sondern auch andere europäische faschistische und halb-faschistische Regime. Der hohe Anspruch der Autoren geht aus der folgenden Ankündigung hervor:

»Im vorliegenden Geschichtswerk behandeln die Autoren ein Problem, das für alle interessant ist: Wie, warum, unter welchen Bedingungen konnten im Europa des 20. Jahrhunderts brutale, repressive, diktatorische Herrschaftssysteme entstehen, die bestrebt waren, jeden und alle der Gewalt eines Führers, eines Einparteienstaats und einer herrschenden Ideologie zu unterwerfen, wobei sie eine allumfassende, d.h. totale Kontrolle errichteten. [...] Es werden gemeinsame Züge und Unterschiede der Regime des Faschismus in Italien, des Nationalsozialismus in Deutschland und des Stalinismus in der UdSSR, als auch der diesen nahestehenden Systeme in Spanien, Portugal, Griechenland, in den Ländern Ost- und Mitteleuropas untersucht. [...] Historische Wurzeln des Totalitarismus, die Kirchen und die Künste unter diesem Staatssystem, die Rolle Hitlers und Stalins im zweiten Weltkrieg, der antifaschistische Widerstand u.a. bilden Schwerpunkte der Forschung. [...] Speziell werden die Ursachen des Scheiterns der totalitären Systeme wie auch die Wege ihrer Überwindung in verschiedenen Ländern und Alternativen totalitärer Tendenzen analysiert. [...] Das Buch enthält einen inneren Dialog, verschiedene Gesichtspunkte und Meinungen werden betrachtet«.[30]

Im Jahre 1996 wurde auch ARENDTS *Elemente und Ursprünge totaler Herrschaft* vollständig ins Russisch übersetzt. Mittlerweile liegt eine ganze Reihe einschlägiger Dissertationen vor, zur der im besonderen SIMOWEZ 1991, SOLOWJEW 1995 und CHMILJEW 1998 zu zählen sind. In jüngerer Zeit erschien zudem eine Monographie von ORLOW (1998) und eine analytische Anthologie von KARA-MURSA/ POLJAKOW (1999), um nur die bedeutendsten wissenschaftlichen

---

[29] D.i. DRABKIN / KOMOLOWA 1996.
[30] Ebd. 537.

Veröffentlichungen zum Thema der totalitären Herrschaft im modernen Russland zu nennen.

Es geschah also erst in der zweiten Hälfte der 1980er Jahre, dass russische Publizisten das totalitäre System der Sowjetunion gezielt zu untersuchen begannen, und als Ausgangspunkt und Anfang der wissenschaftlichen Totalitarismus-Diskussion in Russland lässt sich die erwähnte internationale Konferenz vom April 1989 nennen.

Eingangs hatte ich festgestellt, dass bis 1989 viele berühmte und bedeutende Arbeiten zum Totalitarismus von westlichen Autoren wie ARENDT, ADORNO, POPPER und FRIEDRICH nicht ins Russische übersetzt waren und russischen Lesern deshalb weitgehend unbekannt bleiben mussten. Andererseits ist in dieser Hinsicht auch ein greifbarer Bruch mit der russischen Tradition zu verzeichnen. Denn in Russland sind auch die klassisch zu nennenden Totalitarismus-Arbeiten russischer Autoren bis zu diesem Zeitpunkt nie veröffentlicht worden. Das gilt speziell für BERDJAEWS *Источник и смысл русского коммунизма* [Quelle und Sinn des russischen Kommunismus] und WARSCHAWSKIS *Генеалогия большевизма* [Genealogie des Bolschewismus]. Daneben kann man als nicht mehr klassischen, sondern bereits modernen Text SINOWJEWS *Зияющие высоты* [Gähnende Höhen][31] nennen. Die wenigen kleineren Veröffentlichungen zum Problem des Totalitarismus, die es gleichwohl gab, ändern nichts daran, dass in Russland allerlei Sachverhalte, die in der Literatur der westlichen Welt schon lange bekannt sind, erst neu entdeckt und formuliert werden mussten. Aber das »erste öffentliche professionelle Gespräch über alle diese Themen« zeige auch, schreibt KARA-MURSA,

> »dass unsere Forscher viel zu sagen haben sowohl über das Problem des Totalitarismus im ganzen als auch über seine russische wohl höchst eigenwillige und tragische Modifikation«.[32]

---

[31] Deutsche Übersetzung: Zürich 1981.
[32] *Тоталитаризм как исторический феномен* [Totalitarismus als historisches Phänomen]. Moskau 1989, 5 f.

Die Konferenz im April 1989 begann mit einer großen gemeinsamen Diskussion der Frage: »Ist der Totalitarismus eine Erscheinung des 20. Jahrhunderts?« Die anschließenden Einzelvorträge sollten die verschiedenen Richtungen der Totalitarismus-Forschung in post-kommunistischen Russland repräsentieren. Ich werde diese Diskussion kurz skizzieren und einige der Vorträge vorstellen.

Wasiljew hat als drei wichtige Komponenten des Totalitarismus genannt:

a. die absolute Macht und vollständige Herrschaft eines ideologischen Systems über Menschen, Staat und Gesellschaft;

b. die Allgegenwart der Propaganda, die zur Mythologisierung des alltäglichen Lebens der Menschen und ihres Bewusstseins führt;

c. die Identifikation des moralisch Guten mit dem, was das System stärkt.

Die massenmedial bewirkte Mythologisierung könnte man mit der Wirkung einer Religion vergleichen, wenn die Propaganda aufgrund des dritten Merkmals nicht prinzipiell unmoralisch wäre und einer allgemeinen Menschenverachtung Vorschub leistete. Genau das aber war nach Wasiljew typisch für den Totalitarismus in Russland. Er entstand, so Wasiljew weiter, an der Peripherie der europäischen Zivilisation als Resultat einer Synthese von Elementen des asiatischen Despotismus (wie der Leibeigenschaft in ihren russischen und borussischen Varianten) mit radikalen ideologischen Doktrinen, die mehr oder weniger mit der Idee des Sozialismus verbunden waren.[33]

Poljakow versuchte mit begrifflichen Mitteln, die an Hegel erinnern, einen Unterschied zwischen den Begriffen der »Totalität« und der »Totalitarität« bzw. des »Totalitarismus« aufzuzeigen. Totalität der Herrschaft gehöre zu allen traditionellen oder archaischen Gesellschaftssystemen. Die alten Herrschaftsformen der Tyrannis, der Despotie u. dgl. könnten aber *nicht* als eine Form *totalitärer* Herrschaft betrachtet werden. Denn ein Individuum un-

---

33 *Тоталитаризм как исторический феномен* [Totalitarismus als historisches Phänomen]. Moskau 1989, 10.

ter einer solchen Herrschaft verstehe deren Totalität als einen
gleichsam natürlichen Zustand. Erst wenn dieses Verständnis der
Totalität durch Selbstreflexion, durch den Blick auf sich selbst mit
den Augen eines anderen auf einen anderen, aufgebrochen sei, dann
könne der Totalitarismus als ein neues Phänomen entstehen. Durch
diese Reflexion gehe die ursprüngliche Ganzheit oder Totalität verloren und erst danach erscheine jeder Anspruch des Ganzen an den
Einzelnen als ein Anschlag auf dessen Freiheit, auf sein geborenes
»Ich«, auf sein Recht, anders als alle anderen zu sein und abzuleh-
nen, was immer Tradition und Ritual fordern. Erst unter diesem
veränderten Bewusstsein begännen die Individuen, die Totalität der
Herrschaft als Gewalt zu empfinden. So sei der Totalitarismus vor
allem eine Erscheinung des Bewusstseins, seine historische Objektivität sei daran gebunden, dass er in eine bestimmte Phase der Entwicklung des menschlichen Bewusstseins falle.[34]

Wolkow betonte die Rolle eines ganz neuen ideologischen Mo-
ments im Totalitarismus des 20. Jahrhunderts, das sich qualitativ
von den Ideologien der Vergangenheit unterscheide. Keine der alten
Ideologien, noch nicht einmal die Weltreligionen, seien für die ganze Bevölkerung eines Staats obligatorisch gewesen. Vielmehr seien
die alten Ideologien mehr oder weniger tolerant gewesen. Die totalitäre Ideologie dagegen sei absolut untolerant und obligatorisch für
die Bevölkerung. Traditionelle Regimes seien an der Vergangenheit
orientiert, weil sie ihre Legitimität aus ihrem Ursprung bezögen,
und sie operierten mit überkommenen Werten. Die totalitären Regimes dagegen seien ganz auf die »Zukunft« orientiert, und ihre
Ideologie sei stets auf die Massen und nicht etwa nur auf die Elite
der Gesellschaft gerichtet. Deswegen sei es kein Wunder, wenn gerade totalitäre Regimes sich um eine Verbreitung elementarer Lese-
und Schreibfähigkeiten bemüht hätten. Zu der für solche Regimes
charakteristischen Angleichung des Ausbildungsniveaus der Be-

---

[34] *Тоталитаризм как исторический феномен* [Totalitarismus als historisches Phä-
nomen]. Moskau 1989, 13 f.

völkerung gehöre aber ebenso ihr Bestreben, die eigentlichen Intellektuellen zu vernichten.[35] Isaew erörterte die Utopie als eine Grundlage für die Entstehung des Totalitarismus im zaristischen Russland. Seiner Meinung nach entsteht der Totalitarismus nur dann, wenn der religiös-sakrale Grund der Ideologie verloren gegangen ist. In der russischen Kultur habe es keine globalen weltanschaulichen Systemen gegeben, die man mit den mittelalterlichen westlichen Theokratien und deren Ansprüchen auf eine umfassende Sakralisierung der Welt vergleichen könne (obwohl es einige Elemente einer solchen Ideologie auch in der Geschichte Russlands gab). Isaew meint nun, dass eine wichtige Voraussetzung für die Entstehung des Totalitarismus in Russland eine besondere Bewusstseinsform gewesen sei, die man als »konservative Utopie« bestimmen könne. Diese habe Ende des 19., Anfang des 20. Jahrhunderts ihre traditionelle und religiöse Grundlage verloren, aber dennoch ihre utopische Hülle und die zugehörigen Mechanismen der Wahrnehmung beibehalten. Die Folge sei eine Empfänglichkeit für totalitäre Staatsvorstellungen als säkulare Versionen einer *civitas Dei* gewesen.[36]

Eine ausführliche Darstellung *aller* russischen Totalitarismus-Konzepte zu geben würde den Umfang dieses Kapitels sprengen. Ich muss mich hier darauf beschränken, einige interessante Ideen zu skizzieren, um die allgemeinen Tendenzen der russischen Totalitarismus-Forschung aufzuzeigen. Außerdem scheint mir bemerkenswert zu sein, dass viele Vorträge auf dieser ersten Konferenz über die Probleme des Totalitarismus sich auf vergleichende Analysen des faschistischen Regimes in Deutschland und des Stalinismus in Russland eingelassen haben. Diesem Aspekt möchte ich mich jetzt zuwenden.

Der russische Historiker Orlow stellte in seinem Vortrag »Deutschland und die UdSSR in den dreißiger Jahren: Ähnlich-

---

[35] Ebd., 16.
[36] *Тоталитаризм как исторический феномен* [Totalitarismus als historisches Phänomen]. Moskau 1989, 26.

keiten und Unterschiede« heraus,[37] dass die politischen Systeme in Großbritannien, Frankreich und den USA für die Probleme, die die neue Phase der Industrialisierung nach dem Ersten Weltkrieg mit sich brachte, Möglichkeiten und Methoden einer Lösung fanden, die mit ihrer demokratischen Grundstruktur verträglich war und deshalb der Versuchung des Totalitarismus widerstehen konnten. Der Totalitarismus habe sich dagegen dort ausgebreitet, wo demokratische Strukturen entweder erst im Entstehen begriffen oder noch sehr unstabil waren, was in erster Linie für Deutschland und Russland gegolten habe, aber auch für Italien, Spanien oder Portugal, wo sich jeweils »spezifische« totalitäre Regierungsformen durchgesetzt hätten. Neben dieser gemeinsamen Bedingung hob er aber auch die Unterschiede zwischen Deutschland und Russland in der industriellen Entwicklung hervor: Auch noch nach dem Ersten Weltkrieg habe Deutschland eine hoch entwickelte Industrie besessen und das monopolistisch organisierte Kapital habe das politische Leben stets beeinflusst. Russland dagegen sei zu Anfang des Krieges ein nur mittelmäßig entwickeltes Industrie-Land mit einer ungleichen Verteilung der Industriezentren gewesen, die sich im wesentlichen auf die Großstädte beschränkten. Nach dem Krieg sei die russische Industrie sehr geschwächt gewesen, so dass der Einfluss der Industriellen auf die Politik als bestimmender Faktor gefehlt habe.

Darüber hinaus hätten Deutschland und Russland sich auch in ihrer politischen Kultur unterschieden. Der gemeinsamen monarchischen Regierungsform zum Trotz hätte der deutsche Kaiser doch in einem Rechtsstaat mit einem entwickelten Parlament regiert, während der russische Zar sich hauptsächlich auf die militärbürokratische Maschinerie gestützt habe. Das Rechtsbewusstsein sei in Russland allenfalls im Aufkeimen gewesen. Hinzu kämen Unterschiede in der Sozialstruktur: Während in Deutschland gut orga-

---

[37] Orlow 1989: »Deutschland und UdSSR in 30-er Jahren: Ähnlichkeiten und Unterschiede«, in: *Totalitarismus als historisches Phänomen*. Moskau 1989, 97 ff.

nisierte Gewerkschaften sowie eine breite Schicht mittlerer und kleiner Unternehmer oder Handwerker und außerdem Intellektuelle und Studenten eine große Rolle gespielt hätten, sei Russland am Ende des Krieges vor allem ein Bauernland gewesen, mit einer auf Großstädte beschränkten Arbeitsklasse, die immer noch feste Beziehungen zur bäuerlichen Lebensart gehabt habe. Die Intellektuellen seien insgesamt sehr heterogen gewesen, eine Klasse der Industriellen sei bestenfalls im Entstehen begriffen und ohne eine reife politische Erfahrung. Wichtig war ORLOW auch die Beobachtung, dass nach dem Ersten Weltkrieg Russland im Unterschied zu Deutschland eine multinationale Bevölkerung hatte.

Sowohl in Deutschland als auch in Russland sei nun der Totalitarismus aus einer Revolution hervorgegangen, die die Massen der Bevölkerung in Bewegung versetzt habe. Hier wie dort hätten sie an die Möglichkeit der Schaffung einer neuen sozialen Ordnung geglaubt. Der Totalitarismus, und zwar der faschistische ebenso wie der stalinistische, habe die Idee des Sozialismus ausgenutzt. STALIN habe die Theorie des Sozialismus von MARX, ENGELS und LENIN mit ihrer Forderung einer Vergesellschaftung der Produktionsmittel und der Diktatur des Proletariats für seine Zwecke instrumentalisiert. Dass HITLER den Marxismus ausdrücklich abgelehnt habe, sei für ihn kein Hindernis gewesen, vieles von der Erfahrung und der Symbolik der Arbeiterbewegung zu nutzen. Seine eigene antimarxistische Idee des Sozialismus habe Hitler dann mit rassistischen Theorien der Überlegenheit der deutschen Nation verbunden. Hier nun sieht Orlow eine weitere interessante Analogie: Der Österreicher Hitler, aus dem »der Führer« aller Deutschen werden sollte, und der Kaukasier DSCHUGASCHWILI, der sich selber »STALIN« nannte, traten beide im Namen von Nationen auf zu denen sie eigentlich nicht oder zunächst nicht wirklich gehörten. In beiden Fällen seien sowohl sozialistische und als auch nationalistische Ideen Hauptbedingungen für die Akzeptabilität der von diesen »charismatischen Führern« beherrschten totalitären Systeme gewesen. Für ORLOW ist das Charisma des Führers eine wesentliche Komponente in einem totalitären System, und für ihn steht fest, dass ein totalitäres System, das diese Komponente verliert, zusammenzubrechen beginnt.[38]

Orlow ist zurzeit einer der führenden Fachleute in der russischen Totalitarismusforschung. In einem 1998 erschienen Buch und zahlreichen anderen Veröffentlichungen hat er seine Überlegungen weiter entwickelt, wobei er im Zuge seines Versuchs, das Phänomen des Totalitarismus in Europa überhaupt aufzuklären, immer wieder auf den Vergleich zwischen dem deutschen Faschismus und dem russischen Stalinismus zurückkommt.

Eine andere Totalitarismus-Konzeption entwickelt Simowez in seiner Dissertation von 1991. Als allgemeine Voraussetzungen der totalitären Regimes nennt er die Herrschaft der Industrie als neuen Typ der Wirtschaft und die radikale Änderung des Subjekts der Geschichte: Der Eintritt der Massen in die politische Arena bei einer andauernden sozioökonomischen Krise und einer scharfen geopolitischen Konkurrenz der führenden Länder der Welt.[39] Er betrachtet den Totalitarismus als ein Regime, das westliche und östliche Länder gleichermaßen betrifft. Unterschiede sieht er in der Form der totalitären Organisation der Massenbewegungen: In Deutschland dominierte die Militarisierung der Massen, in der Sowjetunion dagegen die Industrialisierung, und in China wurden diese beiden Organisationsformen auf eigentümliche Weise gemischt. Diese drei Formen oder Typen der Massenbewegung spiegeln, so Simowez, das Spezifische eines totalitären Regimes wieder, sein Aufbau, seine Struktur und seine Funktion.

Unter »Militarisierung der Massen« versteht Simowez die Verbindung von Kaserne und Fabrikhalle als ein neues Modell der Gesellschaft. Möglich war diese Verbindung, weil die Disziplinierungsräume der Armee und die eines Industriebetriebes strukturell ähnlich sind: Beide unterliegen einem einzigen technisch-rationalen Prinzip des Zusammenwirkens von Mensch und Maschine. Durch Militarisierung der Massen wird die militärische Wirtschaft der

---

[38] Orlow 1989, 105.
[39] Simowez 1991, 13 ff.

Gewalt organisiert. Das ist für Simowez ein wesentliches Merkmal totalitärer Regimes:

>»Die totalitäre Macht zeigt einen spezifischen Mechanismus ihrer Reproduktion — zugleich schöpferisch und zerstörend. Dabei sind die Objekte der Zerstörung und der Schöpfung zusammengefallen — das ist die Masse. Ihre Unstabilität und der Wunsch, sich zusammenzuschließen, bilden den Spielraum für die totalitäre Macht. Die Energie des Zerfalls und die Kräfte der Zusammenschließung sind die Hauptkräfte dieser Macht; sie wird organisiert durch die neoklassische soziale Industrie, die auf Opfer und ungleichen Tausch gegründet ist. Was diese Industrie erzeugt, ist der Mehrwert der Macht.«[40]

Weiter betont SIMOWEZ, dass die totalitäre Macht sich selbst in einem Maße reproduziere, der über die »Nachfrage« hinausgehe. Die resultierende Redundanz investiere die totalitäre Macht für ihre Expansion nach außen. Das geschehe, wenn die eigene nationale Kapazität zu gering sei, um eine übergroße Dominanz zu gewinnen. In dem Fall überschreite die erweiterte Reproduktion die nationale Grenze – und so beginne der Krieg als der radikalste Zweig der Gewalt.

Simowez betrachtet in seiner Arbeit hauptsächlich das faschistische Regime in Deutschland. Er nutzt die Forschungen einiger russischer Wissenschaftler auf dem Gebiet der Sozialphilosophie und der Geschichte (zumeist Arbeiten noch aus sowjetischer Zeit), aber er versucht auch, Forschungen westlicher Philosophen und Sozialwissenschaftler anzuwenden, vor allem die aus der Frankfurter Schule und aus dem französischen Poststrukturalismus. Gerade der letztere hat die Sprache von Simowezs Totalitarismus-Deutung stark beeinflusst. Das würde ich eher als einen Nachteil seiner Arbeit ansehen, weil es nicht gerade leichter macht zu verstehen, was der Autor genau meint. Aber als eines der ersten seriösen kritischen Totalitarismus-Konzepte (1991) im postkommunistischen Russland verdient diese Arbeit gleichwohl Interesse.

Noch eine interessante Doktorarbeit zum Thema der Totalitarismus-Forschungen wurde 1995 ebenfalls in Moskau eingereicht.

---

[40] SIMOWEZ 1991, 13 ff.

Solowjew, den ich schon oben zitiert habe, schrieb über »Das Phänomen des Totalitarismus im Urteil der russischen liberal-konservativen Denker und in der westlichen Politologie«. Zwei Jahre später wurde diese Arbeit auch als Buch unter dem Titel *Феномен тоталитаризма в политической мысли России и Запада* [Das Phänomen des Totalitarismus im politischen Denken Russlands und Westens] veröffentlicht.

Solowjew versucht darin zum ersten Mal in Russland, die Totalitarismus-Debatte, die russische liberal-konservative Philosophen im Exil am Anfang letzten Jahrhunderts geführt hatten, möglichst systematisch darzustellen. Im 2. Kapitel beschäftigt er sich mit der Analyse von westlichen Totalitarismus-Konzepten: Hier sind die Entstehung und die Evolution verschiede westlichen Totalitarismus-Forschungen behandelt. Nach diesen zwei deskriptiven Kapiteln folgt dann das 3. Kapitel, in dem Solowjew die Resultate westlicher und russischer Politologen und Philosophen zusammen betrachtet. Und von Anfang an betont er, dass es in diesem Fall um verschiedene Forschungsobjekte geht: Der Schwerpunkt der russischen Denker liege im Gebiet der philosophischen Anthropologie, der Ethik, der Philosophie der Religion und der Geschichte, der Kultur- und Sozialphilosophie. Die russische philosophische Tradition passe nicht in den Rahmen der Dichotomie zwischen typisch westlichen und typisch östlichen (orientalischen) Denkarten. Die erste Denkart charakterisiert Solowjew als rein rational und die zweite als irrational: Diese beiden weltanschaulichen Denkmuster trügen bestimmte Probleme und Widerspruche in sich.

Unterschiede der Mentalität und in der politischen Philosophie zwischen russischer und westlicher Denkarten macht Solowjew an den folgenden Punkten fest:[41]

1. Einer »historiosophischen« Betrachtungsweise in Russland stehe die positivistische Einstellung im Westen gegenüber—ein Kontrast, der sich auch in verschiedenen »Forschungssprachen« zeige:

---

[41]   Die östliche philosophische Tradition bleibt, schon dem Titel des Buches von Solowjewzufolge, ausgeblendet.

Historiosophisch ist die »Metaerzählung«, die intuitive Erfassung der Welt in ihrer Integrität und die Anerkennung der ungebrochene Bindung aller Geistigkeit an ein kosmisches und göttliches Sein als Grundlage menschlichen und gesellschaftlichen Seins, was der Sprache der modernen Wissenschaft fremd bleibt.

2. Wesentliche Unterschiede zeigten sich bei der Interpretation und im Verständnis einiger Hauptkategorien der politischen Philosophie: So gelte die instrumentalisierte politische Kultur im Westen als ein zweifelloser Vorteil des westlichen Demokratie, während russische liberal-konservative Philosophen das westliche politische Gesellschafts-Modell als eine Gesellschaft verstanden, in der als »Benehmensstereotyp« Handel und Kompromisse sowie die »Atmosphäre des politischen Marktes« dominierten, woran russische konservative Denker stets Anstoß genommen hätten.[42]

Andererseits — und das ist wohl das Interessanteste und Wertvollste in der Entwicklung der russischen Mentalität, denke ich — gibt es auch prinzipielle Zusammenhänge zwischen russischen und westlichen philosophischen Traditionen.[43]

So betont SOLOWJEW bestimmte gemeinsame Blickwinkel im Verständnisses und in der Analyse des Totalitarismus zwischen westlichen Politologen und den russischen liberal-konservativen Denkern. Wie in der westlichen Politologie ist das Individuum die Hauptkategorie der russischen Philosophen: Seine Würde und seine Freiheit (die von Gott gegeben wurden und deswegen die höchste

---

[42] Vgl. SOLOWJEW 1997, 112 ff.

[43] Diese Idee ist für Russen eigentlich nicht neu. Dank seiner geographischen Lage zwischen Europa und Asien konnten in Russland westliche und östliche Denktraditionen wirksam werden. Die Frage ist nur, ob und inwieweit die Mischung eine positive und produktive Synthese ergeben hat. KARA-MURSA z. B. meint dazu, die russische Nation habe nur die »schlechteste« Seiten der westlichen und östlichen Mentalitäten wahrgenommen und weiterentwickelt—nicht zuletzt deswegen sei die Entstehung eines der grausamsten und dauerhaftesten totalitären Systeme in Russland möglich gewesen.

Priorität haben) sind integrale Bestandteile des menschliches Bewusstseins. Aber gerade diese Rechte wurden vom totalitären Staat ignoriert. Wie westliche konservative Denker haben auch die russischen Liberal-konservativen die Werte der traditionellen Gesellschaft geschätzt. Die Zerstörung traditioneller Werte, gluabten sie, trug indirekt zur Entstehung, Entwicklung und Verbreitung der faschistischen, halbfaschistische und kommunistische Regime bei.

Westliche Totalitarismus-Forscher haben totalitäre Regime und liberal-demokratische Staaten streng getrennt und einander gegenübergestellt. Die politische und kulturelle Geschichte des 20. Jahrhundert wurde deswegen als ein Kampf zwischen Totalitarismus und Demokratie geschildert, der letztendlich mit dem Sieg der Demokratie endete. Russische Denker haben demokratische Werte und die zugehörige Ideologie nicht so eindeutig positiv bewertet. Einige Perioden in der Geschichte der westlichen Demokratien haben sie mit »Ochlokratie« und »Anarchie« assoziiert (was meines Erachtens ziemlich polemisch klingt).

Als eine Grundlage für die Entstehung des Totalitarismus in Russland nennt Solowjew eine »russifizierte« Interpretation des Marxismus. Wesentliche Züge dieser Interpretation seien stark betonte futuristische Tendenz in der Politik und Ideologie, der radikale revolutionäre Umbau der Gesellschaft, die Herrschaft die Ideologie des »Klassenkampfs« und der »proletarische« Internationalismus. Den deutschen Nationalsozialismus versteht Solowjew als Ergebnis einer konservativen Revolution, die einerseits eine Antwort auf den Misserfolg der liberalen Demokratie in Deutschland war und andererseits eine Reaktion auf die Ideologie der kommunistischen Diktatur in Russland.

Der Misserfolg der Modernisierungsprozesse spielte eine große Rolle bei der Entstehung des Totalitarismus in beiden Ländern. Das war und ist bis heute ein vieldiskutiertes Thema unter russischen liberal-konservativen Denkern. Solowjew beschreibt traditionelle und modernisierte Gesellschaften so: Der Mensch der traditionellen Gesellschaft nimmt sich als Teil des Ganzes wahr und strebt vor allem, die gemeinsame sakrale Ordnung zu erhalten. Der Mensch der modernen westlichen Gesellschaft hat ganz andere Prioritäten. Im Vordergrund steht der persönliche Erfolgs auf dem Markt, was hier sehr allgemein zu verstehen ist, im Sinne von Arbeitsmarkt, Warenmarkt, politischer Markt usw. Das bedeutet unter anderem die Zerstörung standardisierter Formen der persönlichen Identität und gesellschaftlichen Integrität. Hier dürfe nicht vergessen werden, so SOLOWJEW, dass der Misserfolg von Modernisierungsprozessen nicht etwa traditionelle Modelle des Bewusstseins und des Benehmens favorisierte, sondern die Entstehung und Verbreitung radikaler Ideologien und Modelle des politischen Diskurses ermöglichte. Eine charakteristische Besonderheit sozialer Bewegungen dieser Art war die Vereinigung archaischer Modelle des Denkens und Benehmens mit modernsten Ideologien sowie der radikale Umbau der sozialen Wirklichkeit durch moderne Technologien wie die Massenmedien.

Die Parallele zu CASSIRERS Idee, den Totalitarismus als Pathologie des Symbolischen und entsprechend als Rückkehr eines archaischen Bewusstseins unter den Bedingungen der modernen Technik zu bestimmen, springt geradezu ins Auge. Gewisse Ähnlichkeiten zwischen Cassirers Totalitarismus-Deutung und Solowjews Totalitarismus-Analyse sind jedenfalls nicht zu übersehen. Ich möchte betonen, dass es noch andere Zusammenhänge zwischen Cassirers Totalitarismus-Konzept und russischen Totalitarismus-Debatten gibt. Ausführlicher werde ich darauf im letzten Abschnitt dieses Teils eingehen.

Solowjew charakterisiert in seinem Buch weitere faschistische und halb-faschistische Regime in Europa und stellt dabei die besondere Rolle der Ideologie in den totalitären Systemen heraus. Unter Ideologie versteht er ein spezifisches Weltbild, das dank der systematischen Reduktion der komplizierten sozialen Wirklichkeit zu einem fest definierten Schema geworden ist. Dabei spielt es keine Rolle, was der Ausgangspunkt solcher Ideologien ist: ob es eine Idee über den unvermeidlichen sozialen Fortschritt (wie im Kommunismus) ist oder über den Widerstand gegen Verfall und Zersetzung (wie im Nationalsozialismus). Der Sinn des historischen

Prozesses ist in beiden Fällen nahezu gleich: Die Geschichte ist als parallele Bewegung zweier einander kreuzender Reihen — nach oben und nach unten — zu verstehen, die an den gegenüberliegenden Polen zur Kristallisation von guten und bösen Kräften führt. Das Ziel jeder Ideologie sei natürlich, den Sieg der »guten« Kräften zu gewährleisten.

SOLOWJEW meint dabei, dass jede totalitäre Ideologie als eine Grundlage ein der Gesellschaft gegenüber transzendentes Prinzip hat.[44] Der totalitäre Staat weist gegenüber jeder anderen Staatsordnung einen wesentlichen Unterschied auf: Die ideologisierte Politik in totalitären Staaten stützt sich nicht auf die Gesellschaft (wie in liberal-demokratischen Staaten) und nicht auf eine elitäre Gruppe oder traditionelle Institutionen (wie autoritäre Regime), sondern auf ein universelles der Gesellschaft gegenüber *transzendentes* Prinzip, das mit Macht und Gewalt durchgesetzt wird. Dabei ist der Führer des totalitären Staats, der infolge einer Revolution oder auf ähnliche Weise an die Macht gekommen ist, gar kein Repräsentant, sondern er tritt als ein »transzendentes« Prinzip auf. Deshalb nehmen seine Funktionen in Krisen nicht etwa voluntaristisch, sondern ganz natürlich einen diktatorischen Charakter an.

Ein weiterer interessanter Aspekt ist der Anspruch einer totalitären Ideologie, *stets alle Fragen* beantworten zu können. Die Ideologie tritt so als Quasi-Religion zur Legitimation des Regimes auf. Sie gibt der sozialen Ordnung einen Sinn und verschafft dem System die Anerkennung der Bevölkerung.

Ursachen des Zerfalls der totalitären Systeme nach SOLOWJEW sind:

1. Der massive Verlust an Glaubwürdigkeit der totalitären Ideologie, wenn sie mit neuen inneren und äußeren Realitäten nicht mehr zusammenpasst;
2. die Vollendung des Prozesses der sozialen Transformation der Gesellschaft und die Entstehung einer neuen politischen Elite, die ihre eigenen Ziele verfolgt.

---

[44] SOLOWIJEW 1997, 130 ff.

Beim zweiten Punkt spielt der Tod des totalitären Führers eine wichtige Rolle, weil keiner seiner Nachfolger ein mit dem seinen vergleichbares Charisma besitzt. Die eigennützigen Ziele der neuen politischen Elite diskreditieren die fundamentalen Werte der totalitären Ideologie wie Kollektivismus, Internationalismus, Enthusiasmus und abstrakte Ideale. Dies hat die umfassende Krise des totalitären Systems stark verschärft. Der Enthusiasmus der »Erbauer des Kommunismus« wurde allmählich durch Imperative des stabilen Wachstums von Einkommen und Wohlstands ersetzt. Diese Tendenzen der sowjetischen Gesellschaft wurden, wie Solowjew meint, auch von westlichen Politologen berücksichtigt. Das zeigten verschiedene Konzepte des Totalitarismus, die die Aufmerksamkeit auf bürokratische Aspekte des Systems gelenkt haben oder die gescheiterte Modernisierung als eine Ursache der Entstehung des Totalitarismus betrachteten.

Als Nikita S. Chruschtschow statt des Konzeptes des Klassenkampfes die Doktrin der »friedlichen Koexsitenz« von Kapitalismus und Sozialismus deklarierte, nahm die totalitäre Ideologie im Sinne Stalins eine neue Gestalt an. Diese neue »Linie« habe zwar, so Solowjew, der universalistischen Orientierung der totalitären Ideologie noch nicht widersprochen, aber sie habe andere Probleme heraufbeschworen. Das äußerst abstrakte Ziel des Aufbaus des Kommunismus wurde durch ein einfacheres und konkretes Ziel ersetzt: nämlich die Steigerung des Lebensstandards der »werktätigen Massen«, wobei für die Einschätzung der Höhe des Lebensstandards die Kriterien der kapitalistischen Konsumgesellschaft zugrundegelegt wurden. Gerade das aber hatte seine fatalen Folgen: Das sozialistische Wirtschaftssystem war nicht in der Lage mit der kapitalistischen Markwirtschaft zu konkurrieren, was schließlich auch das Ende der kommunistischen Ideologie bedeutete.

Bei seiner Analyse des Totalitarismus wählt Solowjew wie viele jüngere russische Totalitarismus-Forscher ein Konzept, das grundlegende Elemente der Modernisierungstheorie berücksichtigt. Die Idee, der Misserfolg der Modernisierung in Russland sei eine der Hauptursachen für das Aufkommen des Totalitarismus, begegnet

einem in den meisten heute in Russland vertretenen Totalitarismus-
Konzepten. Solowjew spricht nicht nur über die Evolution des Totalitarismus in der Sowjetunion, sondern auch über eine post-
totalitäre Phase, in der die Methoden des moralischen und physischen Terrors verfeinert wurden, indem z.b. Massenverhaftungen
durch die gezielte Terrorisierung einzelner Bürger und der große
»Archipel GULAG« durch zusätzliche Plätze in Irrenhäusern ersetzt wurden.[45] Als Hauptmerkmale des allmählichen Zerfalls des
Totalitarismus nennt Solowjew die Auflösung der eigentümlichen
quasi-religiösen Ideologie des totalitären Systems und den Glaub-
würdigkeitsverlust der ideologisch überhöhten Massen-Einheit sowie der Einheit von kommunistischer Partei und kommunistischer
Führung.

Den russischen liberal-konservativen Philosophen bescheinigt er,
dass einige ihrer Ideen bis heute furchtbar zu sein schienen, obwohl
sie kein systematisches Totalitarismus-Konzept vorgelegt hätten.
Damit bezieht er sich vor allem die Rolle soziokultureller Faktoren
und anthropologischer »Komponenten« des Phänomens der totalitären Herrschaft. Solowjew glaubt, es sei an der Zeit, nicht mehr
nach »allgemeingültigen« oder deskriptiven Totalitarismus-Konzepten zu suchen, sondern eine nach allen Seiten offene multi-
faktorielle Analyse des Totalitarismus zu beginnen, in der auch die
Evolution totalitärer Regime zu berücksichtigen sei, was breitere
interdisziplinäre Forschungen verlange. Ich würde sagen, diese An-
regung steht im ganzen dem Konzept des Anti-Totalitären Konsenses, den ich oben erwähnt habe, ziemlich nahe. In diesem Punkt
gibt es also gewisse Ähnlichkeiten zwischen modernen westlichen
und modernen russischen Totalitarismus-Forschungen. Ein weiteres interessantes Moment in Solowjews Buch ist seine Beobachtung,
dass die westliche Totalitarismus-Debatte in ihrem wechselhaften
Verlauf auch durch gewisse »Anpassungen« an Veränderungen in
den Ländern des kommunistischen Blocks gedeutet werden kann,
was diesen Debatten eine ganz besondere Dynamik zuschreibt.

[45] Solowijew 1997, 136 ff.

Das Totalitarismus-Konzept von KARA-MURSA ist hier deshalb zu betrachten, weil Kara-Mursa wie gesagt gegenwärtig als führender Totalitarismus-Forscher unter den Philosophen des modernen Russland gilt. Er hat seine Ideen zunächst in seiner Dissertation, dann in dem 1995 erschienenen Buch *Die neue Barbarei‹ als Problem der russischen Zivilisation* und in zahlreichen Aufsätzen entwickelt. Sein Buch fand eine überwältigende Resonanz. Wie Mitarbeiter des Instituts für Philosophie der Russischen Akademie der Wissenschaften in Moskau mir erzählt haben, sprach damals jeder über KARA-MURSAS Buch, das sehr schnell vergriffen war (was bei einer Auflage von 500 Stück auch kein Wunder gewesen ist).

Kara-Mursa unterscheidet im Hinblick auf die Totalitarismus-Debatten in Russland die beiden im Folgenden darzustellenden Hauptpositionen.[46] Viele russische Philosophen suchten die Frage zu beantworten, wer denn am sowjetischen Totalitarismus *schuld* gewesen sei. Da dieser Totalitarismus erstens marxistisch inspiriert und zweitens in Russland verwirklicht worden war, gab es dementsprechend zwei Verdächtige: zum einen den Marxismus, zum anderen Russland selbst.

Einige glaubten, die russische »Erde«, die russische Tradition und die russische »Seele« seien »schuld«, weil diese stets nur despotisch-sklavische Formen reproduziert hätten. So kommt schon zu Beginn des 20. Jahrhunderts eine Kritik des »russischen Kommunismus« auf, die diesen als eine Form des »asiatischen Marxismus« ansieht. Diese Position läuft nach KARA-MURSA darauf hinaus, den sowjetischen Kommunismus als Ausfluss einer spezifisch russischen Barbarei zu verurteilen: Die Russen seien eben »Asiaten« und hätten deshalb eine im Prinzip gute Idee von MARX, die aber für andere Länder und andere Epochen auch gut gewesen sei, nur verderben können.

Andere russische Autoren meinten, dass ganz im Gegenteil gerade der Marxismus »schuld« an der Entstehung eines totalitären Regimes in Russland gewesen sei. Der Marxismus sei nämlich eine ty-

---

[46] KARA-MURSA 1999, 366 ff.

pisch westliche rational-totalitäre Idee, die erst auf Russland habe zugeschnitten werden müssen und die russische Zivilisation barbarisiert habe. Einer Variante dieses Gedankens zufolge hat sich Russland durch den Marxismus sozusagen »verführen« lassen.

Kara-Mursa bemerkt zu dieser Alternative, dass vielleicht die Schuldfrage selbst eine im ihrem Wesen bolschewistische Fragestellung ist, weil der Bolschewismus eigentlich aus einer unendlichen sich selbst reproduzierenden Suche nach den »Schuldigen« besteht.

Als seine Alternative zu den beiden einander ausschließenden Schuldzuweisungen bietet Kara-Mursa sein eigenes Totalitarismus-Konzept an. Er glaubt zwar, dass der Streit darüber, ob die russische »Erde« oder eine importierte ausländische »Idee« schuld sei, unproduktiv ist, aber daraus ergibt sich zugleich für ihn die Möglichkeit, einen Kompromiss zu finden. Seinem eigenen Konzept nach ist der Totalitarismus in Russland nämlich eine »negative« oder »schlechte Synthese« der Zivilisationen. Dieses Konzept findet man im modernen Russland nicht nur bei Kara-Mursa, sondern auch bei einigen anderen Autoren, und seine Ursprünge lassen sich zurückverfolgen bis zu gewissen Ideen von Gerzen, Stepun und Bunakow. Gerzen ist berühmt für seine Beschreibung der Sowjetunion als »Dschingis Khan mit Kanonen von Krupp«. Stepun definierte den sowjetischen Totalitarismus als »skythische Realisierung des gottlos-rationalistischen Projekts«, und Bunakow charakterisierte ihn als einen »amerikanischen Ford multipliziert mit dem russisch-asiatischen Wesen«. Im Kern besagt diese Idee von der »schlechten Synthese« der Zivilisationen das Folgende: »Schuld« hatte nicht die russische »Erde« und auch nicht die »fremde« Idee, sondern deren auf besondere Art und Weise zu Stande gekommene Konstellation, ein Resultat ihres Zusammenwirkens miteinander.[47]

> »Der Maximalismus des deutschen Geistes hat sich mit der ungeregelten [...] wandernden russischen Seele vereint«,

und der resultierende russische Marxismus »sprengte letztendlich die russische Kultur«. Deshalb konnte er die so genannte »russische

---

[47] Kara-Mursa 1999, 366.

Hauptidee—eine Idee der Synthese der Zivilisationen—auf die Grenze zwischen ›Universalismus‹ und [der spezifisch russischen] ›Eigenart‹ « zusammenschrumpfen lassen:

>»[Der russische Marxismus] bot keine einfach soziale, sondern eine zivilisatorische Alternative, indem er sowohl einen historischen Radikalismus wie etwa westliche Ideen als auch die ›antiwestliche Eigenart‹ aufnahm«.[48]

KARA-MURSA bietet in seinem Buch *Die neue Barbarei* (1995) auch eine historische Retrospektive. Er betrachtet zuerst die Reformen von PETER DEM GROSSEN und schätzt sie ein als einen »barbarischen Kampf gegen die Barbarei«—anscheinend ein für die Geschichte Russlands charakteristisches Muster. »Barbarischer Kampf gegen die Barbarei« schließt mehrerlei ein:

- die »Revolution von oben«,
- das Hinundher zwischen einer Empörung der Massen und dem Despotismus des Zaren,
- die soziokulturelle Spaltung zwischen »Oben« und »Unten« in der Gesellschaft;
- die regelmäßigen Konflikte zwischen »Demokratie« und »Patriotismus«.

Kara-Mursa charakterisiert das russische Bewusstsein als ein polarisiertes,[49] das sich besonders deutlich in der Persönlichkeit von Peter d. Gr. widergespiegelt habe. Die »barbarische« despotische Politik Peters d. Gr. konnte die menschliche Freiheit des russischen Volkes nicht sicherstellen, die »Europäisierung« Russland brachte zu viele Probleme. Kara-Mursa wiederholt hier Gedanken des russischen Denkers KARAMSIN (und stimmt diesen zu). Dieser meinte, dass der »Anschluss« Russland an die »Welt-Zivilisation« keine Ga-

---

[48] Ebd. 380.
[49] Es ist interessant, in diesem Zusammenhang auf BILLINGTON 1966 zu verweisen. Er betrachtet das russische Bewusstsein als ein Bewusstsein, dass zu Extremen neige: von der Heiligkeit bis zur Empörung mit brutaler Gewalt (so kann man das auch seinen Titel, »Ikone und Axt«, verstehen). Das Buch wurde 2001 vollständig ins Russisch übersetz und hat eine gewisse Aufmerksamkeit unter Fachleuten in Russland gefunden.

rantie für die Verbesserung des sozialen Lebens böte, sondern den Verlust der nationalen Identität nach sich ziehen und das Land in einen Entropie- und Chaos-Zustand stürzen könnte.[50]

Die zweite historische Retrospektive in Kara-Mursas Buch ist die Analyse der Kontroverse zwischen *Slawophilen* und *Westlern*. Dieser Streit über die »echte« russische Identität — ob Russland ein Teil von Europa sei oder seinen »Sonderweg« zu gehen habe — ähnelt den deutschen »Sonderweg«-Debatten. Kara-Mursa meint, dass »alles Gute und Schlechte in Russland« geschehe »im Kontext seiner ständigen und dramatischen Kommunikation mit dem Westen«. Es gehe dabei auch um den »inneren Westen«, weil der Westen und die Verwestlichung »schon lange ein *inneres russisches Problem*« sei. Kara-Mursa charakterisiert die besondere Lage Russlands so: Es sei gleichzeitig Europa und Nicht-Europa. Er erklärt dieses Paradox damit, dass das Christentum Russland einerseits nicht automatisch an Europa angeschlossen habe, dass aber die Kirchenspaltung und relative Rückständigkeit andererseits auch nicht unbedingt einen Bruch mit der europäischen Kultur und der europäischen politischen Tradition bedeutet hätten. Die Spannungen hätten vielmehr die Entstehung vieler verschiedener Theorien über den »Weg« Russlands in die europäische Zivilisation ermöglicht. Für Kara-Mursa ist die »soziale Barbarei« das Kernproblem sowohl für die Slawophilen als auch für die Westler. Diese beide Strömungen des russischen sozial-philosophischen Denkens setzten nur die Akzente anders. Russische Westler meinten, Russland sei der »verfaulende Osten«, »das Reich der Finsternis« und könne nur als Teil von Europa »zivilisiert« werden. Die Slawophilen dagegen meinten, Russland zerstöre sich und würde in »neuer Barbarei« versinken, wenn das Land sich als Teil des Westen verstehen sollte.[51]

Auf Einzelheiten von Kara-Mursas Analyse des Streits zwischen russischen Slawophilen und Westlern kann ich hier nicht ausführlicher eingehen. Aber einen seiner Gedanken möchte ich doch noch

---

[50] Kara-Mursa 1995, 44 ff.
[51] Ebd. 78 ff.

nennen: Im Zentrum der russischen Totalitarismus-Debatte stand immer das Problem der Korrelation zwischen Zivilisation und Revolution.

KARA-MURSAS eigenes Konzept, das den Totalitarismus im bolschewistischen Russland als »schlechte Synthese der Zivilisationen« betrachtet, ist aus der intensiven Beschäftigung mit den Ideen der liberal-konservativen russischen Philosophen des ersten Drittels des 20. Jahrhunderts erwachsen. Aufs Ganze gesehen wurde es von den Totalitarismus-Forschern im heutigen Russland anerkannt. Meiner Meinung nach ist es eine Deutung des Totalitarismus, die in den bisherigen westlichen Debatten noch nicht gegeben wurde.

Verfolgt man die Demokratisierungsprozesse und ihre Auswirkungen auf die Entwicklung der Geisteswissenschaften im modernen Russland weiter, so ist das von GADSCHIJEW (1999a) für Universitäten und Hochschulen verfasste Lehrbuch Политическая философия [Politische Philosophie] höchst bemerkenswert. Es ordnet den Totalitarismus unter den verschiedenen Typen des politischen Denkens neben Liberalismus, Konservatismus, Sozialdemokratismus und Marxismus mit einer linken und einer rechten Variante ein. Diktatorische politische Systeme träten entweder als autoritäre oder totalitäre Systeme in Erscheinung. Bei der näheren Analyse dessen, was das Totalitäre ausmacht, hebt Gadschijew ähnlich wie CASSIRER die Rolle des Mythos hervor, ferner die Beseitigung der »alten« klassischen ethischen Normen, die negative Rolle der Massen und der wilden »Barbaren« sowie die Funktion der utopischen mythischen Ideologie für die Mobilisierung fanatisierter Massen. Gadschijew unterscheidet zwei Hauptlinien in der Entwicklung der politischen Philosophie des 20. Jahrhunderts: Einer reformistischen Linie, zu der er Liberalismus, Konservatismus und Sozialdemokratismus rechnet, stellt er als revolutionäre Linie den Leninismus und den Faschismus sowie deren Spiel- und Abarten gegenüber. Seines Erachtens steht allerdings der kommunistische Internationalismus der liberalen Ideologie näher als dem Faschismus. Ohne auf Einzelheiten seiner Analysen der politischen Ideengeschichte des 20. Jahrhunderts näher einzugehen, wollte ich nur darauf aufmerksam machen, dass zu diesem Zeitpunkt, also 1999 in Russland bereits von kommunistischer Ideologie »freie« und sozusagen »neutrale« Lehrbücher der politischen Philosophie für Studenten geschrieben wurden.

Es ist auch interessant zu sehen, wie sie sich prominente russische Philosophen, die sich nicht speziell mit politischer Philosophie beschäftigen, zum Thema des Totalitarismus äußern. Ich möchte hier nur einen Vortrag von Awerinzew vorstellen, der als Kulturphilosoph in Russland sehr bekannt ist.[52] In diesem Vortrag wirft er einen »unpolitologischen« Blick auf das Phänomen des Totalitarismus. Er redet über »Vergangenheitsbewältigung« und behauptet, wenn man den Totalitarismus analysiere, komme man zu dem Resultat, dass jedes Denkenssystem zu einem Wahnsinn werde, sobald es unkritisch gegenüber sich selbst werde. Für jede Art von Kritizismus sei dagegen der »nüchterne« Blick auf sich selbst »Ehrensache«. Als Hauptmerkmal des Totalitarismus sieht Awerinzew in dem Folgenden: Jedes totalitäre System strebe um beinahe jeden Preis danach, dass jedes Mitglied der Gesellschaft auch verantwortlich würde für *jede* seiner Tätigkeiten—darin bestehe eigentlich die Totalität des Totalitarismus. Das sei auch die entscheidende Differenz zu archaischen Formen des Despotismus, unter dem die Bevölkerung eines Staates nicht gezwungen wurde, an inszenierten Wahlen, ›Demonstrationen‹ genannten Aufmärschen, kollektiven Jubelfeiern und dergleichen teilzunehmen.

Im Unterschied zu Solowjews Meinung, der als eine Ursache des Zusammenbruchs des sowjetischen totalitären Systems ökonomische Probleme des Landes nannte — das sowjetische Wirtschaftssystem habe nicht mit der kapitalistischen Marktwirtschaft konkurrieren und das im Programm der Kommunistischen Partei deklarierte Konsumniveau erreichen können —, stellt Awerinzew die

---

[52]   Unter dem Titel »Die Überwindung des Totalitarismus als Problem: Ein Versuch der Orientierung« auf einer internationalen Konferenz zur »Überwindung der Vergangenheit«zwischen Russland und Deutschland im Mai 2001; publiziert wurde der Vortrag in der Zeitschrift *Nowij mir* Nr. 9, Moskau 2001.

Rolle des »moralischen Protestes« gegen den Totalitarismus in der UdSSR heraus. Dieser Protest war zu GORBATSCHOWs Zeit so stark geworden, dass Gorbatschow schon nicht in der Lage war, ihn zu ignorieren—es sei denn, er hätte eine neue Welle des Terrors in Gang gesetzt, was er indes weder wollte noch konnte. Als Resultat ergab sich ein Kompromiss zwischen der sowjetischen Elite und dem oppositionellen Teil der Bevölkerung. SOLSCHENIZYN beschrieb die »Zustimmung« des letzteren zur Politik Gorbatschows so: Wir werden von der totalitären Ideologie befreit, aber als die »Preis« für diese friedliche Befreiung darf die sowjetische Elite ihre soziale Position einstweilen behalten.[53]

In diesem Zusammenhang stellt AWERINZEW die folgende Beobachtung an: In den klassischen liberalen Staaten erwarte, ja verlange man von Russland, aber auch von Deutschland immer wieder eine Verurteilung der in und von diesen Ländern verübten Verbrechen. Es gebe aber auch Länder, von denen niemand—weder die liberale Öffentlichkeit noch »die Stimme ihres eigenes Gewissen« etwas Ähnliches erwarte, obwohl es ähnliche Anlässe gebe. Sein Beispiel ist der in der Türkei 1914-15 an den Armeniern verübte Genozid. Die Türkei empfindet schon den Gebrauch des Wortes ›Genozid‹ als tödliche Beleidigung, und wer es in der Türkei verwendet, wird strafrechtlich verfolgt. Die liberale Welt hat dazu lange geschwiegen—vielleicht deshalb, weil die Türkei als Verbündeter gebraucht wurde. Aus vermutlich geostrategischen betreiben die USA ja seit längerem die Aufnahme der Türkei in die EU (was in dieser freilich umstritten ist).

Awerinzew hat zur unterschiedlichen Behandlung verschiedener Großverbrechen allerdings noch mehr zu sagen: Nicht in jeder Kultur sei die Vorstellung ausgeprägt, dass es für eine Nation notwendig sein könne, die kollektive Verantwortung für vergangene Verbrechen zu reflektieren. Entweder gibt es diese Vorstellung in einer Kultur oder eben nicht. Hier bestehe eine Verbindung zur Einschätzung der Reue in der christlichen Tradition, mit Bezug auf

---

[53] AWERINZEW 2001, 146 ff.

die Rut Benedikt von einer *Kultur des Gewissens* gesprochen habe. Die Zivilisationen des Ostens dagegen beschreibt man gewöhnlich als eine *Kultur der Scham*. Im Osten soll der Mensch »sein Gesicht wahren« und unangenehme Erscheinungen ständig verbergen. Der modernen Liberalismus nun bevorzuge mitunter auch eine *Kultur der Scham* als ein soziales Modell, das vor extrem negativen Emotionen schützen soll. Awerinzew selbst sieht für die europäische Freiheitstradition eine Zukunft nur in Verbindung mit der *Kultur des Gewissens*. Diese sei ein besonderes und wertvolles Phänomen. Es gebe selbstverständlich auch im Osten Bürgerrechtler, die gegen bestehende Regime aufträten, aber einen »chinesischen Solschenizyn« kann Awerinzew sich nicht vorstellen.

Wohl gäben wir (sowohl individuell als auch kollektiv) oft nicht unserem Gewissen die Priorität, sondern dächten eher darüber nach, wie wir »unser Gesicht wahren« könnten, aber dabei handeln wir nicht *bona fide* und sind unfähig so zu tun, als ob nichts geschehen wäre. Wie Awerinzew meint, verbindet gerade diese

»innere Unmöglichkeit […] uns Russen mit den Leuten des Westens. Für mich persönlich gibt es kein Zweifel daran, dass sich hier […] eine Wirkung unseres gemeinsamen christlichen Erbes zeigt.«[54]

Obwohl das Programm einer *Bewältigung* der Vergangenheit nötig sei, müsse man sich auch hier vor Übertreibungen hüten, insbesondere dann, wenn ein solches Programm unkritisch gegenüber sich selbst zu werden drohe. Awerinzew kritisiert Jaspers' und seinen Anspruch, als »*praeceptor Germaniae*« zu wirken. Gerade die Totalitarismus-Erfahrungen zeigten doch deutlich, wie gefährlich es sein könne, als ein Erzieher der Massen aufzutreten, als ein Meister, der seinen Lehrlingen eine Formel anbietet, die die Lehrlinge auswendig lernen und unkritisch wiederholen müssten. So wie Karl Kerényi gesagt habe, dass die Türe für den Nationalsozialismus durch den Geist der Abstraktion geöffnet worden sei: Die Juden als konkrete Menschen wurden ersetzt durch die abstrakte Kategorie des Judentums. Während die Formulierung »Ermordung

---

[54] Ebd. 147.

der Juden« noch schrecklich klinge, sehe die Formulierung »Liquidation des Judentums« fast wie eine logische Operation aus:

> »Ich fürchte, die Praxis der politischen Erziehung neuer Generationen wird durch einen Schematismus bestimmt, der in der Vergangenheit, die wir doch überwinden wollen, eine so fatale Rolle gespielt hat.«

Awerinzew misstraut auch dem heute populären liberalen Präzept der *political correctness*. Er fühlt sich dadurch an die Praktiken des spätstalinistischen Antisemitismus erinnert. Seinerzeit wurde die jüdische Elite aufgrund ihrer Nationalität[55] systematisch verfolgt. Die offizielle sowjetische Presse schrieb indes mit keinem Wort über *Juden*; ihrzufolge ging es ausschließlich um »*verachtenswerte Kosmopoliten*«. Diese Parallelisierung hat wegen der unvermeidlichen Ähnlichkeit aller Sprachregelungen mit dem *Newspeak* in ORWELLS Roman *1984* durchaus etwas für sich, aber sie unterschlägt, dass es in dem modernen Präzept der *political correctness* ursprünglich um die Vermeidung einer Diskriminierung von Minderheiten in der Gesellschaft geht, während in der publizistischen Begleitung des spätstalinistischen Antisemitismus sich besonders deutlich der Zynismus der offiziellen kommunistischen Propaganda zeigte. So bleibt es mir doch zweifelhaft, ob man diese beiden Erscheinungen des politischen Lebens aus kulturphilosophischer Perspektive mit Gewinn zusammen betrachten und miteinander vergleichen kann.

Gegen den Totalitarismus verschlägt AWERINZEW zufolge nur ein einziges Mittel, und zwar nicht das Präzept der *political correctness*, wie er hervorhebt,[56] sondern »ein Gefühl der Verantwortung für jedes eigene Wort und jede eigene Handlung, aus der ein Misstrauen gegenüber Suggestionen« aller Art erwächst und auch gegen den von KERÉNYI angesprochenen *Geist der Abstraktion*.

---

[55] In der UdSSR wurden die Juden in der Tat als Angehörige einer eigenen Nationalität wie Russen, Armenier, Ukrainer, Deutsche und andere angesehen.

[56] Ich vermute, Awerinzew überschätzt die Bedeutung der *political correctness* für den westlichen Liberalismus von heute. Aber das kann hier nicht weiter diskutiert werden.

244 III. Teil: *Cassirers politische Philosophie neu gelesen*

Awerinzew kritisiert also antiliberale Tendenzen der nationalistischen Art ebenso wie auch eine universalistische »Ideologie« bzw. die Ansprüche des Westens, über das einzige Modell zu verfügen, das für die ganze Welt allgemein gültig und am besten passend sei. Er plädiert dagegen für eine vollkommene Offenheit angesichts aller schwierigen Fragen der Gegenwart und für die vollständige Ehrlichkeit und Nüchternheit diesen gegenüber. Nur das würde dem Totalitarismus in der Zukunft alle Chancen nehmen.

Im Jahre 2001 erschien erstmals die vierbändige *Neue philosophische Enzyklopädie* in Moskau. Es war der erste Versuch in postsowjetischer Zeit, die alte fünfbändige *Philosophische Enzyklopädie* (die unter Fachleuten als das ausführlichste systematische Nachschlagewerk der ganzen ehemaligen Sowjetunion galt) komplett neu überarbeiten und auf den neusten Stand der philosophischen Forschung und Diskussion zu bringen. Die Erstauflage von 3000 Exemplaren war sofort vergriffen (trotz ihres für russische Verhältnisse sehr hohen Preises). Im Moment wird wegen der großen Nachfrage die 2. Auflage vorbereitet.

Für unser Thema ist dieses Lexikon von großer Bedeutung, weil mit ihm sozusagen ein Resultat der modernen russischen Totalitarismus-Debatte vorliegt. Den Artikel »Totalitarismus« hat Kara-Mursa verfasst, den ich ja schon als einen der besten Kenner der ganzen Totalitarismus-Problematik in Russland vorgestellt habe. In diesem Artikel definiert Kara-Mursa den Totalitarismus als ein »allumfassendes repressiv-ideokratisches System« und kennzeichnet ihn als ein Phänomen ausschließlich des 20. Jahrhunderts.[57] Die historischen Ursachen seiner Entstehung seien in der Zerstörung der »traditionellen sozialen Gemeinschaften«, der »Emanzipation« und »sozialen Aktivierung des ›Massen-Menschen‹«, *La rebelión de las masas* (Ortega y Gasset) verwurzelt. Es sei sehr charakteristisch, dass die totalitäre Bewegungen nur in Ländern der »zweiten Staffel der Modernisierung« und »einholenden Entwicklung« wie eben Russland, Deutschland, Italien, Spanien oder Portugal für

---

[57] Kara-Mursa 2001, 80 f.

längere Zeit die Macht erringen konnten. In diesen Ländern habe es ein »Überholen« von Prozessen der Bildung der *Massen-Gesellschaft* im Vergleich zur Entstehung der *bürgerlichen Gesellschaft* gegeben.

In diesem Sinne versteht KARA-MURSA den Totalitarismus in den genannten Ländern nicht als eine »Annexion« der Modernisierungsprozesse, der freien Markwirtschaftsordnung und des demokratischen Staatssystems, sondern als eine Reaktion auf die »nicht gelungene« Modernisierung, die Marktwirtschaft und die Demokratie.

Eine weitere wichtige Voraussetzung für das Aufkommen des Totalitarismus im Europa des 20. Jahrhunderts sei auch die stets wachsende »Komplexität« der Gesellschaft insbesondere in der ökonomischen Sphäre. Die »zunehmende Komplexität« der Gesellschaft habe darauf eine »Antwort« provoziert: Programme der »Super-Zentralisierung«, der »Etatisierung« und entsprechend der Unterdrückung »gesellschaftlicher Selbstorganisation« und »individueller Autonomie«.

Im übrigen kommt Kara-Mursa wieder auf die Ideen der russischen liberal-konservativen Philosophen der 1920er und 30er Jahre zurück, die aus dem Exil heraus die kommunistische Diktatur in Russland kritisiert hatten. Die Hauptlinien dieser spezifisch russischen Totalitarismus-Debatte »im Exil« habe ich oben dargestellt. Schließlich werden in diesem Artikel auch Positionen der westlichen Totalitarismus-Debatte dargestellt, vor allem die von ARENDT, FRIEDRICH und BRZEZINSKI.

Ein wichtiger Aspekt, den Kara-Mursa ebenfalls behandelt, ist die neue Wendung der Totalitarismus-Debatten in den 1960er und 70er Jahren, die hervorgerufen war durch die damals augenscheinliche Fähigkeit des sowjetischen Regimes zur Evolution. Das hat Zweifel geweckt, ob ein »Wesen des Totalitarismus« überhaupt fixierbar sein könnte. Das »Totalitäre« und die »Totalität« als homogene Ganzheit wurden miteinander identifiziert. Das Denkschema »Gibt es keine Totalität, dann auch kein Totalitarismus« habe die Totalitarismus-Forscher weit von dem fruchtbaren Kon-

zept Wischeslawzews weggeführt, der noch in 1930er Jahren den
»russischen Kommunismus« als eine »Utopie« beschrieben hatte.
Für Wischeslawzew war der Totalitarismus nicht »Leere« sondern
eine »Verwüstung«, die Verdrängung des Lebens, einfach der Tod.
Eine solche Interpretation des Totalitarismus mache es möglich,
den Totalitarismus nicht als einen Zustand, sondern als einen Prozess aufzufassen, und zwar als einen Prozess der repressiven Vereinfachung der Gesellschaft, so Kara-Mursa.

Wie gesagt wiederholt Kara-Mursa in seinem Artikel die heute
in Russland weitverbreitete und anerkannte These von der »nicht
gelungenen Modernisierung« als Hauptursache für die Entstehung
und Entwicklung totalitärer Systeme in vielen europäischen Ländern des frühen 20. Jahrhunderts. Er zieht außerdem unterschiedliche Totalitarismus-Konzepte westlicher und russischer Autoren
in Betracht. Es ist für mein Thema bedeutsam, dass er besonders
die Ideen derjenigen russischen Denker akzentuiert, die den Totalitarismus als Utopie billigten. Denn daran liegt eine deutliche
Parallele zu Cassirers *The Myth of the State*.

Cassirers Auffassung des Totalitarismus als eine Art »politischer
Mythologie« ähnelt den von seinen russischen Zeitgenossen, die
wie er Opfer totalitärer Systeme waren und deshalb ins Exil gehen
mussten, entwickelten Ideen über die utopische Natur des Totalitarismus, obwohl es meines Wissens ausgeschlossen ist, dass Cassirer
mit dieser russischen Totalitarismus-Debatte vertraut war. Zumindest gibt es derzeit keine Indizien, die etwas anderes nahelegen.
Auch Kara-Mursas bisher letzte Charakterisierung des Totalitarismus als eines Prozesses der »Vereinfachung« der Gesellschaft spiegelt gewissermaßen Cassirers Idee vom Verlust der Fähigkeit zur
symbolischen Ideation, der die Menschen in totalitären Staaten be-
fällt. Diese Gemeinsamkeiten zwischen Cassirers Ideen und denen
der russischen liberal-konservativen Philosophen lassen mich vermuten, dass der Geist der damaligen Zeit, ähnliche persönliche Lebensumstände und eine vergleichbar gediegene europäische philosophische Ausbildung eine affine Sicht auf das Phänomen des
Totalitarismus ermöglicht haben. Es ging dabei nicht um empirisch

fassbare Äußerlichkeiten, wie sie manche Politologen als die einzig respektablen »Daten« schätzen, sondern um die tieferen »geistigen« und »kulturellen« Wurzeln des Totalitarismus. Ich bin, wie ich oben schon mehrfach betont habe, der Meinung, dass gerade solche »philosophischen Interpretationen« des Totalitarismus es erlauben, verschiedene Erscheinungsformen totalitärer oder halb-totalitärer Regime besser vergleichend zu analysieren. Jedenfalls kann ein deratiges Verständnis die empirisch-orientierten politikwissenschaftlichen Totalitarismuskonzepte nur bereichern und zu ihrer Weiterentwicklung beitragen.

Im Jahre 2003 hat sich zum Thema der Totalitarismus-Debatten mit Teodor I. OJZERMAN einer der prominenteren und auch in Deutschland bekannten zeitgenössischen russischen Philosophen[58] zu Wort gemeldet, und zwar mit einer großen Monographie über *Marxismus und Utopismus*.[59] Dieses Buch verdient unser Interesse, weil es zeigt, wie ein prominenter Marxist aus Moskau (Jahrgang 1914), der lange Zeit in der Sowjetunion und den ehemals »sozialistischen« Ländern sehr aktiv und erfolgreich die marxistische Philosophie und Ideologie verbreitet hatte, heutzutage eine veränderte Position bezieht.

Ojzerman versucht in seinem Buch, »das Phänomen des Utopismus« zu erforschen und sagt gleich am Anfang, ein negatives »Verhältnis« zu Utopien sei nicht richtig. Utopien seien »inhaltliche Irrtümer« derart, dass sie »wahre Vorstellungen« auf eine »inadäquate Weise« darstellten. MARX und ENGELS glaubten, so Ojzerman, sie hätten mit ihren Kritik aller vorherigen Philosophie auch mit jeder Art des Utopismus Schluss gemacht. Dennoch hätten sie selber die utopischen Vorstellungen über eine waren- und geldlose postkapitalistische Gesellschaft entwickelt. Marx' und Engels' utopische Vorstellungen von der »Diktatur des Proletariats« charakterisiert Ojzerman als eine völlig falsche Idee, weil keine

---

[58] Ojzerman ist seit langem als Marxist bekannt. Zahlreiche seiner Arbeiten sind auch in dt. Übers. erschienen: s. *Literaturverzeichnis*.
[59] OJZERMAN 2003.

Diktatur ihre Machtbefugnisse der Masse der Bevölkerung übertragen will und kann.[60]

In seiner Analyse des Marxismus geht Ojzerman von der These aus, dass der Marxismus als eine ideologische Lehre in der ehemaligen Sowjetunion eine Utopie war. Aber dabei will er nicht nur Schwächen und Irrtümer des Marxismus aufzeigen, sondern auch dessen positive Seiten erläutern. In der UdSSR sei der Marxismus eine konformistische Ideologie gewesen, dagegen sei jetzt, nach dem Zerfall der Sozialismus, die konformistische Ideologie in Russland ein »militanter Antimarxismus«. Indes habe der Zerfall des sozialistischen Systems in Russland »nicht auch den Zerfall der sozialistischen Ideologie« bewirken können.[61] Einen ernst zu nehmenden Nachteil der »russischen Version« des Marxismus sieht er in dem dogmatischen Charakter, den dieser in der UdSSR angenommen hatte, so dass er in der Sowjetunion keinen »normalen wissenschaftlichen« Status gehabt habe. Es sei einfach verboten worden, die Irrtümer von Marx, Engels oder Lenin überhaupt zu erwähnen, geschweige denn zu diskutieren. Die »Klassiker des Marxismus« seien als absolut »fehlerfreie« Denker hingestellt und so auch von der Mehrheit der Bevölkerung wahrgenommen worden — zumindest »formal«, wobei ich an die Formen offizieller »Rituale« und dergleichen denke.

Ojzerman kritisiert den Marxismus auch unter ökonomischen Aspekten: Die marxistische »Negation« des Privateigentums an Produktionsmitteln sei vollkommen utopisch (sprich: falsch) gewesen, weil die Umsetzung dieser Forderung auf eine völlige Abschaffung der Produktionsmittel hinauslaufen würde. So habe die historische Erfahrung in der UdSSR gezeigt, dass die Umwandlung aller Produktionsmittel in das »gemeinsame Eigentum« die weitere Entwicklung der Volkswirtschaft gelähmt hatte.

Ojzerman versucht in seiner Arbeit gleichwohl, die Rolle der »utopischen Elemente« im Marxismus immer wieder positiv zu be-

---

[60] Ojzerman 2003, 4.
[61] Ebd. 7 ff.

werten. So bemerkt er, die orthodoxe Darlegung der marxistischen Lehre hätte eine *radikale Entgegensetzung des Marxismus zum Utopismus* impliziert und eine entsprechend radikale Negation des Utopismus. Diesem falschen Verständnis des Marxismus stehe die historische Erfahrung entgegen, meint OJZERMAN, und viele Kritiker des Marxismus, die eben diese utopischen Züge an ihm als etwas nur »Negatives« wahrgenommen hätten, seien nicht in der Lage, die positiven Seiten des Utopismus zu schätzen, seine realen Inhalte und seine historische Bedeutung. Ein derartiges Unverständnis gegenüber dem »Wesen des Utopismus« und seiner historischen Rolle schließe zugleich ein Verständnis sowie die richtige Einschätzung der wissenschaftlichen und kulturellen Bedeutung der Lehren von MARX und ENGELS aus. Damit meint Ojzerman die »demokratisierende Rolle« des Marxismus, seine Funktion als Rivale des Kapitalismus, der durch seine bloße Existenz das kapitalistische Staatssystem zu verbessern vermocht habe. Gerade das sei die »historische Aufgabe« und der »kulturelle Sinn« des Marxismus.[62]

»Wissenschaftliche« Elemente einerseits und »utopische« andererseits treten für Ojzerman am Marxismus nicht als »absolute«, sondern als »relative« Gegensätze auf, die einander bedingen und ohne dieses »gegensätzliche« Verhältnis gar nicht für sich existieren könnten. Diese »Besonderheit« der marxistischen Lehre soll auch nicht als »paradox« oder »widersprüchlich« zu verstehen sein: In dieser »Einheit« von »wissenschaftlichen« und »utopischen« Momenten, in ihrer »Wechselbeziehung« zueinander, liege die »Stärke« und die »Schwäche« des Marxismus, betont Ojzerman.

Im Unterschied zu den Tendenzen der postkommunistischen Totalitarismus-Debatten im modernen Russland, die auf eine immer schärfere Verurteilung des Marxismus hinauslaufen, vertritt Ojzerman die Überzeugung, der Marxismus sei eine theoretisch gut begründete humanistische Bewegung der europäischen Geistesgeschichte gewesen und bleibe das auch. Die positiven Auswirkungen

---

[62] Ebd. 26 ff.

des Marxismus auf die Evolution des Kapitalismus seien heute nur schwer zu überschätzen und zu übersehen.

In *Marxismus und Utopismus* analysiert Ojzerman insbesondere die folgenden Aspekte der marxistischen Lehre in ihrer »russischen Variante«. Er untersucht den Marxismus als Ideologie und erörtert sein Verhältnis zu den ihm vorausgegangenen Utopien; er versucht sich an einer kritischen Würdigung des »dialektischen Materialismus« und wägt die Vor- und Nachteile eines »materialistischen Verständnisses der Geschichte« gegeneinander ab; er diskutiert die Alternative »Revolution oder Evolution?« und das Problem des Übergangs vom Kapitalismus zur postkapitalistischen Gesellschaft; er setzt sich mit der Idee der »Diktatur des Proletariats« auseinander und porträtiert die Klassiker, Engels und Lenin, den letzteren speziel »als Marxisten«; schließlich behandelt er auch das marxistische Konzept des Sozialismus und den »realen Sozialismus«. Es würde den Umfang der Arbeit sprengen, auf Ojzermans Interpretationen im einzelnen einzugehen. Einige seiner wichtigeren Schlussgedanke möchte ich hier trotzdem erwähnen.

Wie schon der Aufbau des Buches zeigt, konzentriert Ojzerman sich auf sogenannte »positive« Aspekte des Marxismus, vor allem auf seine Oppositionsrolle gegenüber der kapitalistischen ökonomischen und sozialen Ordnung. Der andere, »negative« Aspekt der marxistischen Lehre — ich meine den Marxismus als Basis der kommunistischen Ideologie der UdSSR — findet in seiner Analyse keine besonders große Aufmerksamkeit. So verliert er z.B. in dem der Idee der »Diktatur des Proletariats« sowie, Engels, Lenin und »Lenin als Marxist« gewidmeten Kapitel kaum ein Wort über Stalin und die stalinistische Interpretation des Marxismus.[63] Die schrecklichsten Seiten des Totalitarismus in Russland und auch des Marxismus als der tragenden Ideologie des totalitären Systems werden in diesem Buch mit recht sparsamer Aufmerksamkeit bedacht.

---

[63] Eine, gemessen am Umfang des ganzen Werkes, geringfügige Ausnahme findet man: Ojzerman 2003, 523.

Das erscheint nicht zuletzt deshalb merkwürdig, weil der Autor selbst dafür plädiert, dass der Marxismus in Russland endlich den »normalen wissenschaftlichen Status« zugewiesen bekommt. Es kann natürlich sein, dass OJZERMAN die »stalinistische Version« des Marxismus für eine absolut verrückte Erscheinung des russischen Totalitarismus hält. Das mag so sein, ändert aber nichts daran, dass der Stalinismus zur dramatischen Geschichte totalitärer Herrschaft in Russland unbedingt gehört und ohne eine Betrachtung dieser Phase eine Analyse des russischen Totalitarismus unvollständig bleiben muss, besonders nach »normalen wissenschaftlichen« Standards.

Wahrscheinlich gibt es aber eine einfache Erklärung: Den radikalen Veränderungen in Russland und der übrigen Welt zum Trotz ist Ojzerman der marxistischen Lehre insofern treu geblieben, als er sie nach wie vor für eine der größten Leistungen des europäischen Geistes halten möchte. — Am Ende des Buches nennt er allerdings zwei wichtige Merkmale des totalitären Staates:

1. das »zentralisierte« Wirtschaftsmodell mit seiner totalen Planung »von oben nach unten«,
2. das »sozialistische Eigentum an den Produktionsmitteln«.

Den sowjetischen »totalitären Staat« bestimmt er außerdem als ein Ganzes, dessen Komponenten Gewalt, ideologisches Diktat, Lüge und Manipulation waren.[64] Er erwähnt auch den »Idealismus« von CHRUTSCHOW, der an Kommunismus wirklich glaubte, und die »neue« Position von GORBATSCHOW, der im Juni 1987 die »ökonomische Schwäche« des Sozialismus verkündete und mit *Perestrojka* die »sozialistische Gesellschaft«, die »sozialistische Formation« zu »verbessern« suchte, was allerdings im Widerspruch stand zu dem »objektiven Prozess des Zerfalls« des sowjetischen Systems.

Die »marxistischen Vorstellungen« vom Sozialismus konnten, Ojzerman zufolge, »prinzipiell« nicht realisiert werden, weil sie »utopisch« waren. Den Sozialismus konnte man aber nur auf der »Grundlage des totalitären Staates« aufbauen. Als Ergebnis seiner

---

[64] Ebd. 538.

Analyse des marxistischen Konzeptes des Sozialismus stellt Ojzerman fest, Marx', Engels' und Lenins Ideen von der Abschaffung
der Arbeitsteilung und der Waren-Geld-Verhältnisse sei nur eine
Utopie gewesen; und er fügt hinzu:

> »Man kann sogar mehr sagen: Das ganze Modell der sozialistischen
> (kommunistischen) Gesellschaft als ein ›Reich der Freiheit‹ ist eine
> Utopie. Die Idee einer postkapitalistischen Gesellschaftsformation,
> die der Marxismus begründet [hat], ist aber keine Utopie.«

Die Frage sei lediglich, ob die sozialistische Formation »die einzige
Alternative zur Kapitalismus« ist? Die Analyse der Geschichte des
20. Jahrhunderts »soll und muss diese Frage ganz deutlich beantworten«.[65]—Ojzerman glaubt, der Übergang des modernen Russland zur »postkapitalistischen« Gesellschaft müsse eine neue Gesellschaft hervorbringen und diese werde »zwar nicht sozialistisch«
sein, aber das neue Staatsystem werde in sich die »humanistische
Ideale der Lehre von Marx und Engels« implizieren.

Für solche Erwartungen gibt es in Russland bis heute freilich
überhaupt keine Belege. Zu beobachten war ein »wilder Kapitalismus«, dazu politische Instabilität, wirtschaftliches Chaos, Korruption, hohe Kriminalität und in der Bevölkerung eine große Ori-
entierungslosigkeit, nachdem die alte kommunistische Ideologie
diskreditiert und westliche liberalen Werte wie Pluralismus und
Toleranz von der Mehrheit der Bevölkerung noch nicht angenommen waren. So oder so ähnlich musste man das politische und geistige Klima in Russland bis vor kurzem charakterisieren. Mit den
jüngst zu beobachtenden Veränderungen, die eine politische Stabilisierung sowie einen Rückgang von Korruption und Kriminalität
anzeigen, gehen auch positive wirtschaftliche Tendenzen einher: Es
gibt weniger Inflation, einige russische Firmen und Unternehmer
verstärken ihre Positionen auf den Märkten im In- und Ausland.
Aber nicht in jeder Hinsicht sind Chaos und Instabilität bereits
überwunden, zumal der Preis für die Verbesserung ein Regime ist,
dem man autoritäre Züge nicht absprechen kann. Und dass in Russ-

---

[65] Ojzerman 2003, 516 ff.

land in seiner weiteren Entwicklung die »großen humanistischen Ideale« von MARX und ENGELS realisieren werden sollen, dieser Gedanke scheint mir ebenso utopisch zu sein wie der Versuch in der UdSSR das »kommunistische Staatsystem« zu verwirklichen.

In OJZERMANS Monographie *Marxismus und Utopismus* wird der Marxismus als eines der wichtigsten Resultate der Entwicklung des bisherigen europäischen gesellschaftspolitischen Denkens dargestellt. Die Theorie des Klassenkampfes sei der glaubwürdigste und wertvollste Teil des Marxismus. Falsch seien nur die Vorstellengen vom baldigen Ende des Kapitalismus und den ihn als Gesellschaftsform ablösenden Kommunismus. Ojzerman meint, heutzutage gebe es eine Annäherung zwischen dem Marxismus und anderen modernen Sozialtheorien. Das sei ein »normaler« Prozess der Deideologiesierung des Marxismus. Die Hauptidee des Marxismus sei nicht die Begründung der Abschaffung des Privateigentums an Produktionsmitteln, sondern die Begründung

> »einer Möglichkeit und Notwendigkeit der allseitigen Entwicklung menschlicher Fähigkeiten und Bedürfnisse aufgrund eines radikalen Umbaus der Gesellschaft; unabhängig davon, ob dies durch eine Revolution oder durch Evolution geschieht«.[66]

Diese Interpretation zeigt, wie die ältere Generation russischer Philosophen die Realitäten der modernen politischen Entwicklung Russlands und überhaupt der Welt wahrnimmt. Sie ist ein Versuch, die marxistische Lehre möglichst »neutral« einzuschätzen. Natürlich geht Ojzerman dabei von seinen eigenen Lebenserfahrungen aus.

Eine ganz andere Position vertritt die kommunistische Opposition in Russland. Obwohl die Mehrheit speziell der jüngeren Bevölkerung Russlands die neuen demokratischen Formen akzeptiert hat, ist die alte kommunistische Generation bis heute sehr aktiv geblieben. Ihre Mitglieder halten weithin an ihren (im buchstäblichen Sinn) reaktionären Ideen fest. So fand z.B. vom 3. bis 4. Oktober 2000 in Moskau eine Konferenz »Perspektiven des Sozialismus in

---

[66] Ebd. 565 f.

Russland« statt, und im selben Jahr erschien das Buch *Modernes Russland und Sozialismus*, in dem die Autoren u.a. die folgenden Themen behandelten: »Die Niederlage des Sozialismus und eine Möglichkeit neuer sozialistischer Programme«, »Der Weg zum Sozialismus ist dornig, aber es gibt keinen anderen Weg«, »Sozialismus in Russland: gestern, heute, morgen«. Auch heute hat also die alte kommunistische (und manchmal sogar stalinistische) Ideologie für eine kleine Bevölkerungsschicht in Russland ihre Bedeutung noch nicht verloren. Aber zur alten sozialistischen Ordnung zurückzukehren, haben diese Leute kaum eine Chance. Ein Indiz dafür, dass unbeschadet der in manchen Nischen gepflegten kommunistischen Nostalgie die alte Ideologie in Russland an Boden verliert, ist z.B. die Veröffentlichung des Buches von Robert Payne *The Life and Death of Lenin*.[67]

Seit 1890 gibt es in Russland die populäre Buchreihe »Leben hervorragende Menschen«. Eine Biographie von Lenin war darin bis 2003 nicht erschienen – aus ideologischen Gründen, wie man vermuten darf.[68] Dann erst wurde das Buch von Payne für diese Reihe ausgewählt: als eine sozusagen »neutrale« Beschreibung und Bewertung des Lebens und der politischen Tätigkeit Lenins. Die Redaktion der Reihe rechtfertigte ihre Entscheidung im Vorwort des Buches damit, dass eine möglichst »objektive« Biographie einer so umstrittenen Figur der russischen Geschichte im Moment von einem Russen kaum zu erwarten sei. Um dem Buch die Extreme der Meinungsverschiedenheit – entweder nur »loben« oder nur »beschimpfen« – zu ersparen, habe sie eine westliche Publikation zum Thema ausgewählt.

Oben ging es um politologische und philosophische Einschätzungen des Totalitarismus in Russland. Natürlich haben aber auch Historiker aktiv an den russischen Totalitarismus-Debatten teilgenommen. Es gibt mittlerweile schon einige moderne Lehrbücher

---

[67] Engl. Orig. 1964, russ. Übers., Moskau 2003.
[68] Es gab selbstverständlich »offizielle« Biographien von Lenin, aber diese waren vor allem für kommunistische »Funktionäre« gedacht, nicht für die breite Öffentlichkeit.

der Geschichte Russlands für Schulen und Universitäten. Ich kann an dieser Stelle z.B. auf das sehr bekannte Universitätslehrbuch *Geschichte Russlands* von GEORGIEW/ ORLOW/GEORGIEWA/SIWOCHINA (neue komplett überarbeitete Auflage: Moskau 2003) hinweisen. Die Autoren sind Mitarbeiter der Fakultät für Geschichte der Staatlichen Lomonossov-Universität Moskau. Sie haben die russische Geschichte aus heutiger Perspektive sozusagen »ganz nüchtern« und objektiv dargestellt.

Wie wir sehen konnten, haben die Totalitarismus-Debatten in Russland verschiedene Stadien durchlaufen: Angefangen von den liberal-konservativen Philosophen im ersten Drittel des 20. Jahrhunderts in der Emigration über die Kritik des Kapitalismus und des deutschen wie des italienischen Faschismus zur Zeit der Sowjetunion bis hin zu den eigentlich so zu nennenden Totalitarismus-Debatten in Auseinandersetzung mit westlichen Theoretikern in der Zeit der *Perestrojka* und der *Postperestrojka.*[69]

Die Totalitarismus-Debatten im postkommunistischen Russland gehen hauptsächlich in die folgenden drei Richtungen:

1. die Aneignung des Erbes der liberal-konservativen Philosophen der 1920-30-er Jahre (NOVGORODCEV, BULGAKOW, BERDJAEW u.a.), die wegen des bolschewistischen Regimes ins Exil gingen, um es von dort aus zu kritisieren;

2. die Rezeption der klassischen Totalitarismus-Konzepte der westlichen Philosophie und Politologie;

3. eigene moderne russische Totalitarismus-Deutungen, die in der Zeit *Perestrojka* und besonders *Post-Perestrojka* entstanden.

Ich habe versucht, ein möglichst vollständiges Bild des Verlaufs der russischen Debatten zu geben, freilich nur in Gestalt einer Skizze. Ich habe mich auch nur auf die wissenschaftlichen Totalitarismus-

---

[69] Zu den letzteren zähle ich z.B. die Teilnahme russischer Wissenschaftler an der internationalen Arbeitstagung ›*Totalitarismus*‹ und ›*politische Religionen*‹ (26.-29. 9. 1994) am Institut für Philosophie der Universität München und deren Publikationen in Deutschland: GADSCHIJEW 1996 und ALEXEJEW 1996, außerdem MERCALOWA 1999 und GADSCHIJEW 1999, die in Deutschland veröffentlicht wurden.

Konzepte konzentriert, weil die Zahl journalistischer Beiträge und verschiedener marginaler quasi-wissenschaftlicher Arbeiten zum Thema einfach zu groß ist. Während in der Zeit der *Perestrojka* der Totalitarismus als Diskussionsthema auf ein derart brennendes Interesse stieß, dass auch in der breiteren Öffentlichkeit darüber debattiert wurde, muss man für die Gegenwart konstatieren, dass solche Diskussionen auf wissenschaftliche Zirkel beschränkt sind, und das, obwohl die russischen Medien auch jetzt noch gelegentlich den Totalitarismus thematisieren, aber nicht mehr so extensiv wie Ende der 1980-er Jahre. Aber das spricht eigentlich für eine ganz normale Forschungsarbeit, die moderne russische Wissenschaftler heute führen können und müssen.

6.3 CASSIRERS REZEPTION IN RUSSLAND: VON DER VERGESSENHEIT ZUR ANERKENNUNG

Am Ende der Arbeit möchte ich kurz die Rezeption der Philosophie Cassirers in Russland skizzieren. Ich habe bereits dargelegt, dass während der kommunistischen Diktatur die Arbeiten westlicher Philosophen, die man nicht der marxistischen Orthodoxie zurechnen konnte, nicht öffentlich zugänglich waren. Cassirer war hier keine Ausnahme. Nur Anfang des 20. Jahrhunderts waren zwei Arbeiten von Cassirer ins Russische übersetzt worden: *Substanzbegriff und Funktionsbegriff*[70] sowie *Zur Einsteinschen Relativitätstheorie*[71]. Übersetzungen weiterer seiner Werke unterblieben, wie man vermuten darf, aus ideologischen Gründen.

Es gab zwar ein paar Artikel und Dissertationen, die Cassirers Philosophie behandelten, aber ging es dabei fast immer um eine sogenannte »kritische Analyse« von Cassirers Ideen aus marxistischer Sicht. So schrieb z.B. Bobok 1964 eine Dissertation über die »Krise des Neukantianismus und Cassirers Erkenntnistheorie« (publiziert

[70] Sankt Petersburg 1912 — der Titel der russ. Übers. bedeutet so viel wie »Erkenntnis und Wirklichkeit«.
[71] Sankt Petersburg 1928.

in Moskau). 1971 folgte ein Artikel von FOMIN über die »Kritische Analyse des historisch-philosophischen Konzeptes von Ernst Cassirer« (publiziert in Leningrad). Eine positive Ausnahme war die Dissertation von MICHAILOV 1974 über das »Das Erkenntnisproblem in Cassirers Philosophie« (publiziert von der Staatlichen Lomonossov-Universität Moskau), die — im Rahmen der damals gegebenen Möglichkeiten — praktisch frei von ideologischen Implikationen war.

Außer in Spezialforschungen zu Cassirers Philosophie, wurden manche seiner Ideen — unter denen das Totalitarismus-Konzept allerdings *nicht* war — in einigen wenigen Arbeiten, teilweise sogar in Lehrbüchern für Universitäten erwähnt. So publizierte z.B. die bekannte Philosophin GAJDENKO 1973 und 1978 zwei Artikel über die Erkenntnistheorie des Neukantianismus, in denen auch Cassirers Name fiel.[72] Als Cassirer betreffende Publikationen sind ferner erwähnenswert: die von BAKRADSE 1960 und 1973 in Tiflis veröffentlichten Aufsätze, GRISCHENKOS 1984 in Minsk erschienene Monographie über die *Kulturphilosophie der Marburger Schule*, das Kapitel »Neukantianismus« in der 1977 in Moskau erschienenen Gesamt»würdigung« der aktuellen »bürgerlichen Philosophie« des prominenten russischen Philosophen ASMUS, und schließlich der bereits 1971 in Moskau publizierte Artikel von KRAWCHENKO über »Gnoseologische Fundamente« der Kulturphilosophie Ernst Cassirers.

Seriöse Darstellungen von Elemente der Cassirerschen Philosophie enthalten zwei 1984 und 1988 publizierte Artikel des Armeniers SWASJAN. Derselbe Autor konnte schon 1980 ein Buch über den modernen Symbolbegriff veröffentlichen, und 1989 erschien dann seine Monographie, die Cassirers Philosophie im ganzen gewidmet war. Da Swasjan offenbar sehr gut Deutsch beherrscht, hat er viele Texte Cassirers im Original verarbeitet, gleichwohl geht das zuletzt erwähnte Buch leider über eine Inhaltsangabe von Cassirers

---

[72] Für nähere Angaben zu den im Folgenden erwähnten Arbeiten: vgl. das Literaturverzeichnis.

dreibändigem Hauptwerk nicht sehr weit hinaus; mit analytischen Urteilen hält der Autor sich zurück. Die Ehrlichkeit gebietet es hinzuzufügen, dass für damalige Verhältnisse — 1989 gab es noch keine neuen Übersetzungen der Werke von Cassirer — dieses Buch im Hinblick auf die Präsenz Cassirers im russischen Sprachraum eine Lücke geschlossen und insofern wichtige Pionierarbeit geleistet hat.[73]

Die Lage hat sich erst später wesentlich geändert. Eine Rezeption der Philosophie Cassirers, die diesen Namen auch verdient, hat in Russland erst seit der Zeit der *Perestrojka* begonnen. Im Jahre 1988 veröffentlichten namhafte russische Autoren — Professoren der Fakultät für Philosophie der Lomonossov-Universität — ein Lehrbuch für Universitäten mit dem Titel *Bürgerliche Philosophie im ausgehenden 19. und beginnenden 20. Jahrhundert*, das auch Cassirers Ideen einen Platz einräumte. Ebenfalls noch 1988 wurden zwei ausführliche Zeitschriftenartikel publiziert, und zwar von Medwedew über Cassirers Sprachphilosophie und von der (früh verstorbenen) Tumanowa über den Bezug naturwissenschaftlicher Begriffsbildung zur Kulturgeschichte, der von Cassirer inspiriert war. Sechs Jahre später, also 1994 wurde Sawostjanowa in Jekaterinenburg aufgrund einer Dissertation über »Das Problem des Menschen in der Philosophie des Neukantianismus« promoviert.

Noch einmal fünf Jahre später wurde ich 1999 von der Fakultät für Philosophie der Lomonossov-Universität aufgrund einer Dissertation mit dem Titel »Der Mensch als Subjekt der Kultur in der Philosophie Ernst Cassirers« promoviert. In dieser Arbeit habe ich vor allem versucht, die Konsequenz in der Entwicklung des Cassirerschen Denken zu analysieren — von den Anfängen in *Substanzbegriff und Funktionsbegriff* über die *Philosophie der symbolischen Formen* bis zu *The Myth of the State*.[74] Damit wollte ich unter

---

[73] An dieser Stelle möchte ich betonen, dass ich hier nur Arbeiten nenne, die meines Erachtens eine wissenschaftliche Bedeutung haben.

[74] Im Rahmen meines Promotionsstudiums in Moskau konnte ich, gefördert durch ein staatliches Stipendium des russischen Präsidenten, ein Jahr lang an der Humboldt Universität Berlin bei Prof. Schwemmer forschen. Die-

einem zentralen systematischen Aspekt einen möglichst vollständigen Überblick über Cassirers Denken geben. Arbeiten zu Cassirer mit einem vergleichbaren Anspruch lagen in Russland damals noch nicht vor, und soweit ich weiß, hat sich daran bislang nichts geändert. Gutachterin meiner Dissertation war Adel A. KRAWCHENKO, die sich später am Institut für Philosophie der Russischen Akademie der Wissenschaften in Moskau bei Piama P. GAJDENKO mit einer Arbeit über Cassirer habilitiert hat.[75] In ihrer Arbeit macht sie insbesondere auf Affinitäten und Differenzen zwischen Ideen von Cassirer und GOETHE aufmerksam.

Mit Übersetzungen der Werke Cassirers ins Russische ist es derzeit folgendermaßen bestellt. Im Jahr 1992 erschien, herausgegeben von GUREWITSCH, ein Sammelband zum *Problem des Menschen in der westlichen Philosophie*. Neben Arbeiten zur philosophischen Anthropologie von anderen Autoren — wie Eugen FINK und Helmuth PLESSNER — enthält dieser Band auch ein Kapitel aus Cassirers *Essay on Man*. In der ebenfalls von Gurewitsch herausgegebenen Anthologie *Das Phänomen des Menschen* (1993) ist das Kapitel »Die Technik der modernen politischen Mythen« aus *The Myth of the State* wiedergegeben. Schließlich folgte 1995 vom selben Herausgeber eine dritte Anthologie zur *Kulturologie* im 20. Jahrhundert, in der eine Passage aus der *Philosophie der symbolischen Formen* in russischer Übersetzung nachgedruckt wurde. In der Tat war Gurewitsch der *spiritus rector* dieser Übersetzungsarbeit speziell für die Werke Cassirers. So wurden in der Zeit der *Perestrojka* erstmals weitere Texte von Cassirer einer breiteren Öffentlichkeit bekannt und zugänglich gemacht.[76]

ses staatliche Stipendienprogramm ermöglicht es in jedem Jahr einigen ausgewählten Studenten und Doktoranden verschiedener Fächer aus ganz Russland Kontakte zu Fachleuten im Ausland zu knüpfen. Seine Einrichtung war ein kleines Zeichen für die großen Veränderungen im neuen, demokratischen Russland.
75 KRAWCHENKO 2000.
76 Auch um die Finanzierung dieser Publikationen hat sich Prof. Gurewitsch (Institut für Philosophie der Russischen Akademie der Wissenschaften in Moskau) erfolgreich bemüht. Zugleich publizierte er selber über Cassirer:

In Sankt Petersburg erschien 1997 die komplette Übersetzung von CASSIRERS *Kants Leben und Lehre.* Ein Jahr später wurde in Moskau endlich ein lange erwarteter großer Sammelband mit ausgewählten Werken Cassirers herausgebracht, dessen Untertitel mit »Versuch über den Menschen« wiederzugeben ist. Der Band enthält Übersetzungen der folgenden Werke:

• *Zur Logik der Kulturwissenschaften,*
• Naturalistische und humanistische Begründung der Kulturphilosophie,
• Die Begriffsform im mythischen Denken,
• *Idee und Gestalt.* Goethe. Schiller. Hölderlin. Kleist. Fünf Aufsätze,
• *An Essay on Man.*

Jedem Werk ist ein ausführlicher Kommentar beigegeben, und dazu enthält der Band drei analytische Aufsätze[77] sowie eine Cassirer-Bibliographie, die auch die Sekundärliteratur erfaßt. Das war ein großer Schritt für die russische Cassirerforschung. Der Band machte die wichtigsten kulturphilosophischen Schriften Cassirers für russischen Leser zugänglich und wurde sehr schnell verkauft. Im Jahre 2000 erschien ein weiterer Auswahlband mit Werken von Cassirer und 2002 endlich auch die vollständige russische Übersetzung der *Philosophie der symbolischen Formen.*[78]

Die wesentlichen Schritte der Rezeption von Cassirers Philosophie in heutigem Russland habe sich damit beschrieben, zu ergänzen wäre allenfalls, dass Ende September 2004 in Moskau eine Internationale Konferenz zum Thema »Cassirers Philosophie der Natur- und Geisteswissenschaften und die Moderne» abgehalten wurde, und zwar im Rahmen des »Jahres der deutschen Kultur in

---

GUREWITSCH 1991, GUREWITSCH/SULTANOWA 1993. In dieser Zeit (1991-95) war er mein wissenschaftlicher Betreuer an der Fakultät für Philosophie der Lomonossov-Universität und hat mein Interesse auf Cassirers Philosophie gelenkt. Außerdem hatte ich durch ihn die Möglichkeit, noch nicht veröffentlichte russische Cassirer-Übersetzungen einzusehen.

[77] MALINKIN 1998, LOSEW 1998, FOCHT 1998.
[78] CASSIRER 2000 u. 2002.

Russland« aus Anlass des 130. Geburtstages Cassirers und des
75. Jahrestags der Davoser Konferenz mit dem berühmten Disput
zwischen Cassirer und HEIDEGGER veranstaltet. Es war die erste
große Konferenz zu Cassirer, die in Russland je stattgefunden hat.
Die dort gehaltenen etwa 26 Vorträge sollen später auf Russisch
und auf Deutsch veröffentlichen werden. Behandelt wurden:
– Cassirer und Heidegger;
– Cassirer und Goethe;
– Probleme der Sprache und des Bewusstseins;
– philosophische Anthropologie Cassirers;
– politische Philosophie Cassirers (zu diesem Thema habe ich so-
  eben ein Vortrag über »Cassirers Beitrag zur Entwicklung der
  Freiheitsidee« gehalten) u.v.a.
Die Zahl und die Vielfalt von Themen, die unterschiedliche Her-
kunft der Teilnehmer (u.a. aus ganz Russland, Deutschland und
England) sowie das Interesse, das die Konferenz unter Fachleuten
gefunden hat, sind ein Indiz dafür, dass Cassirers Ideen im heutigen Russland einen festen Platz gefunden haben. Die Bedeutung
solcher Veranstaltungen für die Entwicklung der philosophischen
Forschung und der allgemeinen geisteswissenschaftlichen Diskurse
in Russland sollte man nicht unterschätzen.

Schlusswort

In dieser Arbeit habe ich außer CASSIRERS Diagnose des Totalitarismus und den philosophischen Ideen, auf denen sie beruht, auch die verschiedenen Stadien der Totalitarismus-Debatten untersucht, in der westlichen Politologie und Philosophie wie auch in Russland, einem Land, das die totalitäre Herrschaft besonders geschädigt hat. Dabei war es für mich wichtig, die ganze Palette dieser Debatten einerseits knapp, aber trotzdem möglichst lückenlos darzustellen. Jetzt, am Ende der Arbeit, stelle ich mir dennoch die Frage: Wie war es überhaupt möglich, dass so (im Wortsinne) verrückte, irreale und in einem fatalen Sinn »idealistische« Konstruktionen — ich meine hier die mit blutigem Ernst veranstalteten Versuche, sei es eine »neue rassereine«, sei es eine »gerechte klassenlose« Gesellschaft zu schaffen — sich vor noch nicht allzu langer Zeit in halb Europa für eine Weile durchsetzen konnten? Wie ist es dazu gekommen, dass die Mehrheit der Bevölkerung in Teilen des zivilisierten Europa mit seinen großen geistigen humanistischen Traditionen so sehr »ihren Verstand verlieren« konnten? Wer oder was ist dafür verantwortlich zu machen? Der deutsche irrational-idealistische Geist? Die geheimnisvolle, zu Extremen und utopischen Ideen neigende »russische Seele«? Die relative Rückständigkeit beider Länder? Äußere und bzw. oder innere ökonomische Umstände? Die »verspäteten Modernisierungsprozesse«? Der böse Geist eines HITLER oder STALIN? Oder einfach Pech?

Alle diese Fragen wurden, wie wir sahen, auf verschiedene Art gestellt und kontrovers diskutiert. Jetzt, wo der historische Abstand groß genug ist und es keine politisch motivierte Polemik über Sinn oder Unsinn des Begriffs *Totalitarismus* mehr gibt, hat die ganze Problematik — auch, wie ich besonders betonen möchte, in Russland — ihren »normalen« wissenschaftlichen Status. Wie ich oben schon gesagt habe, stimmen viele Totalitarismus-Forscher zu, dass es in diesem Fall wohl nur einen »Anti-Totalitären Konsens« geben kann und dass die oft erfolglose Suche nach dem metaphysischen »Wesen« des Totalitarismus obsolet ist.

Cassirers Beitrag zu den Totalitarismus-Debatten ist daher kaum zu überschätzen — obwohl viele Politologen heutzutage mit seinen Ideen leider nicht besonders vertraut sind. Seine Gedanken über die negativen Konsequenzen *politischer Mythen* sind nahe verwandt mit russischen Totalitarismus-Konzepten, in denen das Thema der *Utopie* und des *utopischen Bewusstseins* wie ein Leitmotiv immer wieder anklingt, etwa bei KARA-MURSA, SOLOWJEW, ORLOW oder OJZERMAN. Sie alle verweisen auf die Rolle des Utopismus bei der Entstehung und Entwicklung totalitärer Regime.

Nicht zu vergessen ist jener andere Aspekt, unter dem sich die Ähnlichkeiten zwischen Cassirers Analyse und den russischen Totalitarismus-Konzepten zeigen. Ich meine vor allem das Erbe der russischen liberal-konservativen Philosophen der 1920er und 30er Jahre, deren Hauptintention — wie bei Cassirer — darauf gerichtet war, die Rolle soziokultureller und anthropologischer Momente für das Verständnis des Totalitarismus in den Vordergrund zu stellen. Gerade diese methodische Ausrichtung macht die wissenschaftliche Analyse ernsthafter und bedeutender. Dass solchen Absichten in den meisten politikwissenschaftlichen Totalitarismus-Konzepten bewusst abgeschworen wird, ist nicht zu deren Vorteil.

Alle genannten Aspekte zeigen, dass CASSIRERS Diagnose und Analyse des Totalitarismus aktuell bleibt. Anders als die empirisch-deskriptiv ausgerichteten politologischen Totalitarismus-Konzepte reicht CASSIRERS generalisierendes Denken weiter und tiefer. Er blendet nebensächliche empirische Fakten[1] aus und versucht eine »philosophische« Analyse des Phänomens des Totalitarismus zu entfalten. Mir scheint Cassirers Diagnose nützlich und interessant

---

[1] Wie bekannt, die große Vielfalt von empirischen Tatsachen bereitet auch die große Schwierigkeiten für Wissenschaftler. Es kann auch so sein, dass deswegen die Aufbau einer Theorie oft praktisch unmöglich ist. Nicht zuletzt deswegen mussten beispielsweise sogar die »Klassiker« der Totalitarismus-Forschungen - wie z.B. FRIEDRICH und BRZEZINSKI - ihre Totalitarismus-Konzepte immer wieder »korrigieren«.

für Philosophen und Politikwissenschaftler in Russland wie auch
(so hoffe ich) in Deutschland. Der Rekurs auf tiefer liegende philosophische Gründe — etwa dort, wo Cassirer sowohl auf die Entwicklungslinien der europäischen Geistesgeschichte als auch auf die
Konstitution der menschlichen Psyche zurückgreift — bieten auch
der zukünftigen Erforschung des Totalitarismus Teile eines unverzichtbaren Orientierungsrahmens.

Bibliographie

I. ARBEITEN VON ERNST CASSIRER

CASSIRER, Ernst 1902: *Leibniz' System in seinen wissenschaftlichen Grundlagen*, ND Hamburg 1998.

— 1904/06: (Hg.) LEIBNIZ' *Hauptschriften zur Grundlegung der Philosophie*, 2 Bde., ND Hamburg 1996.

— 1910: *Substanzbegriff und Funktionsbegriff*. Untersuchungen über die Grundfragen der Erkenntniskritik, ND Hamburg 2000.

— 1912: H. Cohen und die Erneuerung der Kantischen Philosophie, in: *Kant-Studien* 17.

— 1913: Erkenntnistheorie nebst den Grenzfragen der Logik, ND in: DERS., *Gesammelte Werke*, Bd. 9, Hamburg 2001 [=ECW 9].

— 1914: Die Grundprobleme der Kantischen Methodik und ihr Verhältnis zur Nachkantischen Spekulation, ND in: ECW 9.

— 1916: *Freiheit und Form*. Studien zur deutschen Geistesgeschichte, ND Darmstadt 1994.

— 1916a: Zum Begriff der Nation. Eine Erwiderung auf den Aufsatz von Bruno Bauch, in: *Bulletin des Leo Baeck Instituts* 88, Jerusalem 1991.

— 1917/18: Hölderlin und der Deutsche Idealismus, nd in: DERS., *Idee und Gestalt*. Goethe – Schiller – Hölderlin – Kleist, Darmstadt 1971.

— 1918: Kants Leben und Lehre, ND in: ECW 8, Hamburg 2001.

— 1920: Philosophische Probleme der Relativitätstheorie, ND in: ECW 9.

— 1921: Zur Einsteinischen Relativitätstheorie. Erkenntnistheoretische Betrachtungen, ND in: ECW 10.

— 1921a [1924], *Idee und Gestalt*. Goethe, Schiller, Hölderlin, Kleist, ND Darmstadt 1971.

— 1922: Der Begriff der Symbolischen Form im Aufbau der Geisteswissenschaften, in: CASSIRER 1956.

— 1922a: *Das Erkenntnisproblem in der Philosophie und Wissenschaft der neueren Zeit*, 1. Bd., jetzt in: ECW 2, Hamburg 1999.

— 1922b: *Das Erkenntnisproblem in der Philosophie und Wissenschaft der neueren Zeit*, 2. Bd., jetzt in: ECW 3, Hamburg 1999.

— 1922c: Die Begriffsform im mythischen Denken, in: CASSIRER 1956.

— 1923: *Das Erkenntnisproblem in der Philosophie und Wissenschaft der neueren Zeit*, 3. Bd., jetzt in: ECW 4, Hamburg 2000.

— 1923a: *Philosophie der symbolischen Formen*, 1. Teil: Die Sprache, Darmstadt 1997.

— 1923b: Der Begriff der symbolischen Form im Aufbau der Geisteswissenschaften, jetzt in: CASSIRER: »Wesen und Wirkung des Symbolbegriff«.
Darmstadt 1997
— 1925: *Philosophie der symbolischen Formen*, II. Teil: Das mythische Denken, Darmstadt 1997.
— 1925a: Sprache und Mythos. Ein Beitrag zum Problem der Götternamen,
in: CASSIRER 1956.
— 1927: Das Symbolproblem und seine Stellung im System der Philosophie,
in: CASSIRER 1985.
— 1927a: Erkenntnistheorie nebst den Grenzfragen der Logik und Denk-
psychologie, in: CASSIRER 1993.
— 1928: Zur Theorie des Begriffs, in: CASSIRER 1993.
— 1929: *Philosophie der symbolischen Formen*, III. Teil: Phänomenologie der
Erkenntnis, Darmstadt 1997.
— 1929a: Formen und Formwandlungen des philosophschen Wahrheitsbe-
griffs, in: *Hamburger Universitäts-Reden* gehalten beim Rektorwechsel
1929, Hamburg.
— 1930: »Geist« und »Leben« in der Philosophie der Gegenwart, in: *Die neue
Rundschau*. XXXXI. Jg. Der freien Bühne, Bd. I, Berlin und Leipzig.
— 1930a: Form und Technik, in: CASSIRER 1985.
— 1931: Mythischer, ästhetischer und theoretischer Raum, in: CASSIRER 1985.
— 1931a: Psychologie und Philosophie, in: CASSIRER 1985.
— 1931b: Deutschland und Westeuropa im Spiegel der Geistesgeschichte, in:
»*Inter-Nationes*« Ztschr. für die kulturellen Beziehungen Deutschlands
zum Ausland, Bd. I, Nr. 3 u. 4, Berlin 1931.
— 1932: *Die Philosophie der Aufklärung*, Tübingen 1932, Nachdr. mit einer
Einl. von G. Hartung u. einer Bibliographie der Rezensionen von Arno
Schubbach, Hamburg 1998.
— 1932a: Vom Wesen und Werden des Naturrechts, in: *Ztschr. für Rechtsphilosophie in Lehre und Praxis* 6, Leipzig 1932.
— 1936: Critical Idealism as a Philosophy of Culture, in: CASSIRER 1979.
— 1938: Zur Logik des Symbolbegriffs, in: CASSIRER 1956.
— 1939: Axel Hägerström. Eine Studie zur Schwedischen Philosophie der Gegenwart, in: *Göteborgs Högskolas Arsskrift (Acta Universitatis Gotobur-
gensis)* 45, Göteborg 1939.
— 1939a: Naturalistische und humanistische Begründung der Kulturphilosophie, in: CASSIRER 1993.
— 1939b: Was ist ›Subjektivismus‹?, in: CASSIRER 1993.
— 1942: *Zur Logik der Kulturwissenschaften*. Fünf Studien, Darmstadt 1989.
— 1942a: Language and art 1, in: CASSIRER 1979.
— 1942b: Language and art 2, in: CASSIRER 1979.
— 1942c: The Philosophy of History, in: CASSIRER 1979.
— 1944: *An Essay on Man*. An introduction to a philosophy of human culture,
New Haven / London 1972.
— 1944a: Philosophy and Politics, in: CASSIRER 1979.

— 1944b: Judaism and the Modern Political Myths, in: *Contemporary Jewish Record* VII, 1944.
— 1944c: Force and Freedom. Remarks on the English Edition of Jacob Burckhardt's »Reflections on History«, in: *American Scholar* XIII, 1944.
— 1946: *The Myth of the State*, New Haven / London.
— 1946a: Albert Schweitzer as Critic of Nineteenth-Century Ethics, in: *The Albert Schweitzer Jubilee Book*, hrsg. von A.A. ROBACK, Cambridge, Ma. 1946.
— 1956: *Wesen und Wirkung des Symbolsbegriffs*, Darmstadt.
— 1957: *Das Erkenntnisproblem in der Philosophie und Wissenschaft der neueren Zeit*, 4. Bd., jetzt in: ECW 5, Hamburg 2000.
— 1979: *Symbol, Myth and Culture*. Essays and Lectures of Ernst Cassirer 1935-1945, New Haven / London.
— 1985: *Symbol, Technik, Sprache*. Aufsätze aus den Jahren 1927-1933, Hamburg.
— 1993: *Erkenntnis, Begriff, Kultur*, Hamburg.
— 1994: *Der Mythus des Staates*. Philosophische Grundlagen politischen Verhaltens, Frankfurt a. M.
— 1995: *Zur Metaphysik der symbolischen Formen*, Hamburg.
— 1995a: Die Idee der republikanischen Verfassung. Rede zur Verfassungsfeier am 11. August 1928 gehalten von Ernst Cassirer, in: RUDOLPH/SANDKÜHLER 1995.
— 1997: *Wesen und Wirkung des Symbolbegriffs*, Darmstadt.
— 1998: Избранное. Опыт о человеке [*Ausgewählte. Versuch über den Menschen*], Moskau.
— 2000: Избранное. Индивид и космос [*Ausgewählte. Individuum und Kosmos*], Moskau.
— 2002: Философия символических форм [russ. Übers. von *Die Philosophie der symbolischen Formen*], Moskau.

2. ÜBRIGE LITERATUR

ALEXEJEW, P. 1996: Die Naturwissenschaften unter den Bedingungen des Totalitarismus in der Sowjetunion, in: MAIER 1996, S. 81-86.
AMENDOLA, G. 1925: Vorwort zu den Kongressakten der »Unione Nationale«, o.O.
ANGRESS, W. T. 1985: *Generation zwischen Furcht und Hoffnung: jüdische Jugend im Dritten Reich*, Hamburg.
— 1951: *La nuova democrazia*, Neapel.
ARENDT, Hannah 1953: *A Reply* [auf Kritik von Eric Voegelin], in: *Review of Politics 15*, o.O.
— 1968: *Between Past and Future: Eight Exercises in Political Thought*. New York.
— 1986: *Elemente und Ursprünge totaler Herrschaft*, München / Zürich.

— 1992: *Vita activa* oder Vom tätigen Leben. München.

ARON, R. 1953: *Der permanente Krieg*, Frankfurt a. M.

— 1954: L'essence du totalitarisme, in : *Critique* X/80 (Januar).

— 1970: *Demokratie und Totalitarismus*, Hamburg.

— 1970a: *Die heiligen Familien des Marxismus*, Hamburg.

— 1980: *Über die Zukunft der freien Gesellschaften*, Würzburg.

ASMUS, B.F. 1977: [russ.] Neukantianismus, in: DERS., *Bürgerliche Philosophie am Vorabend und zu Beginn des Imperialismus*. Moskau.

AWERINZEW, S. 2001: Преодоление тоталитаризма как проблема: попытка ориентации [Die Überwindung des Totalitarismus als Problem: Ein Versuch der Orientierung], in: Новый мир, Moskau.

BALLESTREM, K. Graf / H. OTTMANN (Hg.) 1990: *Politische Philosophie des 20. Jahrhunderts*. München u.a.

BAKRADSE, K.S. 1960: [russ.] *Essays zur Geschichte der neuesten und modernen bürgerlichen Philosophie*, Tiflis.

— 1973: *Ausgewählte philosophische Arbeiten*, Tiflis.

BARLEY, D. 1990: *Hannah Arendt.* Einführung in ihr Werk, München.

BARTH, H. 1933: Apologie der Aufklärung, in: *Neue Zürcher Zeitung*, 18. Februar 1933, Morgenausgabe, Blatt 1.

BAUCH, B. 1916: Brief an Frau Dr. Ripke-Kühn, in: *Der Panter* 4.

BAUER, O. 1936: *Zwischen zwei Weltkriegen?* Die Krise der Weltwirtschaft, der Demokratie und des Sozialismus, Bratislawa.

BECKERATH, E. v. 1927: *Wesen und Werden des faschistischen Staates*, Berlin.

— 1929: Faschismus und Bolschewismus, in: DERS., *Volk und Reich der Deutschen*, 3 Bde., Berlin.

BERDJAEW, N. 1917a: *Демократия и иерархия* [*Demokratie und Hierarchie*], Moskau.

— 1917b: *О буржуазности и социализме* [*Über Bourgeoisie und Sozialismus*].

— 1918a: *Духовный и материальный труд в русской революции* [*Geistige und materielle Arbeit in der russischen Revolution*].

— 1918b: *Класс и человек* [*Die Klasse und der Mensch*].

— 1937: *Истоки и смысл русского коммунизма* [*Quelle und Sinn des russischen Kommunismus*], zuerst: London (auf Engl.).

BERMES, C. u.a. 2002: (Hgg.) *Die Stellung des Menschen in der Kultur.* Festschrift für Ernst Wolfgang Orth zum 65. Geburtstag, Würzburg.

BEYME, K. v. 1998: Totalitarismus — zur Renaissance eines Begriffes nach dem Ende der kommunistischen Regime, in: SIEGEL 1998.

BILLINGTON, J. H. 1966: *The Icon and the Axe.* An Interpretive of Russian Cultur, New York [russ. Moskau 2001].

BOBOK, A. 1964: [russ.] *Die Krise des Neukantianismus und Cassirers Erkenntnistheorie*, Phil. Diss., Moskau.

BOHRER, K. H. 1961: *Der Mythus vom Norden.* Studien zur romantischen Geschichtsprophetie, Inaugural-Diss., Köln.

BONN, M. J. 1925: *Die Krisis der europäischen Demokratie.* München.

BORKENAU, F. 1940: *The Totalitarian Enemy*, London 1940.

BORONZNJAK, A. I. 1999: Der Totalitarismusbegriff in der wissenschaftlichen Diskussion in Russland, in: KÜHNHARDT / TSCHUBARJAN 1999.

BRACHER, K.-D. 1978: Der umstrittene Totalitarismus: Erfahrung und Aktualität, in: FUNKE 1978.

BRAUN, H.-J. u.a. 1988: (Hg.) *Über Ernst Cassirers Philosophie der symbolischen Formen*, Frankfurt a. M.

BRZEZINSKI, Z. 1989: *Das gescheiterte Experiment*. Der Untergang des kommunistischen Systems, Wien.

BULDAKOV, V. P. 1999: Die Ära der sowjetischen Diktatur in Russland, in: KÜHNHARDT / TSCHUBARJAN 1999, 87-109.

BULGAKOW, S. 1909: *Героизм и подвижничество*. Из размышлений о религиоз-ных идеалах русской интеллигенции [*Das Heldentum und das asketische Leben* Aus Überlegungen über religiöse Ideale der russischen Intellektuellen], Moskau.

CASSIRER, Toni 1981: *Mein Leben mit Ernst Cassirer*, Hildesheim.

CHMILJEW, B. 1998: *Феномен тоталитаризма: генезис, сущность, формы* (социально-философский анализ) [*Das Phänomen des Totalitarismus: Genese, Wesen, Formen*. Eine sozial-philosophische Analyse], Tomsk, Phil.-Diss.

DAVANZATI, R. F. 1926: *Fascismo e cultura*, Florenz.

DIMITROFF, G. 1983: Arbeiterklasse gegen Faschismus (1935), wieder abgedruckt in: R. KÜHNL (Hg.), *Texte zur Faschismusdiskussion*. I. Positionen und Kontroversen, Hamburg.

DOMARUS, M. 1962: *Hitler: Reden und Proklamationen 1932-1945*, Bd. I. Würzburg.

DRABKIN, J. 1993: Zur Frage des ›sowjetischen Weges‹, in: FAULENBACH / STADELMAIER 1993.

DRABKIN J./N. KOMOLOWA (Hgg.) 1996: *Тоталитаризм в Европе XX века*. Из истории идеологий, движений, режимов и их преодоления [*Totalitarismus in Europa des 20. Jahrhunderts*. Aus der Geschichte der Ideologien, Bewegungen, Regimes und deren Überwindung], Moskau.

DRATH, M. 1958: *Totalitarismus in der Volksdemokratie*. Einleitung zu Ernst Richert: Macht ohne Mandat. Der Staatsapparat in der Sowjetischen Besatzungszone Deutschlands, Köln / Opladen.

FARINACCI, R. 1927: *Un periodo aureo del Partito Nationale Fascista*. Raccolta di discorsi e dichiarazioni a cura di Renzo BARCHETTA, Foligno.

FAULENBACH, B. / STADELMAIER, M. (Hgg.) 1993: *Diktatur und Emanzipation*. Zur russischen und deutschen Entwicklung 1917-1991, Essen.

FEDOTOW, G. 1930: *Новая Россия* [*Neues Russland*], Paris.

—1931: *Проблемы будущей России* [*Probleme des zukünftigen Russland*], Paris.

—1933: *Правда побежденных* [*Die Wahrheit der Besiegten*], Paris.

—1936: *Тяжба о России* [*Der Prozess über Russland*], Paris.

—1937: *Февраль и октябрь* [*Februar und Oktober*], Paris.

—1943: *Загадки России* [*Die russischen Rätsel*], o.O.

FERRARI, M. 1999: Zur politischen Philosophie im Frühwerk Ernst Cassirers, in: RUDOLPH 1999.

FLASCH, K. 2000: *Die geistige Mobilmachung.* Die deutschen Intellektuellen und der Erste Weltkrieg, Berlin.

FOCHT, B.A. 1998: [russ.] Der Begriff der symbolischen Form und das Problem der Bedeutung in der Sprachphilosophie von Ernst Cassirer, in: CASSIRER 1998.

FOMIN, A. 1971: [russ.] »Kritische Analyse des historisch-philosophischen Konzeptes von Ernst Cassirer«,Leningrad.

FORSTHOFF, E. 1933: *Der totale Staat.* Hamburg.

FRANK, S. 1923: *Из размышлений о русской революции* [*Aus Überlegungen zur russischen Revolution*], Prag / Berlin.

—1924: Религиозно-исторический смысл русской революции [Der Religiös-historische Sinn der russische Revolution], Berlin.

—1946: Ересь утопизма [Die Ketzerei des Utopismus], New York.

FREDE, D. / SCHMÜCKER, R. 1997: (Hgg.) *Ernst Cassirers Werk und Wirkung.* Kultur und Philosophie, Darmstadt.

FRIEDMAN, M. 2004: *Carnap, Cassirer, Heidegger.* Geteilte Wege, Frankfurt a.M.

FRIEDRICH, C.-J. 1968: Der einzigartige Charakter der totalitären Gesellschaft, in: SEIDEL/JENKNER 1968.

—/ BRZEZINSKI, Zbigniew K. 1956: *Totalitarian Dictatorship and Autocracy.* New York – Washington – London.

—1957: *Totalitäre Diktatur*, Stuttgart, dt. Übers. von FRIEDRICH/BRZEZINSKI 1956.

FUFUYAMA, F. 1992: *Das Ende der Geschichte. Wo stehen wir*, München.

FUNKE, M. (Hg.), 1978: *Totalitarismus.* Ein Studien-Reader zur Herrschaftsanalyse moderner Diktaturen, Düsseldorf.

GADSCHIJEW, K. 1996: Betrachtungen über den russischen Totalitarismus, in: MAIER 1996, S. 75-81.

—1999: Totalitarismus als Phänomen des 20. Jahrhunderts, in: JESSE 1999, S. 354-73.

—1999a: *Политическая философия* [*Die politische Philosophie*], Moskau.

GAJDENKO, P. 1973: [russ.] Die Analyse der mathematischen Voraussetzungen der Wissenschaft im Neukantianismus der Marburger Schule, in: *Wissenschaftskonzepte in der bürgerlichen Philosophie und Soziologie*, Moskau.

—1978: [russ.] Das Prinzip des gemeinsamen Vermittelns im Neukantianismus der Marburger Schule, in: *Kant und Kantianer*, Moskau.

GAWRONSKY, D. 1966: Ernst Cassirer: Leben und Werk, in: SCHILPP 1966.

GEBHARDT J. / LEIDHOLD, W. 1990: Eric Voegelin, in: BALLESTREM, K. Graf / OTTMANN, H. (Hgg.) 1990.

GENTILE, G. 1936: *Grundlagen des Faschismus*, Köln.

GEORGIEW, W. / ORLOW, A. / GEORGIEWA, N. / SIWOCHINA, T. 2003: *История России* [*Die Geschichte Russlands*], Moskau.
GOEBBELS, J. 1937: *Signale der neuen Zeit*, 3. Aufl., München.
GRAESER, A. 1994: *Ernst Cassirer*, München.
GRISCHENKO, A. 1984: [russ.] *Kulturphilosophie der Marburger Schule*, Minsk.
GÜNTER, H. / JESSE, E. 1998: (Hgg.) *Diktaturvergleich als Herausforderung. Theorie und Praxis*, Berlin.
GUREWITSCH, P.S. 1991: [russ.] Ernst Cassirer: Die Phänomenologie des Mythos, in: [Ztschr.] *Philosophische Wissenschaften*, Moskau 1991, Nr. 7.
— 1992: (Hg.) [russ.] *Das Problem des Menschen in der westlichen Philosophie*, Moskau.
— 1993: (Hg.) [russ.] *Das Phänomen des Menschen*, Moskau.
— 1995: (Hg.) [russ.] *Kulturologie. Das 20. Jahrhundert*, Moskau.
GUREWITSCH P.S. / SULTANOWA M.A. 1993: [russ.] Die Entdeckung der Philosophie des Symbolismus, in: [Ztschr.] *Philosophische Wissenschaften*, Moskau 1993, Nr. 4-6.
HABERMAS, J. 1997: Die befreiende Kraft der symbolischen Formgebung. Ernst Cassirers humanistisches Erbe und die Bibliothek Warburg, in: FREDE/SCHMÜCKER 1997, S. 79–104.
— 2001: Symbolischer Ausdruck und rituelles Verhalten. Ein Rückblick auf Cassirer und Gehlen, in: MELVILLE 2001.
HARTUNG, G. 1998: Einl. zum Nachdr. von CASSIRER 1932, Hamburg.
HEGEL, G.W.F. 1980: *Phänomenologie des Geistes*, Hamburg (Gesammelte Werke Bd. 9).
— 1970: *Vorlesungen über die Philosophie der Geschichte*, Frankfurt a.M. (Theorie-Werkausgabe, Bd. 12).
HEIDEGGER, M. 1986: *Sein und Zeit*, Tübingen.
— 1991: Davoser Disputation zwischen Ernst Cassirer und Martin Heidegger. in: DERS., *Kant und Problem der Metaphysik*, Frankfurt a. M. 1991.
— 1993: *Die Selbstbehauptung der deutschen Universität*, Frankfurt a. M.
HERTZ, H. 1894: *Die Prinzipien der Mechanik*, Leipzig.
HEYDEMANN, G./ JESSE, E. 1988: *Diktaturenvergleich als Heausforderung: Theorie und Praxis*, Berlin.
HILFERDING, R. 1947: *The Modern Totalitarian State*, In: *Modern Review* 1.
— 1954: Das historische Problem (1940/41), in: *Zeitschrift für Politik* 1 NF.
HITLER, A. 1934: *Mein Kampf* [1925], München.
HOLZEY, H. 1986: *Der Marburger Neukantianismus in Quellen*, Bd. 2, Basel/Stuttgart.
— 1988: Cassirers Kritik des mythischen Bewusstseins, in: BRAUN 1988.
— 1994: (Hg.) *Ethischer Sozialismus*, Frankfurt a. M.
HUNTINGTON, S. P. 1996: *Der Kampf der Kulturen*, München/Wien.
ISAEW, I. A. 1989: [russ.] Geopolitische Aspekte des Totalitarismus, in: KARA-MURSA / POLJAKOW 1989, 203-223.

JAGERSMA, A.K. 2003: Ethik, Recht und Politik, in: SANDKÜHLER / PÄTZOLD 2003, 276-96.

JÄNICKE, M. 1971: *Totalitäre Herrschaft.* Anatomie eines politischen Begriffs, Berlin.

JARZEWA, O. 1989: В поисках утерянного разума (»Auf der Suche nach der verlorenen Vernunft«), in: KARA-MURSA/POLJAKOW 1989, 40-70.

JESSE, E. 1999: (Hg.) *Totalitarismus im 20. Jahrhundert.* Eine Bilanz der internationalen Forschung, Bonn.

—1999a: Der Totalitarismusbegriff: Inhaltbestimmung und Entwicklungsgeschichte, in: KÜHNHARDT / TSCHUBARJAN 1999.

—/KAILITZ, S. 1997: (Hg.) *Prägekräfte des 20. Jahrhunderts.* Demokratie, Extremismus, Totalitarismus, Baden-Baden.

JÜNGER, E. 1930: Die totale Mobilmachung, in: DERS. (Hg.) 1930.

—1930a (Hg.): *Krieg und Krieger*, Berlin.

KAEGI, D. 2002: Davos und davor—Zur Auseinandersetzung zwischen Heidegger und Cassirer, in: KAEGI/RUDOLPH 2002.

—/RUDOLPH, E. 2002: (Hgg.) *Cassirer—Heidegger.* 70 Jahre Davoser Disputation, Hamburg.

KANT, Immanuel 1983: *Werke*, hrsg. W. WEISCHEDEL, Frankfurt a. M.

—*KrV*: *Kritik der reinen Vernunft*, Riga 1781 (A), ²1787 (B); *dass.*, hrsg. von R. SCHMIDT, Hamburg 1926 u.ö.

KARA-MURSA, A. 1995: *»Новое варварство« как проблема российской цивилизации* [*»Neue Barbarei« als Problem der russischen Zivilisation*], Moskau.

—1999: [Bolschewismus und Kommunismus: Die Interpretationen in der russischen Kultur], in: KARA-MURSA / POLJAKOW 1999.

—2001: Тоталитаризм [Totalitarismus]. In: *Новая философская энциклопедия* [*Neue philosophische Enzyklopädie*], Bd. 4, Moskau 2001.

—/POLJAKOW, L. (Hgg.) 1989: *Тоталитаризм как исторический феномен* [*Totalitarismus als historisches Phänomen*], Moskau.

—/POLJAKOW, L. (Hgg.) 1999: *Русские о большевизме.* Опыт аналитической антологии [*Russen über den Bolschewismus.* Versuch einer analytischen Anthologie], Sankt Petersburg.

KIELMANSEGG, P. Graf 1999: Krise der Totalitarismustheorie?, in: JESSE 1999.

KLINGER, C./STÄBLEIN, R. 1989: *Identitätskrise und Surrogatidentitäten.* Zur Wiederkehr einer romantischen Konstellation, Frankfurt a.M./New York.

KNOPPE, T. 1992: *Die theoretische Philosophie Ernst Cassirers.* Zu den Grundlagen transzendetaler Wissenschafts- und Kulturtheorie, Hamburg.

KOELLREUTTER, O. 1934: *Der Führerstaat.* Tübingen.

KOROTIN, I. E. 1992: *Am Muttergeist soll die Welt genesen.* Philosophische Dispositionen zum Frauenbild im Nationalsozialismus. Wien/Köln/Weimar.

KRANZ, P. 1994: *Die Götter des New Age.* Im Schnittpunkt von »Neuem Denken«, Faschismus und Romantik, Berlin.

KRAWCHENKO, A.A. 1971: [russ.] Gnoseologische Fundamente der Kultur-philosophie Ernst Cassirers, in: *Aktuelle Probleme des historischen Materialismus*. Moskau.

—2000: *Обоснование Э. Кассирером гуманитарного знания* [*Cassirers Begründung humanitären Wissens*], Moskau.

KROIS, J.M. 1983: Ernst Cassirers Theorie der Technik und ihre Bedeutung für die Sozialphilosophie, in: *Phänomenologische Forschungen* 15.

—1987: *Cassirer*. Symbolic Forms and History, New Haven/London.

—1988, Problematik, Eigenart und Aktualität der Cassirerschen Philosophie der symbolischen Formen, in: BRAUN / HOLZHEY / ORTH 1988, S. 15–44.

—1997: Cassirer: Aufklärung und Geschichte, in: FREDE/SCHMÜCKER 1997.

—2002, Warum fand keine Davoser Disputation zwischen Cassirer und Heidegger statt?, in: KAEGI/RUDOLPH 2002.

KÜHNHARDT, L. / TSCHUBARJAN, A. (Hgg.) 1999: *Russland und Deutschland auf dem Weg zum antitotalitären Konsens*, Baden-Baden.

LEIBNIZ, G.W. 1968: *Die Theodizee*, Hamburg.

—1998: *Monadologie*, Stuttgart.

LESKE, M. 1990: *Philosophen im »Dritten Reich«*. Studie zu Hochschul- und Philosophiebetrieb im faschistische Deutschland, Berlin.

LEY, M. / SCHOERS, J. H. 1997: (Hgg.) *Der Nationalsozialismus als politische Religion*, Bodenheim.

LIPTON, D. 1978: *Ernst Cassirer*. The Dilemma of a Liberal Intellectual in Germany 1914-1933, Toronto/Buffalo/London.

LOSEW, A.F. 1998: [russ.] Theorie des mythischen Denkens bei Ernst Cassirer, in: CASSIRER 1998.

LOVEJOY, A. O. 1941: The Meaning of Romanticism for the Historian of Ideas, in: *Journal of the History of Ideas* 2.

—1944: Diskussion mit Leo SPITZER, in: *Journal of the History of Ideas* 5.

LÖWENTHAL, R. 1960: Totalitäre und demokratische Revolution, in: *Der Monat* 13.

—1970: Entwicklung contra Utopie: Das kommunistische Dilemma, in: *Der Monat* 22.

LÜBBE, H. 1974: *Politische Philosophie in Deutschland*, München.

—1975: *Cassirer und die Mythen des 20. Jahrhunderts*, Göttingen.

LÜDDECKE, D. 2003: *Staat – Mythos – Politik*. Überlegungen zum politischen Denken bei Ernst Cassirer, Würzburg.

LUDENDORFF, E. 1935: *Der totale Krieg*, München.

MAIER, H. 1996: (Hg.) *Totalitarismus und politische Religionen*. Konzepte des Diktaturvergleichs, Paderborn / München / Wien / Zürich.

MALINKIN, A.N. 1998: [russ.] Ernst Cassirer, in: CASSIRER 1998.

MANN, Thomas 1983: *Betrachtungen eines Unpolitischen*, Frankfurt a. M.

MANOILESCU, M. 1941: *Die einzige Partei als politische Institution der neuen Regime* [1936], Berlin.

MARCUSE, H. 1934: Der Kampf gegen den Liberalismus in der totalitären Staatsauffassung, in: *Zeitschrift für Sozialforschung* 3, 1934.

MARX, W. 1974: Cassirers Symboltheorie als Entwicklung und Kritik der Neukantianischen Grundlagen einer Theorie des Denkens und Erkenntnis, in: *Archiv für Geschichte der Philosophie* 56 (1974).

— 1988: Cassirers Philosophie — ein Abschied von kantianisierender Letztbegründung?, in: BRAUN 1988.

MEDWEDEW, W. I. 1988: [russ.] Die Sprachphilosophie von Ernst Cassirer, in: [Ztschr.] *Philosophische Wissenschaften*, Moskau 1988, Nr. 3.

MELVILLE, G. 2001: (Hg.) *Institutionalität und Symbolisierung*. Verstetigungen kultureller Ordnungsmuster in Vergangenheit und Gegenwart, Köln.

MERCALOWA, L. 1993: Das nationalsozialistische und das kommunistischstalinistische System aus heutiger russischer Sicht, in: FAULENBACH / STADELMAIER 1993.

— 1999: Stalinismus und Hitlerismus: Versuch einer vergleichenden Analyse, in: JESSE 1999, S. 200-212.

MICHAILOV, B. 1974: [russ.] *Das Erkenntnisproblem in Cassirers Philosophie*, Moskau.

MOHR, R. / SALTZWEDEL, J. / SCHMITTER, E. / SCHREIBER, M. 2001: Die unverschleierte Würde des Westens, in: *Der Spiegel* 52, 2001, S. 50–66.

MÖLL, M.-P. 1998: *Gesellschaft und totalitäre Ordnung*. Eine theoriegeschichtliche Auseinandersetzung mit dem Totalitarismus, Baden-Baden.

MUDRAGEJ, W. 1992: (Hg.) *Квинтессенция* [Quintessenz], Moskau.

MÜLLER, P. 2003: *Der Staatsgedanke Cassirers*, Würzburg.

MURASOV, J. / WITTE, G. 2003: (Hgg.) *Die Musen der Macht*. Medien in der sowjetischen Kultur der 20er und 30er Jahre, München.

MUSICHIN, G. 2002: *Россия в немецком зеркале* [Russland in deutschen Spiegel], Sankt Petersburg.

MUSSOLINI, B. 1956: *Opera omnia*, Florenz.

NELLESSEN, B. 1963: *Die verbotene Revolution*. Aufstieg und Niedergang der Falange, Hamburg.

NIPPERDEY, T. 1990: *Deutsche Geschichte 1866-1918*, Bd. 1, München.

NOLTE, E. 1994: *Der Faschismus in seiner Epoche:* Action française · Italienischer Faschismus · Nationalsozialismus [1963], 9. [unveränd.] Aufl. mit einem »Rückblick nach dreißig Jahren«, München / Zürich.

OH, Hyang Mi 1999: *Ernst Cassirers Philosophie der symbolischen Formen*. Eine kulturphilosophische Totalitarismuskritik, Berlin. Phil. Diss.

OJZERMAN, T. I. 1965: *Die Entfremdung als historische Kategorie*. Berlin.

— 1972: *Probleme der Philosophie und der Philosophiegeschichte*. Berlin.

— 1976a: *Der ›junge‹ Marx im ideologischen Kampf der Gegenwart*. Frankfurt am Main.

— 1976b: *Die philosophische Grundrichtungen*. Berlin.

— 1980: *Die Entstehung der marxistischen Philosophie*. Berlin.

— 1989: *Philosophie auf dem Wege zur Wissenschaft*. Berlin.

— 2003: *Марксизм и утопизм* [Marxismus und Utopismus], Moskau.

ORLOW, B. 1993: Die Lehren des sowjetischen Totalitarismus, in: FAULENBACH / STADELMAIER 1993.

—1998a: *Европейская культура и тоталитаризм.* Приглашение к дискуссии [*Europäische Kultur und Totalitarismus.* Einladung zur Diskussion], Moskau.

—1998b: Особенности распада тоталитарного режима в России [Besonderheiten des Zerfalls des totalitären Regimes in Russland], in: *Социальные трансформации в Европе XX века* [Soziale Transformationen in Europa des 20. Jahrhunderts], Moskau.

—2000: *На перерестках судьбы.* Том 2 [*An den Kreuzwegen des Schicksals*, Bd. 2], Moskau.

ORTH, E. W. 1992: Heidegger und der Neukantianismus, in: *Man and World* 25 (1992).

—1996: *Von der Erkenntnistheorie zur Kulturphilosophie.* Studien zu Ernst Cassirers Philosophie der symbolischen Formen, Würzburg.

PAETZOLD, H. 1994: Ernst Cassirers »The Myth of the State« und die »Dialektik der Aufklärung« von Max Horkheimer und Theodor W. Adorno, in: DERS. 1994c.

—1994a: Mythos als symbolische Form, in: DERS. 1994c

—1994b: Sprache als symbolische Form, in: DERS. 1994c.

—1994c: *Die Realität der symbolischen Formen*, Darmstadt.

—1995: *Ernst Cassirer. Von Marburg nach New York.* Eine Philosophische Biographie, Darmstadt.

—1995a: Mythos und Moderne in der Kulturphilosophie Ernst Cassirers, in: RUDOLPH/KÜPPERS 1995.

—1997: Die symbolische Ordnung der Kultur, in: FREDE,/SCHMÜCKER 1997.

—1999: Ernst Cassirers Theorie der politischen Mythen und Edward W. Saids »Orientalism«, in: VÖGELE 1999.

PARKHOMENKO, R. 1995: Антропогенез: традиции и современность [Anthropogenese: Traditionen und Gegenwart], in: *Philosophische Wissenschaften*, Moskau, Nr. 2-4.

—1996: Кассирер о роли понятия символа в объяснении природы человека [Cassirer über die Rolle des Symbol-Begriffs bei Erklärung der Natur des Menschen]. In: INION RAN, Moskau, Reg. Nr. 51696.

—1998: Genese der Idee der funktionellen Abhängigkeit: Von der mittelalterlichen Scholastik bis zur Philosophie des Neukantianismus, in: *ISB-Jahrbuch* 1998. Schriften zur Hochschul-Sozialpolitik, Berlin.

—1999: *Человек как субъект культуры в философии Эрнста Кассирера* [*Der Mensch als Subjekt der Kultur in der Philosophie von Ernst Cassirer*], Moskau, Phil.-Diss.

—1999a: Культурная деятельность как объяснительный принцип понимания природы человека у Кассирера [Kulturelle Tätigkeit als erklärendes Prinzip bei der Verständnis der Natur des Mensches bei Cassirer], in: INION RAN, Moskau, Reg. Nr. 54741.

PASCHER, M. 1997: *Einführung in den Neukantianismus.* Kontext—Grundpositionen—Praktische Philosophie, Paderborn.

PAYNE, R. 1964: The Life and Death of Lenin, Great Britain – die russische Übersetzung: Moskau 2003.

PÉREZ, J. B. 1939: *El Nuevo Estado español.* El regimen nacionalsindicalista ante la tradicion y los sistemas totalitarios. Cádiz/ Madrid.

—/ José M. Costa SERRANO 1939: *El Partido*, Zaragoza.

PETERSEN, E. 1996: Die Entstehung des Totalitarismusbegriffs in Italien, in: *Totalitarismus im 20. Jahrhundert.* Eine Bilanz der internationalen Forschung, Baden-Baden.

PIPER, E. 1997: Alfred Rosenberg—der Prophet des Seelenkrieges, in: LEY / SCHOERS 1997.

PLÜMACHER, M. 1999: Wiedererinnerung an Ernst Cassirer. Ein Forschungsbericht zur deutschsprachigen Cassirer Rezeption, in: *Information Philosophie* 2/1999.

—2003: Der Mythos – Symbolsystem und Modus des Denkens, in: SANDKÜHLER / PÄTZOLD 2003.

—/SCHÜRMANN, V. 1996: (Hg.) *Einheit des Geistes.* Probleme ihrer Grundlegung in der Philosophie Cassirers, Frankfurt a. M.

POPPER, K. R. 1934: *Logik der Forschung.* Wien.

—1965: *Das Elend des Historizismus*, Tübingen.

—1992: *Der Zauber Platons*, Tübingen (Die offene Gesellschaft und ihre Feinde, Bd. 1).

—1992a: *Falsche Propheten.* Hegel, Marx und die Folgen, Tübingen (Die offene Gesellschaft und ihre Feinde, Bd. 2).

PRIMO DE RIVERA, J. A. 1965: *Der Troubadour der spanischen Falange.* Auswahl und Kommentar seiner Reden und Schriften von B. NELLESSEN. Stuttgart.

PROMETEO FILODERMO [*Pseudonym* für: L. BASSO) 1925: L'antistato, in: *La Rivoluzione Liberale*, 2.1.1925.

RADEK, K. 1923: Offensive des Kapitals, in: *Protokolle des Vierten Kongress der Kommunistischen Internationale*, Hamburg.

RAWLS, J. 1977: *Gerechtigkeit als Fairneß*, hrsg. von O. HÖFFE, Freiburg/ München.

RECKI, B. 1997: Kultur ohne Moral? Warum Ernst Cassirer trotz seiner Ansicht in den Primat der praktischen Vernunft keine Ethik schreiben konnte, in: FREDE/SCHMÜCKER 1997.

—1999: Die Kultur der Humanität. Ernst Cassirer als Philosoph und Bürger, in: *Zum Gedenken an Ernst Cassirer*, Hamburg 1999.

—2002: Der Tod, die Moral, die Kultur, In: KAEGI / RUDOLPH 2002.

—2002a: Das Ethos der Freiheit. Ernst Cassirers ungeschriebene Ethik und ihre Postulatenlehre, in: BERMES 2002.

RENZ, U. 2002: *Die Rationalität der Kultur.* Zur Kulturphilosophie und ihrer transzendentalen Begründung bei Cohen, Natorp und Cassirer, Hamburg.

RICHERT, E. 1958: *Macht ohne Mandat.* Der Staatsapparat in der Sowjetischen Besatzungszone Deutschlands, o.O.

RIPKE-KÜHN, L. 1916: „Ein Briefwechsel", in: *Der Panter* 4.

ROSENBERG, A. 1934: Totaler Staat?, in: *Völkischer Beobachter* vom 9. 1. 1934.
— 1943: *Der Mythos des 20. Jahrhunderts.* Eine Wertung der seelisch-geistigen Gestaltenkämpfe unserer Zeit, München.
ROUSSEAU, J.-J. 1964: *Du contrat social,* 1re version, in: DERS., *Œuvres complètes* Bd. 3, Paris.
— 1986: *Vom Gesellschaftsvertrag oder Grundsätze des Staatsrechts,* Stuttgart.
RUDOLPH, E. 1992: Philosophie und Politik. Die Davoser Disputation zwischen Ernst Cassirer und Martin Heidegger in der Retrospektive, in: *Internationale Zeitschrift für Philosophie* 2.
— 1995: Politische Mythen als Kulturphänomene nach Ernst Cassirer. in: RUDOLPH/KÜPPERS 1995.
— 1997: Ernst Cassirers Rezeption des Renaissancehumanismus, in : FREDE/SCHMÜCKER 1997.
— 1999: (Hg.) *Cassirers Weg zur Philosophie der Politik,* Hamburg.
— 2002: Freiheit oder Schicksal? Cassirer und Heidegger in Davos, in: KAEGI/RUDOLPH 2002.
—/KÜPPERS, B.-O. 1995: (Hg.) *Kulturkritik nach Ernst Cassirer,* Hamburg.
—/SANDKÜHLER, H.J. 1995: (Hg.) *Symbolische Formen, mögliche Welten – Ernst Cassirer,* Hamburg (=*Dialektik* 1995/1).
SANDKÜHLER, H. J. 1996: Republikanismus im Exil – oder: Bürgerrecht für den Philosophen Ernst Cassirer in Deutschland. Zum 50. Todestag Ernst Cassirers, in: PLÜMACHER/SCHÜRMANN 1996.
—/PÄTZOLD, D. 2003: (Hgg.) *Kultur und Symbol.* Ein Handbuch zur Philosophie Ernst Cassirers, Stuttgart/Weimar.
SAVERIO NITTI, F. 1925: *Bolchvisme, Fascisme et Democratie,* Paris.
SCHAPIRO, L. 1972: *Totalitarianism.* London.
SAWOSTJANOWA, E., R. 1994: [russ.] *Das Problem des Menschen in der Philosophie des Neukantianismus,* Phil. Diss., Jekaterinburg.
SCHILPP, P. A. 1966: (Hg.) *Ernst Cassirer,* Stuttgart/Berlin/Köln/Mainz.
SCHLANGEN, W. 1976: *Die Totalitarismus-Theorie.* Entwicklung und Probleme, Stuttgart/Berlin/Köln/Mainz.
SCHMITT, C. 1931: *Der Hüter der Verfassung.* Tübingen 1931.
— 1931a: Weiterentwicklung des totalen Staates in Deutschland, in: *Europäische Revue,* 9. Jg., H. 2, Februar 1933.
— 1931b: Die Wendung zum totalen Staat, in: DERS., 1940.
— 1940: Positionen und Begriffe im Kampf mit Weimar - Genf - Versailles 1923-1939. Hamburg.
SCHNELLER, M. 1970: *Zwischen Romantik und Faschismus.* Der Beitrag Othmar Spanns zum Konservativismus der Weimarer Republik, Stuttgart.
SCHULTHESS, P. 1981: *Relation und Funktion: eine systhematische und entwicklungsgeschichtliche Untersuchung zur theoretischen Philosophie Kants,* Berlin.
SCHWEMMER, O. 1997: *Ernst Cassirer.* Ein Philosoph der europäischen Moderne, Berlin.

— 1997a: Die Vielfalt der symbolischen Welten und die Einheit des Geistes, in: FREDE/SCHMÜCKER 1997.
— 2002: Ereignis und Form. Zwei Denkmotive in der Davoser Disputation zwischen Martin Heidegger und Ernst Cassirer, in: KAEGI / RUDOLPH 2002.
SEIDEL, B. / JENKNER, S. 1968: (Hgg.) *Wege der Totalitarismus-Forschung*, Darmstadt.
SIEG, U., 1991: Deutsche Kulturgeschichte und jüdischer Geist. Ernst Cassirers Auseinandersetzung mit der Völkischen Philosophie Bruno Bauchs. Ein unbekanntes Manuskript. In: *Bulletin des Leo Baeck Instituts* 34 (1991).
— 1994: *Aufstieg und Niedergang des Marburger Neukantianismus. Die Geschichte einer philosophischen Schulgemeinschaft*, Würzburg.
— 2001: *Jüdische Intellektuelle im Ersten Weltkrieg.* Kriegserfahrungen, weltanschauliche Debatten und kulturelle Neuentwürfe, Berlin.
SIEGEL, A. 1998: (Hg.) *Totalitarismustheorien nach dem Ende des Kommunismus*, Köln/Weimar.
SIMOWEZ, S. 1991: Феномен тоталитаризма (социально-философский аспект) [*Das Phänomen des Totalitarismus* (ein sozial-philosophischer Aspekt)], Moskau, Phil.-Diss.
SINOWJEW, A. 1981: *Gähnende Höhen*, Zürich.
SOLOWJEW, E. 1995: Феномен тоталитаризма в оценке представителей русского либерально-консервативного зарубежья и в западной политологии: сравнительный анализ [*Das Phänomen des Totalitarismus im Urteil der russischen liberal-konservativen Denker und in der westlichen Politologie: Eine vergleichende Analyse*], Moskau, Phil.-Diss.
— 1997: Феномен тоталитаризма в политической мысли России и Запада [Das Phänomen des Totalitarismus im politologischen Denken Russlands und des Westens], Moskau.
SOTOWA, E. / J. OSIPOW 2000: (Hgg.) Современная Россия и социализм [*Modernes Russland und Sozialismus*], Moskau.
SPENGLER, O. 1981: *Der Untergang des Abendlandes* [1918], München.
STALIN, J. 1951: *Geschichte der KPdSU (Bolschewiki) — Kurzer Lehrgang*, Berlin; jetzt auch: www.stalinwerke.de/geschichte/geschichte.html
STARK, J. 1993: (Hg.) *Raymond Aron: Über Deutschland und den Nationalsozialismus.* Frühe politische Schriften 1930-1939, Opladen.
STARK, F. v. 1971: (Hg.) *Revolution oder Reform.* Herbert Marcuse und Karl Popper: Eine Konfrontation, München.
STEPIN, W./GUSSEJNOW, A./MESCHUJEW, W./TOLSTICH, W. 1992: От классовых приоритетов к общечеловеческим ценностям [Von Klassenprioritäten zu allgemein-menschlichen Werten], in: MUDRAGEJ 1992.
STERNBERG, F. 1935: *Der Faschismus an der Macht*, Amsterdam.
STRUWE, P. 1919: Размышления о русской революции [*Überlegungen zur russischen Revolution*].
— 1920: Россия [*Russland*], o.O.
— 1921: Итоги и существо коммунистического хозяйства [*Summe und Wesen der kommunistischen Wirtschaft*], o.O.

—1923: *Познание революции и возрождение духа* [*Erkennen der Revolution und Wiederaufbau des Geistes*], Prag/Berlin.

—1924: *Подлинный смысл и необходимый конец большевистского коммунизма* [*Der echte Sinn und notwendige Schluss des bolschewistischen Kommunismus*], Prag/Berlin.

SLUGA, H. 1993: *Heidegger's Crisis. Philosophy and Politics in Nazi Germany*, Cambridge, London.

STURZO, L. 1926: *Italien und der Faschismus*, Köln.

SUTOR, B. 1985: *Totalitäre Diktatur*. Ein neuer Herrschaftstyp im Widerstreit der Deutungen, Stuttgart.

SWASJAN, K.A. 1980: [russ.] *Problem des Symbols in der westlichen Philosophie des 20. Jahrhunderts*, Eriwan.

—1984: [russ.] Ernst Cassirers Kulturphilosophie, in: [Ztschr.] *Fragen der Philosophie*, Moskau 1984, Nr. 9;

—1988: [russ.] Das Problem des Menschen in Ernst Cassirers Philosophie, in: *Bürgerliche philosophische Anthropologie des 20. Jahrhunderts*, Moskau.

—1989: [russ.] *Die Philosophie der symbolischen Formen von Ernst Cassirer*, Eriwan.

TALMON, Y.L. 1961: *Die Ursprünge der totalitären Demokratie*, Köln/Opladen (Die Geschichte der totalitären Demokratie, Bd. 1).

—1963: *Politischer Messianismus: Die romantische Phase*, Köln/Opladen (Die Geschichte der totalitären Demokratie, Bd. 2).

TSCHUBARJAN, A. 1999: Fragen an die gemeinsame Totalitarismusdebatte, in: KÜHNHARDT / TSCHUBARJAN 1999.

TROTZKJ, L. 1957: *Die verratene Revolution* [1936], Zürich.

TUMANOWA, L.B. 1988: [russ.] Naturwissenschaftlicher Begriff und Kulturgeschichte: Versuch einer modernen Analyse der Ideen von Cassirer, in: [Ztschr.] *Fragen der Geschichte der Naturwissenschaft und der Technik*, Moskau 1988, Nr. 4.

VERENE, D.P. 1999: Cassirer's Political Philosophy, in: RUDOLPH 1999.

VIERECK, B.P. 1941: *Metapolitics. From the Romantics to Hitler*, New York.

VÖGELE, W. 1999: (Hg.) *»Die Gegensätze schließen einander nicht aus, sondern verweisen aufeinander«*, Loccum.

VOEGELIN, E. 1935: Rasse und Staat, in: Otto KLEMM (Hg.), *Psychologie des Gemeinschaftslebens*, Jena.

—1938: *Die politische Religionen*, Wien.

—1953: The Origins of Totalitarianism, in: *Review of Politics* 15.

—1959: *Die neue Wissenschaft der Politik*. München.

—1959a: *Wissenschaft, Politik und Gnosis*, München.

—1961: *Die industrielle Gesellschaft auf der Suche nach der Vernunft*, in: *Die industrielle Gesellschaft und die drei Welten*. Das Seminar von Rheinfelden, Zürich.

—1985: *Religionsersatz. Die gnostischen Massenbewegungen unserer Zeit*, (Akademie für politisch Bildung - Tutzingen: Vorträge und Ausätze 3).

—1994: *Autobiographische Reflexionen*, München.

– 1997: *Der autoritäre Staat*, Wien / New York.
VOGEL, B. 1991: Hochschullehrer und Staat, in: KRAUSE/HUBER/FISCHER 1991.
– 1997: Philosoph und liberaler Demokrat, in: FREDE/SCHMÜCKER 1997.
WASILJEW, L. S. 1989: Дискуссия: »Тоталитаризм явление – XX века?«
[Diskussion: »Totalitarismus – Erscheinung des 20. Jahrhunderts«?], in: KARA-MURSA / POLJAKOW 1989, 10-40.
WINKLER, H. A. 2000: *Der lange Weg nach Westen*, Bd. 2, München.
WIPPERMANN, W. 1997: *Totalitarismustheorien*. Die Entwicklung der Diskussion von den Anfängen bis heute, Darmstadt.
WOLF, E. 1927: *Grotius, Putendorf, Thomasius*, Heidelberg.
WOLF, S. 1991: *Hannah Arendt*. Einführung in ihr Werk, Frankfurt a. M.
WOLKOW, L. B. 1989: »Диктатура развития« или »квазимодернизация«?
[»Entwicklungsdiktatur« oder »Quasi-Modernisierung«?], in: KARA-MURSA / POLJAKOW 1989, 85-91.
YOUNG-BRUEHL, E., 1986: *Hannah Arendt*. Leben, Werk und Zeit, Frankfurt a. M.
ZETKIN, C. 1924: Der Kampf gegen den Faschismus, in: *Protokoll der Konferenz der erweiterten Exekutive der Kommunistischen Internationale*, Hamburg.
ZIBONDI, G. 1922: Critica socialista del faschismo, in: R. MONDOLFO (Hg.): *Il fascismo e i partiti politici*, Bologna 1922.
ZIEGLER, H. O. 1932: *Autoritärer oder totaler Staat*. Tübingen.

3.   RUSSISCHE PERIODIKA UND SAMMELBÄNDE

Буржуазные и реформистские концепции фашизма Москва 1973. [Bourgeoisiosche und reformistische Konzeptionen des Faschismus. Moskau 1973].
Большая Советская Энциклопедия 1956: [*Große Sowjetische Enzyklopädie*], Bd. 43, Moskau.
Большая Советская Энциклопедия 1977: [*Große Sowjetische Enzyklopädie*], Bd. 26, Moskau.
Марксизм и социальная революция 1989: [*Marxismus und soziale Revolution*], Moskau.
Советский Энциклопедический Словарь 1986: [*Sowjetisches Enzyklopädisches Wörterbuch*], Moskau.
Тоталитаризм и социализм 1990: [*Totalitarismus und Sozialismus*], Moskau.
Тоталитаризм и тоталитарное сознание 1996: [*Totalitarismus und totalitäres Bewusstsein*], Tomsk.
Тоталитаризм: что это такое? 1993: [*Der Totalitarismus: Was ist das?*], 2 Bde., Moskau.

Namenregister

Adorno, T. W. 119, 220

Alexejew, P. 255

Amendola, G. 6, 7, 8, 23, 66, 70

Angress, W. T. 75

Arendt, H. 26, 27, 28, 29, 30, 31, 32, 33, 34, 35, 36, 37, 38, 39, 40, 41, 42, 45, 50, 58, 59, 60, 65, 66, 70, 71, 119, 141, 145, 146, 147, 148, 219, 220, 245

Aristoteles 65

Aron, R. 22, 23, 26, 29, 41, 50, 58, 59, 60, 61, 62, 66, 217

Asmus, B. F. 257

Awerinzew, S. 240, 241, 242, 243, 244

Bacon, F. 102

Bakradse, K. S. 257

Barley, D. 30, 39

Baron, S. W. 30

Barth, H. 108

Basso, L. (alias P. Filodermo) 5, 6

Bauch, B. 71, 73, 75, 76, 77, 78, 79

Bauer, O. 19

Baumgardt, D. 184

Beckerath, E. v. 25

Benedikt, R. 242

Berdjaew, N. 200, 202, 203, 204, 205, 206, 220, 255

Berdyajev, N. 21

Beyme, K. v. 146

Billington, J. H. 237

Blackstone, S. W. 95

Bloch, E. 119

Blumenfeld, K. 30

Bobok, A. 256

Bohrer, K. H. 129

Bonn, M. J. 24

Borkenau, F. 20

Boronznjak, A. I. 198

Bracher, K.-D. 59, 150

Braun, H.-J. 153, 163

Brzezinski, Z. 26, 28, 29, 42, 43, 45, 46, 47, 50, 66, 70, 141, 192, 245, 263

Buchheim, H. 28, 29, 45

Buldakov, V. P. 198

Bulgakow, S. 200, 202, 205, 255

Bultmann, R. 30

Bunakow, N. N. 236

Burckhardt, J. 72

Cassirer, Toni 80, 95

Chmiljew, B. 219

Chruschtow, N. 233

Cohen, H. 75, 76, 77, 87, 147, 153, 156, 157, 158

Condorcet, M. J. A. 94, 106

Cusanus, N. 103

Dante, A. 82

Davanzati, R. F. 7, 8

Derrida, J 70

Descartes, R. 85, 101, 102, 157